本书获河南省哲学社会科学规划年度项目(项目编号：2023BJY002)资助

地方本科高校
学科治理权
配置研究

蔺全丽 著

图书在版编目（CIP）数据

地方本科高校学科治理权配置研究／蔺全丽著． --北京：中国社会科学出版社，2025．5． -- ISBN 978-7-5227-5003-3

Ⅰ．G642.3

中国国家版本馆 CIP 数据核字第 20250GV835 号

出 版 人	赵剑英
责任编辑	李凯凯
责任校对	周　昊
责任印制	李寡寡

出　　版	中国社会科学出版社
社　　址	北京鼓楼西大街甲 158 号
邮　　编	100720
网　　址	http://www.csspw.cn
发 行 部	010-84083685
门 市 部	010-84029450
经　　销	新华书店及其他书店
印　　刷	北京君升印刷有限公司
装　　订	廊坊市广阳区广增装订厂
版　　次	2025 年 5 月第 1 版
印　　次	2025 年 5 月第 1 次印刷
开　　本	710×1000　1/16
印　　张	17.25
插　　页	2
字　　数	248 千字
定　　价	89.00 元

凡购买中国社会科学出版社图书，如有质量问题请与本社营销中心联系调换
电话：010-84083683
版权所有　侵权必究

前言

地方本科高校承担着应用性知识生产的重要功能，是区域经济社会发展的重要推手，而学科是高校实现其功能的重要载体。地方本科高校学科建设基础普遍薄弱，学科治理中行政主体占据主导地位，学科发展和知识生产不能很好满足人才培养和为社会服务的需要，也不能很好适应新科技革命冲击下知识生产模式的变化。在国家"双一流"建设背景下，各省域也纷纷设置了省级"双一流"建设项目，并切实吸纳一批地方本科高校参与进来，如何加快学科变革和发展是摆在地方本科高校面前的一个急迫问题。

已有研究主要是从教育学视角出发，对学科建设要素进行分析，进而探讨高校学科建设，这方面有丰硕的研究成果。也有学者开始从权力配置视角关注学科治理问题，认为行政主体在学科治理中权力过大，其他主体权力式微，并提出在新知识生产模式下，高校学科治理应由多元主体参与并实行协商共治。但目前这方面的研究对多元权力如何划分以及确立相应主体还缺乏深入、扎实及能够指导实践工作的研究成果。在已有研究成果基础上，本书主要采用质性研究方法，具体运用文献研究法解决分析框架的建构问题，运用个案研究法、深度访谈法、观察法等开展现状调查，沿着"因何配置、配置依据、如何配置、配置如何、问题溯因及优化配置"的思路展开研究。

首先是阐释"因何配置及配置依据"。权力配置总是为着一定的目的和在一定的价值观指导下进行，权力配置的过程也是做出价值判断的过程。因此，地方本科高校学科治理权配置必须服从其终极目的和遵循一定的价值体系。知识生产是地方本科高校学科治理权配置的终极目的，也是其最高价值准则。同时，根据学科治理权属性将学科治理权配置价值分为学术性、社会性和管理性三个价值向度。学术性价值又可分为创新价值和自由价值，社会性价值可分为应用价值和公共价值，管理性价值可分为效率价值和法治价值。由此形成以知识生产为核心的多维多层级的价值体系，即本书中的"价值环模型"。以"价值环模型"为基础，确立地方本科高校学科治理权配置应遵循的应然价值秩序。

其次是分析"如何配置"。分权制衡理论和知识生产模式理论相结合，为地方本科高校学科治理权分解提供了适切的理论基础；价值环模型和知识生产模式理论相结合为学科治理权主体的识别提供了依据；网络治理理论为学科治理权（主体）之间的协调互动机制设计提供了支持。在上述对学科治理权进行分解、相应权力主体确立以及相互之间的协调互动关系建构的基础上，最终形成地方本科高校学科治理权配置框架，本书称之为"五权划分框架"。五权划分框架遵循"以权力制约权力"的分权制衡原则和知识生产新模式下多元主体协调互促参与知识生产的理念，具体包括学科指导权、学科决策权、学科执行权、学科参与权和学科评价权。五权划分框架打破了以往权力配置中单一的"纵向—横向"的分析范式，构建了包含高校内外部、上下位权力的网络式权力配置范式。后续现状调查将围绕五权划分框架开展，探究具体权力配置中存在的问题。

再次是调查"配置如何"。根据五权划分框架对地方本科高校学科治理权配置现状进行调查，调查包括政策梳理和个案高校考察两部分。将政策梳理和个案考察相结合，对我国有关学科治理权配置的政策法规及其他规范性文件进行梳理分析，从纵向和横向两个维度归纳了学科治理权配置的基本特征，即纵向上主要体现为简政放权和渐次收权并行，横向上主要体现为形式分权和实质分权偏离。在个案高校考察部分，具体采用深度访谈法和文献法等具体方法获取资料。通过实地调查发现，地方本科高校学科治理权配置存在的主要问题有：学科指导权配置中政府直接管理功能过度强化；学科决策权配置中学术主体决策空间被多向挤压；学科执行权配置中学科管理部门协调服务不力；学科参与权配置中产业主体及师生学科参与乏力；学科评价权配置中评价组织专业性独立性欠缺。通过对这些问题进行分析，本书认为地方本科高校学科治理权配置存在系统性失衡。如果不能切实改善这种失衡状态，我们正在推进的简政放权改革以及最终推动知识生产和培养创新型人才的目标将很难实现。

最后是解决"问题溯因及优化配置"问题。结合实地调查和已有文献分析，本书从价值、管理体制、部门间协调机制、参与机制和评价制度五个方面探寻原因。依据此分析维度，本书提出了优化地方本科高校学科治理权配置的策略建议。一是重塑学科治理权配置价值，包括调适价值冲突、强化规则和权责意识，以及提高主体多维学科治理素养；二是深化学科管理体制改革，包括推进简政放权改革和创新资源配置模式；三是健全学科部门间协调机制，包括重构决策和执行主体间协调机制，以及理顺学科执行部门间协调机制；四是完善学科参与机制，包括探索产业主体学科参与机制和畅通师生学科参与渠道；五是改进学科评价制度，包括审视学科评价限度和分类设置学科评价标准。

目 录

绪 论 …………………………………………………………（1）

第一章 核心概念界定与研究的理论基础 ……………………（58）
  第一节 研究对象说明 ……………………………………（58）
  第二节 核心概念界定 ……………………………………（61）
  第三节 研究的理论基础 …………………………………（78）

第二章 地方本科高校学科治理权配置的价值遵循和框架
    建构 ……………………………………………………（88）
  第一节 地方本科高校学科治理权配置的价值遵循 ……（88）
  第二节 地方本科高校学科治理权配置的框架建构 ……（108）

第三章 地方本科高校学科治理权配置的基本特征与实践
    困境 ……………………………………………………（128）
  第一节 地方本科高校学科治理权配置的调研过程 ……（128）
  第二节 地方本科高校学科治理权配置的基本特征 ……（138）
  第三节 地方本科高校学科治理权配置的实践困境 ……（150）

第四章 地方本科高校学科治理权配置困境的原因分析 ………（184）
  第一节 地方本科高校学科治理权配置价值失序 ………（185）

第二节　地方本科高校学科管理体制不尽合理 …………（193）
第三节　地方本科高校学科部门间协调机制不健全 ……（197）
第四节　地方本科高校学科参与机制不完善 ……………（200）
第五节　地方本科高校学科评价制度异化 ………………（203）

第五章　优化地方本科高校学科治理权配置的改进策略 …………（207）
第一节　重塑地方本科高校学科治理权配置价值 ………（208）
第二节　深化地方本科高校学科管理体制改革 …………（214）
第三节　健全地方本科高校学科部门间协调机制 ………（221）
第四节　完善地方本科高校学科参与机制 ………………（226）
第五节　改进地方本科高校学科评价制度 ………………（231）

结　语 ……………………………………………………………（236）

附　录 ……………………………………………………………（243）

参考文献 …………………………………………………………（247）

绪 论

在高等教育大众化进程中,地方化是一个主要特征,我国地方高等教育体系已经成为国家高等教育的重要组成部分。地方本科高校不同于传统的学术型大学,也有别于职业技术院校,它实现了高等教育学术性与职业性的结合。[①] 我国地方本科高校承担着应用性知识生产的重要功能。学科是高校学术地位、办学水平、办学特色和核心竞争力的重要标志,是高校实现其功能的重要载体。2016年国家实施"双一流"建设项目以来,各地方纷纷设置了省级"双一流"建设项目,并切实吸纳一批地方本科高校参与进来,旨在将这些高校打造成应用性知识生产和创新的重要基地。学科建设是"双一流"建设的核心要义,如何加快学科发展和促进知识生产是摆在地方本科高校面前的一个急迫问题。

国家"双一流"建设高校大多源于之前的"985""211"高校,有较强的学科实力和一定的学科治理经验。和它们相比,地方本科高校学科建设基础较为薄弱,知识生产成效还有待提升,不能很好地满足经济社会发展的需要。同时,地方本科高校学科治理的行政主导倾向更为凸显,学术力量处于弱势地位,市场主体及社会公众的作用尚未充分发挥出来。高校学科治理相关主体间权力配置的不均衡性,已成为制约地方

---

① 潘懋元、车如山:《做强地方本科院校——地方本科院校的定位与特征研究》,《中国高教研究》2009年第12期。

高校学科建设和知识生产的"绊脚石"。权力配置是学科治理中的核心和前置性问题，只有合理配置学科治理权，才能有效解决学科治理中存在的越权、错位、异化及冲突等问题。本书尝试以学科治理权配置为切入口，研究地方本科高校学科治理中存在的问题，以期通过优化学科治理权配置，为提升地方本科高校学科治理水平和促进应用性知识生产提供一个新的研究思路，为地方本科高校学科治理的理论研究和具体实践提供有益的启示和借鉴。

带着这些思考，笔者选择个案高校进行初步调研，在收集、整理和分析资料的基础上，确定本书要研究的问题：（1）地方本科高校学科治理权因何配置？配置的基本依据是什么？（2）地方本科高校学科治理权如何配置？学科治理权如何分解和由哪些主体参与？（3）地方本科高校学科治理权配置存在哪些问题？问题产生的原因有哪些？（4）如何优化地方本科高校学科治理权配置？

一 研究背景

探讨地方本科高校学科治理权配置问题，缘起于科技领域新科技革命到来的时代背景、我国"双一流"建设的政策背景以及高校内部学科治理存在的自身问题，是地方本科高校应对新科技革命挑战的现实回应，是地方本科高校在国家"双一流"建设政策下积极开展学科建设的必要思考，关系着学科的健康发展，是地方本科高校学科治理体系的重要内容。

（一）新科技革命亟须地方本科高校推进学科治理权配置改革

新一轮科技革命是由人工智能、生命科学、物联网、机器人、新能源、智能制造等一系列创新所带来的物理、网络和生物三个空间的融合。这场革命正在使整个社会产生颠覆性、系统性的变革。高等学校作为知识生产的主要场所，更成为新一轮科技革命的重要阵地。在新科技革命的冲击下，高等教育呈现出以下特点：一是知识的垄断已经不复存在，大学不能继续"高高在上"。二是产业结构变化催生新的学科组织方式。三是知识更新的高频节奏催生新的培养模式。四是市场对新技术的高度敏感性在催生科研方式的转变。① 这种知识生产方式的变化必然要求高等学校进行学科变革。学科是知识生产与创新的基本单元，是培养创新型人才的基础支撑，也是推动高校整体发展的根本动力。当前，高校学科布局的综合性和交叉性不够，高校科研力量自成体系、各自为战，高校之间，高校和科研院所、企业之间，缺乏有效协同联动。地方本科高校学科发展现状已越来越不能满足经济社会发展对应用性知识创新以及复合型、创新型人才培养的需求。

基于以上背景，国内外高校纷纷从学科入手进行改革，推动学科专业与产业、行业及校外科研院所的对接，吸纳多元主体参与高校学科治理，发展交叉学科，改进学科布局结构，以满足经济社会发展的需要。2017年，美国麻省理工学院启动了"新工程教育转型"（New Engineering Education Transformation，NEET）项目，旨在为学生提供一种跨学科的、整合的、以项目为中心的学习，以应对21世纪带来的巨大挑战。② 同年，美国西拉姆学院率先提出"新文科"概念，对传统文科进行学科重组、文理交叉，为学生提供综合性的跨学科学习。③ 为应对新一轮科技革命和产业变革的挑战，我国也提出全面推进"新工科、新医科、新农科和新文科"（以下简称"四新"）建设，"四新"建设以学科交叉融合、契合社会需求及培养大量复合型、创新型人才为旨归。而这些目标的实现，需要充分发挥基层学科组织、校外产业行业主体及社会第三方组织的作用，亟须改革目前行政部门主导学科治理的局面。当前及今后一段时间，如何通过优化学科治理权配置结构，吸纳多元主体参与地方高校学科治理，充分发挥产业行业及社会其他主体的作用，将是地方本科高校学科治理改革顺利推进的突破口。

---

① 王树国：《第四次工业革命背景下的高等教育变革与发展》，《中国高教研究》2021年第1期。

② MIT, *New Engineering Education Transformation*（*NEET*），https://neet.mit.edu/，2021 - 01 - 05.

③ 王之康、新文科：《一场学科融合的盛宴》，2019年5月8日，http://news.sciencenet.cn/htmlnews/2019/5/425983.shtm，2021年1月5日。

（二）"双一流"建设政策促使地方本科高校更加关注学科治理

在结束了"985""211"工程及重点学科建设项目后，我国于2016年开始实施"双一流"建设项目，以一种新的形式延续了重点大学、重点学科的建设理念。与以往不同的是，如果说"985""211"工程主要是国家层面的工程，"双一流"建设项目则是在国家建设项目基础上，各省纷纷启动本省的"双一流"建设项目，地方本科高校切切实实参与了进来，且更加侧重对学科的评定；另外，国家和各省"双一流"建设项目提出来的倾斜政策，比原来的重点学科建设项目目标更高，经费力度和政策支持力度也更大。"双一流"建设项目更强调特色，有所为有所不为，"中国特色，世界一流"是其核心要求，要求建立健全高校章程落实机制，加快形成以章程为统领的完善、规范、统一的制度体系。① 学科治理权配置改革是高校学科治理改革的重要内容，其成效如何直接关系着高校学科建设水平。

地方本科高校过去对学科治理问题关注得少，主要关注的是作为学科组成部门的专业建设和管理。随着"双一流"建设项目的实施，地方本科高校深度参与进来，关注学科建设，研究学科治理中的问题以推动学科发展。"双一流"建设政策是由政府推动的，另外，教育行政部门还通过"项目制"设立各类项目控制着高校学科治理，这一方面引领了高等学校的学科发展方向，另一方面也使学校和基层学科群体深陷被动执行的境地，学科治理自主权受限。在此背景下，有关学科治理权的研究成果愈益增多。这些研究对学科治理权配置问题进行了有价值的、深入的思考，并有专门研究地方本科高校学科治理的研究成果。由此可见"双一流"建设项目的实施在一定程度上推动了包括地方本科高校在内的高校学科问题研究。在"双一流"建设背景下，有关学科研究的专门期刊《大学与学科》于2020年正式出版发行，时任教育部部长陈宝生指

---

① 国务院：《关于印发统筹推进世界一流大学和一流学科建设总体方案的通知》，2015年11月5日，http://www.gov.cn/zhengce/content/2015-11/05/content_10269.htm，2021年11月26日。

出，在党中央、国务院作出建设一流大学和一流学科的战略部署背景下，创办《大学与学科》有助于促进我国学科建设理论体系，逐渐形成中国特色大学发展与学科建设研究范式。[①] 专门期刊的出版也进一步推动了学科治理权配置问题的研究。

（三）地方本科高校学科治理权配置失衡制约了学科发展

学科发展规律要求高校既要遵循学科自身的演化逻辑，给予学科成长和发展的空间，同时又要适当介入学科发展，使学科的内外部治理和自身演化达到相对均衡状态。当前地方本科高校学科治理存在的突出问题是学科治理权配置失衡，主要体现在两个方面：其一是学科权力分散，有的一个学科分布在几个学院，不利于学科权力的统筹协调，院系壁垒严重，一个学科尚不能很好地整合发力，何谈交叉学科发展？其二是学科外部治理以行政权力强势主导为主，多元主体权力参与受限，产业行业主体很难参与进来，阻碍了学科组织方式的转型。此外，我国项目制的学科治理模式在引领高校学科发展方向和促进学科发展的同时，在一定程度上影响了高校学科的自主治理和学科生态的健康发展，对地方高校的影响尤甚。行政化的学科评估结果决定了对各高校划拨经费及配置资源的多少。高校行政管理主体在本校学科规划、学科结构调整及资源配置等方面的权力同样过于集中，这种多元主体之间的权力失衡，在现实中严重制约了地方本科高校学科治理工作的科学性、合理性。

地方高校学科建设要适应时代要求，优化学科治理权配置以促进学科健康发展。针对学科内部治理问题，传统学科亟须"跳出以单一学科为支点的传统封闭小圈子"。[②] 传统学科治理主体要开放治学，设计规则和制度保障其他学科主体、普通教师和学生及校外相关主体参与到学科治理中来，共同促进传统学科的创新和发展。针对学科外部治理问题，必须强化学术权力在学科治理中的重要作用，并逐渐吸纳其他主体参与

---

① 焦新：《〈大学与学科〉杂志出版发行》，《中国教育报》2020年8月10日第1版。
② 王树国：《第四次工业革命背景下的高等教育变革与发展》，《中国高教研究》2021年第1期。

进来，同时加强制度建设，构建一套能够遵循学科建设一般规律的学科治理体系。① 在学科治理过程中，要树立学科外部治理不是治学科，而是治学科环境的理念，从而优化学科生态体系，为具体学科的成长提供空间。

（四）地方本科高校学科治理权配置相关制度有待完善

高校学科治理体系是一整套紧密相连、相互协调的有关学科事务治理的制度。当前我国地方本科高校学科治理体系还很不完善，主要是由20世纪80年代以来形成的重点学科建设制度所构成。1985年，中共中央颁布的《关于教育体制改革的决定》指出，"根据同行评议、择优扶持的原则，有计划地建设一批重点学科"，由此拉开了我国重点学科建设的序幕。我国已分别于1987—1988年、2001—2002年和2006—2007年组织过三次国家重点学科评选工作，在此背景下，各省也开展了本省重点学科的遴选建设工作，并形成了一批重点学科建设管理制度。2014年，国务院正式终止了重点学科审批项目，但由于受政策的影响，这一时期逐渐形成了高校学科治理体系就是重点学科治理体系的不恰当认识并影响至今。

近年来，也有一些地方本科高校出台了整体性学科治理办法，有些还印发了组建学科建设委员会的相关规范性文件，在一定程度上完善了地方本科高校学科治理体系。但目前这方面的治理制度还比较粗糙，规定比较笼统，主要表现在：对学科治理权的认识模糊不清，具体包括哪些权力，如何分类等缺乏深入研究；在纵向权力配置方面，主要规定了各层级的权责，但每个层级的治理主体由哪些人员具体组成，权力实施程序及相应的保障制度都没有明确说明；横向权力配置方面，行政权力和学术权力边界模糊；其他权力参与方面，制度一般也没有规定普通教师、学生及产业行业等主体的参与权力如何实施；和研究型大学相比，地方本科高校院系设置过细，一个学科一般分布在几个院系，学科建设的主体协调、权责划分

---

① 何晓芳：《学科嵌入式治理：一流学科生成与发展的制度逻辑》，《中国高教研究》2019年第9期。

问题尤为突出，不少高校的学科治理制度对此也没有明确规定。因此，学科治理权配置问题应是今后地方本科高校完善学科治理体系的重要内容。

二 研究意义

有关学科问题的研究，无论从学科分类、学科治理权及学科评估等方面看，国内外都有很大的不同，因此，很有必要立足于我国学科发展实际开展相关研究。从权力配置视角研究我国地方本科高校学科治理，具有理论和实践的多重意义和价值。理论意义主要体现在：有助于丰富中国情境下高校学科治理的相关理论，并拓展高校学科治理的研究视角。实践意义主要体现在：有助于为政策法规的制定提供参考依据，指导地方本科高校学科治理权配置实践，提高多元个体学科治理素养。

（一）研究的理论意义

1. 有助于丰富中国情境下高校学科治理的相关理论

学科治理是一个极具中国本土化色彩、实践性很强的概念，是近年来我国研究者将治理理论引入学科建设领域提出的新术语，目前还处在实践探索和理论发展的初级阶段。综观国内外一流学科的发展历程，卓越的学术地位并非学科自身独立发展的结果，而是取决于大学组织层面适时对本土性与全球化学术制度的重构。[①] 因此，除了学科自身的演化，外在制度理论的指导对促进学科发展也很重要。国外本科高校一般具有完善的学科治理体系，包括学科治理组织、多元主体构成、规章制度及相应的运行程序，并实行学科、专业及课程一体化治理模式，为本科高校学科生态系统的健康运行及学科发展提供了有效的理论指导。我国的学科、专业等概念是从苏联引进的，经过多年的发展，已形成自己独特的话语体系。和美英等国的学科、专业在内涵、治理权配置模式等方面无法直接对接，加之国情的差异，直接照搬别

---

① 武建鑫：《从边缘到中心：世界一流学科的演进特征与形成机理——基于牛津大学化学学科的案例分析》，《中国电化教育》2021 年第 2 期。

国的理论和制度是行不通的。因此，本书中运用知识生产理论构建学科治理权配置的价值环模型、五权划分框架，丰富了本土化的学科知识生产理论。

2. 有助于拓展高校学科治理的研究视角

关于学科的相关研究目前比较多的是对学科建设要素进行分析，从加强学科要素建设入手探讨提高学科建设水平；或是借助生态学理论、自组织理论等强调学科自身的演化逻辑。近几年出现的学科治理研究开始关注学科治理主体的多元化问题，本书拟在此基础上，以学科治理权配置为切入口，进一步深化学科治理权配置的相关研究，权力配置是地方本科高校学科治理变革的重要环节，学科治理变革，核心是权力主体间权力关系的变化，权力配置的变化会带来学科治理模式的改变，受不同的权力配置结构影响，地方本科高校学科治理变革会采取不同的策略。学科发展除了学科自身的因素，学科外部其他因素也对学科发展起着至关重要的作用，以学科治理权配置为研究内容，将外部治理和内部演化相结合，强调多主体之间的权力配置以及通过优化学科治理权配置促进学科发展等，有助于从一个新的视角深化对高校学科治理的理论认识。

（二）研究的实践意义

1. 有助于为政策法规的制定提供参考依据

当前，我国高等教育领域改革逐步向纵深推进，从宏观的教育体制到中观的大学治理，再到微观的学科专业等具体方面的改革渐次展开，改革的一个重要目标就是简政放权，促进高校治理体系和治理能力现代化。近年来，教育行政部门出台了多项均衡学科治理权配置的相关政策法规，如教育部2014年出台的《高等学校学术委员会规程》和2017年教育部等五部门《关于深化高等教育领域简政放权放管结合优化服务改革的若干意见》中专门对学科专业的设置作出了规定，提出要充分发挥学术治理组织在学科建设等事项中的重要作用。但另一方面，教育行政部门又通过"项目制"、学科评价制度等政策进一步强化教育部门学科治理权，产生政策悖论。本书对学科治理权配置现状进行了深入调查，并深刻剖析了学科治理权配置存在的失衡问题、政策悖论产生的负面效应，并从价值和制度等方面提出了学科治理权配置的优化方略，为教育行政部门健全政策法规、推进体制机制改革提供现实依据和理论指导。

2. 有助于提高地方本科高校学科治理水平

面对新科技革命的挑战，经济社会发展对应用型、创新型、复合型人才的迫切需求，我国地方本科高校正在借助"双一流"建设、"四新"建设的契机，开展以学科建设为龙头的高校综合改革。由于受行政主导的学科建设模式影响，学科治理主体的"治理"思维还没有完全形成，治理机制还不完善，导致地方本科高校在学科建设的实践探索中出现不少问题，如治理重点放在本校的优势学科，对弱势学科关注不够；治理主体仍然是行政部门主导，多元化构成不足；学科设置碎片化，统筹机制不健全；交叉学科存在为交叉而交叉的现象。因此，以权力配置为切入点对地方本科高校学科治理问题进行探究，有助于指导地方本科高校学科治理实践，对提高学科治理水平具有重要的现实意义，进而有助于促进高校人才培养和科学研究水平的提高。

3. 有助于提高多元个体学科治理素养

通过实地调查发现，部分行政管理人员、教师和大部分学生等主体对学科、学科治理、学科治理权配置等概念认识模糊，学科治理素养有待提高。学科治理权主体素养是学科治理权科学、合理配置的关键要素，因为制度的制定和执行都是由人来完成的。本书提出要重塑学科治理权配置价值体系，树立正确的价值取向；强化规则意识和权责意识，培育学科治理主体法治思维；完善主体间学习机制，提高多元主体学科治理素养。这些研究将有助于提高个体对学科治理权配置的认识和理解，促进学科治理权配置制度的落实。

三 国内外研究文献综述

本书对国内外相关文献进行检索，以期系统梳理学科治理权配置的相关成果，了解相关领域的研究脉络及最新进展，从而为新的研究奠定理论基础和提供可能的创新空间。国内文献主要以"学科治理、学科建设、权力配置、地方本科高校、地方本科高校学科"等为关键词，通过"中国知网、读秀学术搜索"等数据库以及学校图书馆进行检索，并筛选与本研究相关度高的文献并进行细致梳理。国外文献中没有与我国"学科治理""地方本科高校"直接对应的术语。① 因此，在检索国外文献时，除了用主题词进行检索外，也借助引文追溯法等其他文献检索方法收集资料。关于高校学科治理权主体、高校学科治理权内容以及高校学科治理的相关研究为本书奠定了基础。

（一）高校学科治理权主体及相关研究

学科治理权主体是指享有学科治理权并在学科治理事务中承担相应责任的组织或个人。学科治理权配置主要是在主体间的配置，只有对主体有一个清晰的认识，才能对学科治理权配置有深入的分析。目前研究比较多的是学科治理权主体多元化问题，具体集中在学科治理中高校外部的政府介入限度、市场等其他主体参与学科治理，以及高校内部行政部门与学术治理组织的分权、师生群体学科治理权的实现等方面。

1. 关于政府介入高校学科治理的研究

国内不少学者认为，我国政府在学科治理中的权力过大，介入高校学科治理过多、过深，不利于高校学科自主性的发展和知识创新。张金福等认为，自20世纪80年代以来，政府是我国高校学科治理的主导者，政府主要通过重点学科评选，"985""211"工程等手段对高校学科治理进行介入，从介入的历史和现实的考察来看，政府对高校学科治理的介入形成了事务性、非均衡性以及碎片化特点，与此同时，也带来了介入

---

① 这并不是意味着国外没有人研究学科治理、地方本科高校问题，而是因为他们将学科治理作为大学治理的主要内容及学术治理的必然内核进行研究；而我国所称的地方本科高校在不同国家有不同的称谓，比如在美国、瑞士等，一般称为"州立大学"的高校与我们的研究对象相当。

过度等诸多问题，对我国的高校学科发展造成了一定消极影响。① 钟伟军的研究表明，目前制约我国学科发展和建设最为重要的因素之一无疑是政府与高校的关系，如果不能有效地转变政府在学科建设方面的思维和行为模式，一流学科的建设无异于空中楼阁，政府必须在学科建设中有效地扮演好自身的角色，科学合理地履行好自身的职能，从学科发展的自身逻辑出发，为学科创造出最佳的行动空间和制度环境。② 还有学者认为，在学科治理的政府主导模式下，高校管理部门更多是政府政策的执行者，学科管理方式科层化和机械化，校院两级重大学科建设事务决策行政化。③ 针对这种状况，高校学科治理应从政府为主导的行政管理向政府、高校、教师、学生和产业行业等多元主体共治转变。

根据张炜的研究，美国各级政府虽较少干预高校内部事务，但对各州公立高校，为了保证高校的学科专业设置满足经济社会发展的需要，政府也会适度参与高校学科治理。比如从20世纪90年代开始，一些州对实力强的学科专业加大投入，并下决心撤销或合并学位点、压缩学术岗位数、辞退在岗教师。2008年爆发的金融危机，使很多州政府再次削减对公立高校的拨款，又撤销了一批学位授权点。④

国外学者的研究发现，原来对高校内部事务干预较少的政府正逐步加深对高校学科治理的参与程度。日本广岛大学三名学者黄福涛、大善月（Daizen Tsukasa）和金延森（Kim Yangson）基于对高校教师所做的两项全国性调查得出结论：自1992年至2017年，日本高校的治理安排并没有大的变化，但是，从政府到高校高层管理者对学科等高校内部事务的治理发挥越来越大的影响力。⑤ 加拿大学者茱莉亚·伊斯特曼（Julia

---

① 张金福、吴倩、骆晓：《我国大学学科建设中的政府介入现状、特点及其治理对策》，《现代大学教育》2012年第4期。

② 钟伟军：《一流学科建设中的政府职能转型》，《中国高教研究》2016年第5期。

③ 杨超：《"双一流"建设背景下大学教师参与学科治理的困境及路径》，《学位与研究生教育》2018年第9期。

④ 张炜：《美国学科专业治理主体的作用与张力》，《大学与学科》2020年第1期。

⑤ Huang F., Daizen T., Kim Y., "Changes in Japanese universities governance arrangements 1992–2017", *Studies in Higher Education*, Vol. 45, No. 10SI, 2020, pp. 2063–2072.

Eastman)等通过对加拿大六所案例高校的比较研究后认为,虽然加拿大是联邦制国家,联邦不干涉各省高校事务,但近些年来,联邦政府也开始采取措施参与高校学科治理,比如资助高校研究经费。① 以引领其学科发展方向,提高其学科发展水平,提升其知识生产和再生产能力。

澳大利亚学者乔·克里斯多夫(Joe Christopher)等从历史分析的视角认为,联邦政府作为澳大利亚公立高校的重要利益相关者,自20世纪80年代以后,在全球化、各国竞争加剧及高校问责制实施的背景下,进一步采取多项措施参与澳大利亚高校的学科治理。② 克里夫·迪莫克(Clive Dimmock)提出大学管理主要由学生、教师、校外影响团体三个利益团体围绕大学治理权进行角逐。③ 而不能只是政府和校内行政职能部门控制学科决策。这些分析对理解政府在高校学科治理中的限度具有重要的启示意义。

从政府介入高校学科治理的国内外研究可以看出,无论是我国由政府主导的高校学科治理权配置,还是美国、加拿大等国由高校基层学术组织主导的高校学科治理权配置,都逐渐正在向多元主体共治转向,我国当前的改革方向是自上而下放权,适当限制政府在高校学科治理中的权力,充分吸纳基层教师群体、学生群体及社会相关主体的参与;而美国等其他奉行高校自治的国家,正逐步自下而上分权,加大各级政府在高校学科治理中的影响力。

2. 关于市场及其他社会主体参与高校学科治理的研究

多数研究者都认为市场及其他社会主体对高校学科治理的影响与日俱增。哈佛大学校长德里克·博克(Derek Bok)对此深有体会,他认为

---

① Eastman J., Jones G. A. and Begin-Caouette O., eds., "Federalism and university governance in Canada", *Canadian Public Administration*, Vol. 62, No. 2, 2019, pp. 333 – 355.

② Christopher J., Ukwatte S., Yapa P., "How do government policies influence the governance paradigm of Australian public universities? An historical analysis", *Journal of Management History*, Vol. 26, No. 2, 2020, pp. 231 – 248.

③ Dimmock C., "Comparing Educational Organizations", *Comparative Education Research: Approaches and Methods*, No. 19, 2007, pp. 283 – 298.

起初受市场影响的学科仅限于体育及其他少数与技术开发和函授课程相关的学科，后来发展到整所大学都参与到商业化浪潮之中，计算机科学、生物化学、企业管理以及众多其他学科。① 美国学者希拉·斯劳特（Sheila Slaughter）和拉里·莱斯利（Larry Leslie）在对这种趋势研究的基础上提出了"学术资本主义"的概念，并通过量化研究的方法对美国1983—1993年不同学科的高校教师工资的变化进行分析，从而说明市场参与对不同学科的不同影响。② 不同学科经费投入越来越不均衡，高校的专业设置和科研方向更加趋向市场和应用学科。美国俄克拉何马州立大学的布里顿·马克（Mark Britton）等学者从微观层面开展研究，认为美国的高校课程也应从高校内部向外扩散，趋向分权，使课程对所有利益相关者透明并加强与高校内外部利益相关者沟通，从而获取有效信息支撑课程变革。③

面对市场及其他社会主体越来越广泛参与高校学科治理的趋势，我国不少学者认为这种趋势是不可避免的，但也要警惕其给高校学科治理带来的风险。于冰洁认为，政府应在人文社科或基础学科所需的资金或资源供给上发挥主导作用，而不是将政府资金依然大量投入已经获得市场"赞助"的应用性学科上，以确保自然学科或应用性学科与人文学科或基础学科两者发展的均衡性、协调性与持续性。④ 梁传杰、唐焱提出要建构学科建设风险预警管理系统，建立学科建设的事前、事中、事后风险防范机制，对学科建设风险进行有效的控制。⑤

在当前知识经济时代，经济社会发展对高深知识的需求愈益迫切，

---

① Bok D., *University in the Marketplace: The Commercialization of Higher Education*, Princeton, NJ: Princeton University Press, 2003, p. 3.

② ［美］希拉·斯劳特、拉里·莱斯利：《学术资本主义：政治、政策和创业型大学》，梁骁等译，北京大学出版社2008年版，第51页。

③ Britton M., Letassy N. and Medina M. S., eds., "A Curriculum Review and Mapping Process Supported by an Electronic Database System", *American Journal of Pharmaceutical Education*, Vol. 72, No. 5, 2008, pp. 1–99.

④ 于冰洁：《学术资本主义与美国大学学科建设及其启示》，《教育探索》2015年第7期。

⑤ 梁传杰、唐焱：《论建立学科建设风险防范机制》，《中国高教研究》2007年第10期。

在这种背景下，高校的学科治理如何应对？如何既能满足高校外部经济社会发展的需要，又能遵循基本的学科发展规律，保持大学的特质，需要研究者做持续深入的研究。

3. 关于教师群体参与高校学科治理的研究

教师群体是基层学科组织的组成主体，是知识生产和再生产的主力军，当前国内研究主要认为教师群体在学科治理中的作用没有充分发挥出来。杨超认为，教师参与学科治理面临着学科发展自主性与学科管理行政化、学科治理民主性与教师权责边界模糊、学科治理理性价值与工具价值等多重矛盾的现实困境。要解决这些困境，应确立教师参与学科治理的民主参与和权力共享原则和范畴，构建教师参与学科治理的激励机制以及完善和创新以教授为主体的学术委员会等学科组织结构。① 杨岭、毕宪顺认为，教授治学是破解当下学科治理困境的重要出口，在学科治理背景下，教授治学运行要从决策机制、权力制衡机制、监督机制、外部参与机制、法治保障机制、文化契合机制的构建和完善入手，从而实现学科的一流治理。② 阎光才等学者认为，教师参与治理必不可少，是维持高校作为文化意义机构的核心制度节点，但是，不同类别教师的参与权力、参与事项范围及参与程度并不一样，因此，现实之中的高校教师参与治理实践极为复杂。③

无论是中世纪知识分子的学术自治权，还是近现代社会德国讲座教授制和美国大学教授会终身教授制度的确立，都反映了高校教师利用自身独特的职业角色、身份和知识权威等参与学科事务决策的历史事实。张炜认为，在美国，高校师生在学科治理中具有较大的话语权，对于学科专业，教师不仅积极发表个人意见，更是通过高校内部的评议会发挥集体作用。

---

① 杨超：《"双一流"建设背景下大学教师参与学科治理的困境及路径》，《学位与研究生教育》2018 年第 9 期。

② 杨岭、毕宪顺：《学科治理视域下教授治学运行机制研究》，《大学教育科学》2019 年第 3 期。

③ 阎光才：《高校教师参与治理的困惑及其现实内涵》，《中国高教研究》2017 年第 7 期。

但他认为教师在学科治理中权力过大也有其局限性，比如固守既有学科专业壁垒，不承认新兴学科、交叉学科的意义和作用。① 英国学者阿什比（Ashby）也对教授参与学科治理的局限性有清晰的认识，他指出："教授对于专业的忠诚与其对大学的忠诚在绝大多数时刻是不矛盾的，然而在讨论有关学科专业建设的问题时，教授往往不是站在整个大学立场来考虑问题，而是很自然地从自身学科发展的利益来考虑。"②

瑞典学者尼可斯·马赫里迪斯（Nikos Macheridis）和亚历山大·保尔森（Alexander Paulsson）通过构建治理理论与专业理论相结合的创新框架，提出高校教师在参与学科治理时，在涉及教学及研究等实质性问题时要遵循自己的专业逻辑；在涉及制定规章制度及实施形式和程序时要遵循治理逻辑，在实际学科治理过程中要寻得专业逻辑和治理逻辑的协调统一。③ 英国学者加雷斯·威廉姆斯（Gareth Williams）和特莎·布莱克斯通（Tessa Blakstone）认为，在以高水平专业技能为基础的组织里，学院制有利于促进学科发展，有利于实施厚基础、宽口径的人才培养。④ 学院制的核心就是要充分发挥学院教师群体的自主权。

对于教师参与，研究者们大多认可教师既是高深知识生产和再生产的主体，也应是高校学科治理的权力主体，应建立适当的激励机制吸纳教师参与学科治理，担负应有的权责。但囿于现代学科治理的复杂性，高校行政管理者应协助教师参与学科治理工作，让教师集中精力在学科治理的核心工作事项上，而由行政管理者做好学科治理的服务性工作。

4. 关于学生群体参与高校学科治理的研究

近年来，国内学者也越来越关注学生群体在高校治理中的参与权，就

---

① 张炜：《美国学科专业治理主体的作用与张力》，《大学与学科》2020年第1期。
② ［英］阿什比：《科技发达时代的大学教育》，滕大春等译，人民教育出版社1983年版，第101页。
③ Macheridis N., Paulsson A., "Professionalism between profession and governance: how university teachers' professionalism shapes coordination", *Studies in Higher Education*, Vol. 44, No. 3, 2019, pp. 470–485.
④ Williams G. and Blackstone T., *Response to adversity*, Guildford: Society for Research into Higher Education, 1987, p. 94.

学生参与高校治理的必要性、障碍和对策等进行了诸多研究。大学生是高等学校发展的利益相关者，理应有权参与高等学校相关治理工作。有学者从法学、管理学、教育学等多学科视角论证学生参与高校治理的合理性。①林长兴总结认为我国高校学生参与治理存在参与权缺乏保障、参与范围及程度受限、机制平台缺陷等典型问题，其中隐藏着校方民主管理理念薄弱，学生权利观念和参与意识不足等深层次原因。② 金一斌认为章程是学生参与高校治理的重要保障，学生主体地位与学生参与学校管理越来越受到关注。③ 也有不少研究成果在探索如何促进学生有效参与高校治理，有学者提出为适应新时代高等学校治理要求，应从制度建构、组织培育、渠道拓展和主体塑造等方面寻求学生参与高校治理的有效之路。④ 这些成果都为本书探索学生参与高校学科治理提供了有益借鉴。

国外学者也比较关注学生群体的学科参与权，认为学科治理应倾听学生群体的声音，并对学生适合参与哪些事务的治理以及参与的模式进行了深入思考。学生参与学科治理的权力来源于学生权利，是实现学生权利的保障。美国学者亨利·罗索夫斯基（Henry Rosovsky）在其著作《美国校园文化——学生·教授·管理》中提到：大学生常常自诩是大学得以存在的"缘由"……因而其中许多人认为，在课程设置、教师选聘等方面，他们都有控制权。⑤ 英国教育社会学家麦克·扬（Michael Young）的研究也得出类似看法，学院和大学中学生的要求已经从学生组织和闲暇活动的领域，发展到学科与管理权威，甚至发展到了要求参与教学计划、课程内容和评价。⑥ 马培培通过对美国学生参与高校治理的

---

① 周世厚、高贺：《多学科视角：高校学生的校政参与何以必须？》，《高教发展与评估》2015年第4期。
② 林长兴：《试析高校学生参与管理的问题与对策》，《高教探索》2014年第2期。
③ 金一斌：《大学生参与高校管理：由来、视角、趋势》，《中国高等教育》2016年第2期。
④ 骆聘三、金太军：《大学治理新常态下的学生参与创新》，《湖北社会科学》2017年第6期。
⑤ ［美］亨利·罗索夫斯基：《美国校园文化——学生·教授·管理》，谢宗仙等译，山东人民出版社1996年版，第5页。
⑥ ［美］麦克·F.D.扬：《知识与控制——教育社会学新探》，谢维和、朱旭东译，华东师范大学出版社2002年版，第22页。

现状进行研究，总结出两种参与模式，一是完全由学生组成的正式组织参与高校治理，二是学生代表在学校管理机构中参与治理。①

南非学者姆特瓦（Mthethwa）和奇克克（Chikoko）采取定性研究的方法对南非一所大学的18名学生会成员进行访谈，对他们参与大学高校学科治理的体验进行研究，据此得出结论：作为学生代表的学生会成员参与学科治理所获得的学术收获取决于他们的学习水平、学术抱负、社团组织及时间投入等因素。② 澳大利亚学者康奈利·贝尔（Cornelius Bell）等通过对澳大利亚弗林德斯大学的研究，发现学生们有参与学科治理的热情，学生们希望参与学术讨论、和学校管理者、教授共同磋商学科未来的研究方向。③ 美国的大卫·霍林格（David Hollinger）认为美国高校内部普遍采取校、院、系三级管理方式，各级管理人员、教师、学生等都参与大学重要事务的决策，越来越体现出共同治理的特点。④

对于学生参与，多数学者建议给予学生适度的选择权、评价权和监督权，可以让学生发表看法和参与监督，实现学生与高校其他利益相关群体的良性互动。但对于学校学科治理等涉及高深学问的治理内容，由于学生能力有限，对是否给予学生决策权还有争议。

(二) 高校学科治理权内容及相关研究

学科治理权内容主要是指根据相关法律和政策以及学科治理的内在要求，主体在学科治理过程中所享有的相应权力。学科治理权往往在主体所承担的学科治理事务中得到体现，学科治理权内容的确定是学科治理权配置的核心。根据不同的分类标准，学科治理权内容亦有不同。本部分主要梳理了高校学科治理权分类及配置模式、学科治理权之间的协

---

① 马培培：《论美国大学治理中的学生参与》，《高等教育研究》2016年第2期。

② Mthethwa V., Chikoko V., "Does Participation in University Governance add Value to a Students Academic Experience?", *South African Journal of Higher Education*, Vol. 34, No. 4, 2020, pp. 211–229.

③ Cornelius-Bell A., Bell P. A., "Partnership as Student Power: Democracy and Governance in a Neoliberal University", *Radical Teacher*, No. 118, 2020, pp. 21–30.

④ Hollinger D. A., "Faculty Governance, the University of California, and the Future of Academe", *Academe-Bulletin of the AAUP*, No. 3, 2001, pp. 30–33.

同互动机制等方面的文献,为后续学科治理权配置的研究奠定基础。

1. 关于高校学科治理权分类及配置模式的研究

有学者已在这方面做了一些探索。如欧阳霞将学科治理权划分为10类具体权力,即学科发展规划权、学科带头人(负责人)任命权、学科人才引进权、学科发展资金的分配权、学科发展资金的使用权、校内科研课题(项目、基地)的审批权、学科设置权、社会服务权、教学权和学科研究方向的决定权。① 这种根据学科事务内容进行权力分类的方法对我们很有启发,为重新划定学科治理各主体间的权力边界提供了一定的依据。有学者在分析学术委员会权力配置时,将学术权力分为制度性决策权和事务性决策权,并通过个案研究认为,学术委员会事务性决策权得到落实和扩大,但学术委员会制度性决策权难以得到保障,甚至呈弱化趋势。② 一般说来,制度性决策权优先于事务性决策权,事务性决策权是在制度性决策权的框架下行使。

学科治理权一般通过学科具体事务的运行方能实现,学科具体事务的分类也对学科治理权的分类很有启发。李铁君认为,学科建设事务主要包括:学科方向建设、学科基地建设、学科学术成果建设、学科队伍建设、人才培养体系建设、学科环境建设等。③ 周光礼把学科建设的关键要素归纳为四个,即团队建设(人的问题)、经费支持(钱的问题)、内容建设(知识基础)和评价体系(管理基础)。④ 这四个要素也是学科治理的重要内容,关系着学科治理权的配置去向。此外,从学校层面来看,学科发展规划、学科生态系统构建、学科布局调整、交叉学科发展、学科资源配置等都是学者关注的学科治理事务范畴,也对学科治理权的内容具有重要影响。

---

① 欧阳霞:《大学学科权力配置探析》,《高教探索》2011年第2期。
② 毛金德、朱国利:《学术委员会权力增加了吗——后"规程"时代高校学术委员会的权力配置》,《现代教育论丛》2020年第6期。
③ 李铁君:《大学学科建设与发展论纲》,中国社会科学出版社2004年版,第7—10页。
④ 来自周光礼教授2021年11月2日在河南农业大学农学院做的报告《学科建设与学科评价》。

对高校内部权力分类的探讨也为本书学科治理权分类的研究提供了参考。不少学者在阐述高校内部权力时倾向根据主体的类别将其分为行政权力、学术权力,有的还会加上政治权力、民主权力等,有的根据权力运行过程将权力分为决策权、执行权和监督权,也有学者根据权力的性质将校院间纵向配置的权力分解为人事管理权、财务管理权、资源配置权与事务管理权。① 每个学者在进行高校内部权力分类时均以满足具体研究需要为依据,学科治理权是高校内部治理的核心权力,其分类深受高校内部权力分类模式的影响。

国内学者对高校学科治理权配置模式也进行了较为深入的探索。学科治理权配置模式是指在一定的分权理念指导下建构起来,由具体权力以及相应主体等组成的类型各异的权力分配体系。学科治理权结构是否科学、合理,直接关系着学科治理的成败。根据学科治理的组织方式,可将学科治理权配置模式分为集中管理和分散治理两种模式。杨超认为,我国已经形成了"国家—地方政府—高校—院系"纵向垂直的行政化学科建设形式和思路。政府主导着学科建设的政策制定、经费投入、资源分配和人事配置;大学管理部门更多是政府政策的执行者,学科管理形式科层化和机械化,阻碍了学科建设制度和方法的创新;校院两级重大学科建设事务决策行政化,行政决策代替学术决策。校院两级学术委员会与行政组织在学科建设中的权责不清,行政领导与学科带头人身份一体化,决策"一言堂",教师参与流于形式。② 由此可见,我国当前的学科治理权结构属于政府主导型的集中管理模式。

朱冰莹、董维春认为,这种集中管理模式的学科治理权结构经历了两个发展阶段,即总体性支配阶段和技术化治理阶段,从总体性支配到技术化治理,政府并未真正退出社会诸领域,而是凭借自身强大的资源

---

① 张晓霞:《我国高校校院间权力配置研究——以山东省高校为例》,博士学位论文,华中科技大学,2018年。
② 杨超:《"双一流"建设背景下大学教师参与学科治理的困境及路径》,《学位与研究生教育》2018年第9期。

吸附能力与配置权力，通过多重技术手段治理社会。在一流学科建设进程中，政府通过行政动员和"项目制"一直处于高度介入状态，政府干预不仅使自身疲于应对学科建设实践中日益复杂的问题，且不断弱化着大学、学科及教师的践行能力。① 也有学者提出，政府主导型的学科治理权配置模式带来了管理"碎片化"问题，表现为政策上的交叉、平台上的重叠和项目上的重复，直接导致非重点学科边缘化、教师价值观与科研行为异化、学科的自主性缺失与主体性缺位和学科投入产出不匹配等乱象出现。② 刘路和刘志民认为，我国大学院际层面的学科管理存在的问题较为突出，院际学科建设工作均落不到实处。基本的改革路径应是：确立学科专人负责的管理责任机制，改革院际学科建设的责任主体；成立专业研究生院，对校—院组织结构进行改革等。③

欧阳霞通过采用权力计量法将与学科发展相关的十项权力分别赋值并绘制学科权力场域图，从而得出结论：我国学科权力配置呈现典型的行政权力主导特征；学科成员对学科发展只有参与权和建议权，而无决策权；学科组织的无权或虚权地位限制了学科的发展力。她据此提出建议：把大学管理中过高的权力重心降下来，将管理重心下移至学科；对与学科发展相关的十种权力重新进行配置，重新划定学校、学院、学科组织的权力边界。④

崔延强和权培培认为，要建立扁平化的学科治理权结构，消解过度科层化导致的学科治理风险，权力中心要下移，增强基层学科成员的学术话语权，厘清学科负责人的权力边界。⑤ 姜晓云也提出厘清高校内部

---

① 朱冰莹、董维春：《技术治理视角下的一流学科建设：实践反思与制度重构》，《学位与研究生教育》2018 年第 10 期。
② 张金福、吴倩：《政府管理"碎片化"对大学学科建设的影响及其治理》，《中国高教研究》2012 年第 7 期。
③ 刘路、刘志民：《英、美、澳一流学科的建设经验与启示》，《教育发展研究》2016 年第 17 期。
④ 欧阳霞：《大学学科权力配置探析》，《高教探索》2011 年第 2 期。
⑤ 崔延强、权培培：《大学学科的现代性问题及其超越》，《华东师范大学学报（教育科学版）》2019 年第 2 期。

的各种权力关系,深化管理体制改革,确立科学的治理结构,是优化高校内部治理的首要任务。① 这对大学学科治理一样适用,也是大学学科治理体制改革的方向。包水梅等在分析香港一流学科建设的经验后认为,香港学科建设采取的是政府适当引导下的高校自主发展模式,采取独具特色的"政府—中间机构—高校"的立体化管理结构,使香港高校在学科治理方面具有极大自主权。② 谢安邦、阎光才把大学权力配置模式分为三种:以学术权力为主的权力配置模式、以行政权力为主的权力配置模式、行政权力和学术权力均衡的权力配置模式。③ 上述研究都为学科治理权配置的研究提供了借鉴。

总的来说,目前国内有关学科治理权分类以及配置模式的研究还处于经验总结阶段,已引起学者的关注,但还有待进一步的理论提升和更加深入的、系统的研究。目前研究比较多、比较深入的是专门针对某一方面内容进行的探索,如围绕学术权力和行政权力的配置研究、政府权力和高校自主权的配置研究、社会主体以及师生群体的参与权等,从整体上对高校学科治理权进行分类,并围绕学科治理权配置进行的研究还比较少。

通过梳理国外相关文献发现,一般认为"学科和专业研究领域的准院校性质是高等教育系统的特性的一个显著的和有特色的部分",④ 因此,研究者很少单独进行学科治理、学科治理权配置研究,而是内嵌于高校治理及高校治理权配置的研究。

美国知名教育学者伯顿·克拉克(Burton R. Clark)对多个国家高等教育系统进行深入研究后,对参与高校治理的主体进行分类,据此将高等教育系统权力层次分为六层,即系(讲座或研究所)、学部、大学

---

① 姜晓云:《优化高校内部治理:体制、机制和制度》,《高等理科教育》2018年第3期。
② 包水梅、常乔丽:《从政府战略到院校行动:香港世界一流学科建设的经验及启示》,《高等工程教育研究》2017年第3期。
③ 季诚钧:《大学教学与管理新论》,东华大学出版社2003年版,第167页。
④ [美]伯顿·克拉克:《高等教育系统——学术组织的跨国研究》,王承绪等译,杭州大学出版社1994年版,第6页。

或学院、多校园的学术管理组织、州或省教育管理部门、国家教育管理部门。在此基础上根据权力属性将六层权力归纳为扎根于学科的权力、院校权力、系统权力及感召力四类权力。按照高校权力分权模式，主要是前三类权力在高校治理中所占比重情况，将高等教育组织根据权力配置状况分为四类，即"大陆型模式""英国模式""美国模式""日本模式"。在"大陆型模式"中，教授和国家官僚权力很大，院校层次的行政权力较小；"英国模式"中教授和院校层次权力比较大，国家官僚权力对大学的控制比较弱；而"美国模式"中院校层次的行政人员权力很大，教授控制力比较弱，国家官僚权力最弱；"日本模式"主要是大陆模式和美国模式的结合，不同类型大学权力配置模式差别很大。① 表 0-1 呈现了伯顿·克拉克关于高校权力的分类及其权力配置模式，为本研究中的高校学科治理权分类以及后续配置研究提供了一个有益参考。

表 0-1　　伯顿·克拉克关于高校权力的分类及其分权模式

权力层次	权力类型	权力配置模式
①系（讲座或研究所）	1. 扎根于学科的权力：个人统治、学院式统治、行会权力、专业权力	（一）大陆型模式 （二）英国模式 （三）美国模式 （四）日本模式
②学部		
③大学或学院	2. 院校权力：董事权力、官僚权力	
④多校园的学术管理组织	3. 系统权力：官僚权力、政治权力、全系统学术权威人士权力	
⑤州或省教育管理部门		
⑥国家教育管理部门		
	4. 权力的百搭牌：感召力	

资料来源：根据伯顿·克拉克《高等教育系统——学术组织的跨国研究》中部分内容整理。

国外高校治理中的权力配置模式根据现实需要也在不断进行改革。如意大利学者斯特凡诺·博福（Stefano Boffo）认为，意大利高校治理中

---

① ［美］伯顿·克拉克：《高等教育系统——学术组织的跨国研究》，王承绪等译，杭州大学出版社 1994 年版，第 121—143 页。

的分权模式是典型的"大陆模式",教授和国家官僚权力很大,院校层次的行政权力较小。20世纪80年代以来,随着高等教育发展进入大众化阶段,出现了许多新问题,需要学校管理进行解决,因此,意大利高校治理改革的主要目的就是加强公立高校校长的权力,削弱教育部和大学教授的权力。[1] 无独有偶,进入21世纪以来,德国也开展了高校内部权力配置模式的改革,即限制资深教授的普遍权力,为初级教授提供更多的自由和经济激励。[2] 这些改革均是调整高校治理中各主体间的权力分配问题,使其趋向均衡。当前,英国的高校管理者抱怨权力受限,充满了无力感,认为他们没有权力,他们的行为受到国家政策的控制,受到高校理事会及高校内部其他人员的制约。[3] 美国的高校教师群体试图通过制度构建提高学术权力,探索教授会和行政部门之间的权力平衡。[4] 改革的总体趋势从权力过于集中于某类主体向其他主体转移一部分,实现权力主体的多元化发展,

也有学者对大学权力配置模式的影响因素展开研究。迈克尔·沙托克(Michael Shattock)通过比较英国、美国和日本大学分权模式的影响因素,认为国家的政治体制、高校在形成和发展中自觉形成的惯性行为模式、国家之间的相互借鉴和模仿这三个因素造就了各个国家高校当前不同的权力配置结构。[5]

综上所述,国内外关于高校学科治理权分类以及配置模式的研究均取得了丰硕成果,由于各国国情、高等教育管理体制及大学学科治理体

---

[1] Stefano Boffo, "Evaluation and the Distribution of Power in Italian Universities", *European Journal of Education*, Vol. 32, No. 2, 1997, pp. 175–184.

[2] Jager M., Schiermeier Q., "Professors facing power cuts in German university reforms", *Nature*, Vol. 411, No. 6833, 2001, p. 6.

[3] Jacky Lumby, "Leadership and Power in Higher Education", *Studies in Higher Education*, Vol. 44, No, 9, 2019, pp. 1619–1629.

[4] Woessner M., Kehler J., "Faculty Constitutions in the Ivory Tower: Exploring the Balance of Power between the Professoriate and the Administration", *Political Science & Politics*, Vol. 51, No. 2, 2018, pp. 387–395.

[5] Shattock M., "Re-Balancing Modern Concepts of University Governance", *Higher Education Quarterly*, No. 3, 2002, pp. 235–244.

制的差异，各国研究的侧重点也不同。但一个共同的趋势是研究者都倾向于高校学科治理的分权体制，无论是自上而下还是自下而上分权，权力要分享。各国大学学科治理实践中也在朝着这个方向改革。近年来，我国推进的"放管服"改革、赋予高校治理自主权和推进社会权力参与高校治理等，这些都对高校学科治理权配置改革提供了场域支持。

2. 关于高校学科治理权协调互动机制的研究

学科治理权协调互动机制主要是指高校学科治理权之间协调互动的关系以及由此产生的内在运作方式，学科治理权协调互动机制是否顺畅，直接影响着学科治理权配置整体效能的高低。

在确立科学的学科治理权分类的基础上，改革设定好各种权力的运行规则，建立健全协调机制，是实现善治的关键。① 龚虹波和胡赤弟从政策网络的视角分析了高校"学科—专业—产业链"之间的协调互动关系状况。他们认为"学科—专业—产业链"组成的政策网络在演化过程中行动者逐渐增加、变化；行动者之间交往逐渐频繁且日益复杂，核心—边缘行动者明显，但网络集聚能力不高；行动者需在不同的行动逻辑间找到合作的平衡点，同时也需要有机制来实现行动逻辑在不同平台间的转换和延续。② 从广义上而言，学科、专业、产业链建设都属于学科建设的范畴，都应是学科治理的重要一环，建构多元行动者之间的协调互动机制是满足各主体需要的关键因素。

胡文龙提出新工科建设要注重权力主体间的混合协同，在比较分析科层、市场、网络和学术四种治理机制特征和内涵基础上，认为新工科建设要充分发挥学术治理先导、市场机制引导、网络合作增能和行政权力保障的混合协同之效。高校党委要做好"元治理"角色，成为各种治理力量的"孵化器""平衡器"和"同辈中的长者"。通过构建"一元

---

① 姜晓云：《优化高校内部治理：体制、机制和制度》，《高等理科教育》2018 年第 3 期。
② 龚虹波、胡赤弟：《高校"学科—专业—产业链"治理机制研究——政策网络比较分析的视角》，《教育发展研究》2016 年第 Z1 期。

四核"协同治理体系,提高新工科建设成效。① 治理关注多元主体的共同参与,但参与主体间必须建构一种协同关系,实现主体间的互动,方能有利于整体功能的实现。

部分学者对当前高校学科治理权主体之间的关系以及治理机制进行了深入分析。陈金圣认为,类似于大学治理,学科治理的利益相关方也是多元的,且不同利益相关方对学科治理的参与度及话语权不同,可以将学科治理权关系视为一个多层次的圈层结构。由此提出高校学科治理的运行机制主要包括针对学科发展核心议题的学科自主行会式决策机制、针对学科自主决策的学院和大学审议及反馈修正机制,以及学科重大议题决策的外部相关者介入机制,同时高度重视贯穿学科治理全程的文化整合机制。② 包水梅和李明芳也提出了类似的学科治理机制。学科治理的推进,必须健全学科管理决策的民主参与机制;建立利益相关者之间的互动机制;建立学科信息公开制度等。③ 房莹认为,改进大学的学科治理要坚持开放治理,在与经济社会互动中推进学科发展;坚持协同治理,推动学术权力与行政权力之间横向互动和上下互动。④ 上述学者从基层学科层面、学院以及宏观层面阐述了学科治理各主体间的协调互动机制的构建,并强调了学校内外部利益相关者参与的重要性。

学科治理是学术治理的基础和重心,基层学术组织的治理机制也对学科治理机制的构建很有启发。魏小琳通过案例研究法,对近年来我国大学基层学术组织改革已形成的学部制、研究所制、学科制三种典型模式进行了深入分析,认为基层学术组织改革是大学自上而下设计、自下而上实施的内部治理改革。⑤ 黄海群认为应通过构建学科制与项目组制纵横结合的

---

① 胡文龙:《论新工科建设中治理机制的混合协同》,《高等工程教育研究》2019年第2期。
② 陈金圣:《学科治理的基本依据、组织基础与运行机制》,《学位与研究生教育》2020年第3期。
③ 包水梅、李明芳:《一流学科建设:从管理走向治理——兼论我国高校学科治理的路径依赖及其突破》,《现代教育管理》第1期。
④ 房莹:《一流学科建设高校学科治理的实践困境与改进思考》,《扬州大学学报(高教研究版)》2019年第6期。
⑤ 魏小琳:《治理视角下大学基层学术组织的重构》,《教育研究》2016年第11期。

双轨运行机制、校院两级学术民主决策机制、教师分类学术评价和分类管理机制等治理途径,达到实现学校科学可持续发展的目标。①

徐少君等通过对加州大学学术评议会前主席詹姆斯·查尔方特（James Chalfant）教授的访谈,系统探讨了加州大学多元主体共同治理机制以及他们之间的协同互动关系。因学科治理对大学治理的内嵌性,这些理念和机制对学科治理也极具借鉴意义。在加州大学,合作与信任是共同治理的基本理念,共同治理涉及多主体参与和多权力影响。就决策和议事程序来说,共同治理是一个注重长远而非即时性利益的审慎结构,这一结构虽然不利于做出快速应对,但对长期的问题却能做出更好的决策,有利于加州大学长远健康发展。② 从而也在一定程度上为学科治理提供了场域支持。

从国外研究来看,学者对教育领域、高等教育领域多元治理机制、模式有较为深入的研究和实践。美国学者卡特里娜·巴克利（Katrina Bulkley）对美国特许学校治理机制进行了调查研究。截至 1999 年,全美已有 1200 所特许学校,超过 1/3 在亚利桑那州和密歇根州,他对这两个州特许学校的运行机制进行调查后认为,特许学校赞助者在特许学校运行机制中发挥着重要的协调作用,他们在州政策制定者（以及这些政策制定者制定的法律）和特许学校之间扮演着关键的中介角色,他们的行动会直接影响特许学校的发展。③

国外有学者在实践基础上总结认为,高校的参与治理大概存在四种模式:一是法定模式,教师通过如学术评议会这样的正式组织来参与;二是象征模式,通过文化意义的互动达成对实践中规则的理解;三是协商模式,广泛吸纳教师参与决策过程的讨论;四是沟通模式,以非正式沟通和互动

---

① 黄海群:《一般地方本科大学基层学术组织治理机制研究》,《福建师范大学学报（哲学社会科学版）》2014 年第 1 期。
② 徐少君、眭依凡、俞婷婕等:《加州大学共同治理：权力结构、运行机制、问题与挑战——访加州大学学术评议会前主席 James A. Chalfant 教授》,《复旦教育论坛》2019 年第 1 期。
③ Bulkley K., "Charter school authorizers: A new governance mechanism?", *Educational Policy*, Vol. 13, No. 5, 1999, pp. 674–697.

方式达成理念上的共识。① 也有学者对非营利大学治理机制进行了研究，认为代理理论容易给营利性组织带来关系冲突，这些冲突除了委托人与代理人之间的冲突外，还涉及管理者与利益相关者之间的代理冲突，但非营利大学采用公司治理机制有助于缓解代理冲突。② 有学者对南非公立大学中的组织论坛机制进行了研究，该论坛是1997年南非立法的一项治理创新，作为一种机制，它倡导共同治理，强调多样性和理性讨论的重要性，旨在推进大学治理的民主化。然而，大多数受访者认为组织论坛是一种强大但未得到充分利用的工具，它所倡导的协商民主是失败的，原因是保守的制度文化与共享治理的原则背道而驰。为了提高组织论坛的实效性，必须克服文化障碍和传统大学等级制度的残余因素。③

从上述国内外研究可以看出，学科治理权协调互动机制主要关注多元行动者之间权力的协调、互动等问题。应遵循共同治理理念，构建多元行动者共同参与的学科决策机制，由于不同行动者在相关学科事务中的作用不同，因此，应区分核心行动者和其他行动者。但共同治理的实行也面临着一些挑战与不足，如自身效率不高的特质与外在制度的路径依赖等，须采取有效措施克服不足，建构运行有效的协调机制、互动机制，方能提升大学学科治理权配置机制的实效，这也是今后大学学科治理权配置研究中更具现实意义的问题。

（三）高校学科治理及相关研究

高校学科治理是学科治理权配置的基础，学科治理权配置是学科治理的重要组成部分。因此，更广泛地检索整理有关学科治理的相关研究成果，可以为学科治理权配置的研究提供坚实基础，本部分有关高校学科的研究主要包括学科制度、学科评估、跨学科发展、学科生态以及地

---

① 阎光才：《高校教师参与治理的困惑及其现实内涵》，《中国高教研究》2017年第7期。

② Siedschlag D. and Lana J., "Governance mechanism in non-profit universities: theoretical essay", *Revista Iberoamericana de Educación*, Vol. 83, No. 1, 2020, pp. 163 – 186.

③ Griffin A., "Toward deliberative democracy: The Institutional Forum as an innovative shared governance mechanism in South African higher education", *African Journal of Business Ethics*, Vol. 12, No. 1, 2018, pp. 1 – 21.

方本科高校学科的相关研究。

1. 关于高校学科制度的研究

制度是学科产生和发展的重要保障。对制度的界定，人们存在不同的看法，有的学者认为制度指组织性实体，有的学者认为制度包括规则、规范，有的学者认为制度除包括上述范畴外，还包括文化等。新制度经济学派的代表人物道格拉斯·诺斯（Douglass C. North）提出：制度是一个社会的博弈规则。[①] 埃莉诺·奥斯特罗姆（Elinor Ostrom）也是在这一意义上界定制度内涵，她认为制度是指被个体接受的、运行于组织内或组织间的规则、规范和策略。[②] 日本学者青木昌彦认为制度并非外生设定的，而是由参与人的策略互动内生的，存在于参与人的意识中，并且是可自我实施的。[③] 制度还有广义和狭义之分，从广义来说，一切调整主体之间以及社会关系的规则、规范和策略都可以称为制度，制度、体制、模式和机制等都属于制度范畴；从狭义来说，制度是指位于社会体系的宏观层面和基础层面并侧重于社会结构的规则。本部分是从广义上梳理分析制度有关的文献，因此，模式、体制机制都属于制度的范畴。

米歇尔·福柯（Michel Foucault）提出"学科构成了话语生产的一个控制体系"。[④] 从而从知识社会学的视角发掘了学科蕴含的规训意义，在此基础上，华勒斯坦（Immanuel Wallerstein）等人正式提出了学科规训制度理论，认为学科规训制度就是一种知识的生产制度，学科制度的优点是能够建立完整的理论体系和严格的方法学训练，缺点则是有可能使学术体制成为偏见的生产地，以服务私利为尚，建立虚假权威。[⑤] 美国学者多萝

[①] ［美］道格拉斯·诺斯：《制度、制度变迁与经济绩效》，刘守英译，上海人民出版社1994年版，第3页。

[②] 参见［美］保罗·A. 萨巴蒂尔《政策过程理论》，彭宗超、钟开斌等译，生活·读书·新知三联书店2004年版，第48页。

[③] ［日］青木昌彦：《比较制度分析》，周黎安译，上海远东出版社2001年版，第11—12页。

[④] 参见［美］华勒斯坦《开放社会科学：重建社会科学报告书》，刘锋译，生活·读书·新知三联书店1997年版，第35页。

[⑤] ［美］华勒斯坦：《学科·知识·权力》，刘健芝等译，生活·读书·新知三联书店1999年版，第5页。

西·芬尼根（Dorothy Finnegan）等认为研究型大学通常通过新一代学者的社会化，通过从事类似分支学科的研究人员组成的无形的"学院"对拨款申请和出版物的同行评审，以及对在资助项目、期刊和专业协会中的研究内容、方法和问题达成共识，从而实现某一学科的制度化。[①]

我国关于学科制度的研究始于21世纪初，2001年共有4篇与学科制度有关的文章发表，分别是王伯伟的《21世纪建筑学科制度的中心转移》、蔡琼及周详的《学科规训制度与刑事一体化》、李政涛的《教育学科发展中的"制度"与"制度化"问题》及方文的《社会心理学的演化：一种学科制度视角》。方文以社会心理学的演化为案例，首次对"学科制度"的概念进行了深入探讨，他提出："学科制度，是规范特定学科科学研究的行为准则体系和支撑学科发展和完善的基础结构体系，我们把前者称之为学科制度精神（the ethos of disciplinary institution），后者称之为学科制度结构（the infrastructure of disciplinary institution）。"[②] 2002年1月12日，中国社会科学杂志社在北京召开了"学科制度建设"研讨会，与会学者就中国学科制度，特别是文科学科制度建设的理念、内容，存在的问题以及加强学科制度建设的措施展开了热烈的讨论。[③] 自此掀起了一场学科制度研究的热潮。

部分学者对学科制度的缘起、概念及内容等进行了深入研究。郑杭生认为，学科制度可以分为三个层次：处在第一层次的是学科的深层理念；处在第二层次的是学科的规范体系；处在第三层次的是学科的物质体现。吴国盛把学科制度的建设分为内在建设和外在建设两个方面，外在建设主要是争取外部社会资源，内在建设则主要是各种各样学术标准和学术规则的建立。[④] 其他学者在此基础上对学科制度做了进一步探讨。鲍嵘提出学

[①] Finnegan D. E., Gamson Z. F., "Disciplinary adaptations to research culture in comprehensive institutions", *Review of Higher Education*, Vol. 19, No, 2, 1996, pp. 141 – 177.
[②] 方文：《社会心理学的演化：一种学科制度视角》，《中国社会科学》2001年第6期。
[③] 孟宪范：《学科制度建设研讨会综述》，《开放时代》2002年第2期。
[④] 孟宪范：《学科制度建设研讨会综述》，《开放时代》2002年第2期。

科制度包括学科准入制度、学科划分制度与专业人才培养制度,[①] 并认为学科制度是利弊相随的。[②] 关爱和总结我国大学学科制度体系包括学科设置制度、学科评价制度、学科培养制度、学科生长制度等。[③] 王建华认为学科本身就有制度的含义,如果再提出学科制度的概念,应有严格的界定,可以用学科建制一词专门指称学科制度中的物质层面或说是外部层面的东西,从而将学科制度主要限定为学科的内在制度或说是学科的规范体系。[④] 同时,他把大学与学科之间的关系总结为:学科制度是大学制度的核心,整个大学制度就是学科制度的扩张,大学制度随学科制度的变化而变化,学科制度也随大学制度的发展而发展。[⑤] 严三九和南瑞琴通过对美国新闻传播体系中声名卓著的两所新闻学院的学科制度变迁的梳理,指出健全的学科制度是发达国家成就一流学科的关键因素所在。[⑥]

也有部分学者对学科制度的弊端进行了分析。骆四铭认为学科制度促成了人才培养的制度化,同时也制约和束缚了人才培养的创造性和灵活性,学科制度的刚性及其局限所导致的学科和人才培养危机,要求从学科制度理念和学科组织上进行创新。[⑦] 宣小红等认为,当前我国研究型大学学科制度建设存在学科评估制度存在缺陷、学科设置制度主体权力失衡、学科生长制度不健全的问题,基于新制度主义的视角,提出我国研究型大学学科制度建设要以学术本位为价值取向,以诱致性变迁为路径选择,建立校际学科联盟制度,完善激励机制。[⑧] 宋争辉等从学科

[①] 鲍嵘:《学科制度的源起及走向初探》,《高等教育研究》2002年第4期。
[②] 鲍嵘:《学科的制度及其反思》,《学位与研究生教育》2002年第4期。
[③] 关爱和:《经济全球化视野下的大学学科制度创新》,《福建师范大学学报(哲学社会科学版)》2003年第1期。
[④] 王建华:《学科、学科制度、学科建制与学科建设》,《江苏高教》2003年第3期。
[⑤] 王建华:《试论学科制度与大学制度的相关性》,《青岛科学大学学报(社会科学版)》2006年第4期。
[⑥] 严三九、南瑞琴:《一流学科建设的制度研究——以美国哥伦比亚大学新闻学院和密苏里大学新闻学院的学科制度变革为例》,《华东师范大学学报(教育科学版)》2017年第6期。
[⑦] 骆四铭:《学科制度与创新型人才培养》,《教育研究》2009年第9期。
[⑧] 宣小红、崔秀玲、谭旭、林清华:《新制度主义的视角:我国研究型大学学科制度建设困境及消解》,《国家教育行政学院学报》2010年第2期。

制度的视角认为大学基层学术组织是在学科制度化与学科去制度化的相互博弈过程中不断形成和发展的，在知识既高度分化又高度综合的背景下，学科发展面临着去制度化的压力，学科过度制度化制约传统基层学术组织的变革，给其组织模式和治理机制带来严重挑战。[①]

从国内外的研究可以看出，对学科制度的认识经历了一个持续探索的过程，在学科制度的概念、内容，学科制度与大学制度的关系、学科制度的利弊等方面逐渐达成了共识。对于学科制度与学科发展的关系，学者一致认为两者之间有密切的关系，既可以通过完善制度促进学科的发展，如果学科过度制度化也会制约和束缚学科自身的革新。因此，对学科制度及其发挥作用的阶段性特点应有清晰的认识。

2. 关于高校学科评估的相关研究

学科评估是促进高校学科建设、提高办学水平的重要治理机制，是以学科为评估单元、对开办研究生教育的高校办学水平的关键体检。[②]学科评估是政府、高校、社会等诸多利益相关主体围绕学科发展进行价值判断和选择的过程，[③]学科评估是高校学科治理的"指挥棒"，对高校学科治理具有重要的指导作用。

部分学者对学科评估与我国"双一流建设"的关系进行了深入探讨。徐高明提出学科评估要引领一流学科建设。[④]廖婧茜和靳玉乐认为，学科评估在"双一流"建设中扮演了"风向标""推进器"和"催化剂"等角色，推动"双一流"建设发展，学科评估与"双一流"建设作为助推我国高等教育改革和发展的两大关键举措，应当相辅相成、协同共进。[⑤]张继平和徐桑梓通过研究提出，以学科评估推进"双一流"建

[①] 宋争辉、王勇：《大学基层学术组织的发展困境及治理路径——学科制度的视角》，《南京师大学报（社会科学版）》2019年第5期。

[②] 别敦荣：《积极探索构建中国特色学科评估体系》，《大学与学科》2021年第1期。

[③] 刘强：《"双一流"建设视域下高校学科评估的价值冲突及其调适》，《现代教育管理》2019年第11期。

[④] 徐高明：《学科评估要引领一流学科建设》，《高教发展与评估》2018年第3期。

[⑤] 廖婧茜、靳玉乐：《学科评估与"双一流"建设的关系》，《现代大学教育》2020年第4期。

设良性发展，需要激活高校的责任主体、权利主体和建设主体意识，发挥社会中介组织"缓冲器""调节器"的作用。①

张应强认为，学科评估在促进高校"双一流"建设的同时，也产生了学科评估主导学科建设、学科排名竞争"白热化"等消极影响。学科评估部门越来越重视评估技术和方法的完善，但却越来越忽视对学科评估目的的把握和审视；相对于学科建设而言，学科评估的内容（评估指标体系）是有限度的，其与学科建设的内容是不一样的，目前没有任何一种学科评估指标体系能够涵盖学科建设的所有内容。因此，对照学科评估和排名指标开展学科建设，是一种典型的本末倒置。② 龙洋认为，随着评估工作的纵深推进，学科评估的整齐划一、结果排名及其资源匹配方式等负外部效应渐次呈现，必须复归学科评估的理性道路，最终实现学科评估的善治格局。③

有学者就学科评估的中国化问题进行了研究。张继平认为，学科评估中国化是将学科评估基本原理同中国高等教育具体实践相结合，形成符合中国国情、具有中国特色、展示中国魅力的学科评估体系的过程。学科评估中国化需要建立自适性的评估体系，培育生态性的评估文化，打造本土性的评估标准，选择适切性的评估手段，形成辩证性的评估认识。④ 解德渤和李枭鹰指出我国学科评估制度存在"激励失效"问题，作为"惯习"存在的行政化思维则是问题产生的根源，并建议中国特色学科评估体系的形成与发展必须坚守几条基本原则：第一，尊重学科生长规律；第二，契合中国本土经验；第三，符合国际评估潮流；第四，推

---

① 张继平、徐桑梓：《"双一流"建设视域中学科评估价值取向的变迁与冲突》，《现代教育管理》2019年第11期。
② 张应强：《"双一流"建设需要什么样的学科评估——基于学科评估元评估的思考》，《清华大学教育研究》2019年第5期。
③ 龙洋：《学科评估功能的原生态回归路径探索》，《教育发展研究》2021年第1期。
④ 张继平：《"双一流"建设语境中的学科评估中国化：成效、问题与进路》，《高校教育管理》2019年第5期。

进高校生态发展。①

地方本科高校的学科治理与学科评估关系问题也引起了部分学者的关注。刘振天和俞兆达认为现行的学科评估对地方高校学科发展形成了三重制约：" 选优 "的单一评价标准使地方高校形成依附性被动跟随的特性；偏重学术导向与应用型学科发展目标背离；学科评估结果的杠杆作用被放大，促使地方高校边缘化。要以学科评估改革促进地方高校学科发展，就必须落实以评促建。② 陈鹏认为，现行的学科评估只对学校设置的学术型硕士点和博士点进行赋权考核，忽略了对专业型硕士点和博士点的评估，而专业型硕士和博士是应用型高校学科建设的主要方向。现有的地方本科高校大多属于应用型高校，这种评估指标对地方本科高校的建设显然不利。③ 从上述研究成果可以看出，地方本科高校学科评估存在的问题已引起学者的关注，作为学科治理的一部分，学科评估如何既能发挥监督作用，又能降低其"指挥棒"效应，需要今后进一步加强研究。

部分学者对国外学科评估开展情况进行了借鉴研究。20 世纪 80 年代始，英国以科研为主的公式化拨款模式相继催生了科研选择评估（Research Selectivity Exercise）、科研水平评估（Research Assessment Exercise）及科研卓越框架（Research Excellence Framework）等学科评估样态，近年来，随着高等教育溢价衰退，凸显学生选择权利的教学学科评估（TEF）得以建立。④ 董琦对德国巴伐利亚州高校的学科评估实施情况进行了介绍，总结认为德国巴伐利亚州高校学科评估的对象兼顾教学和科研，在功能上只是起到政策咨询的作用，不与裁减资金或削减工作位置挂钩，也不据此给大学排名。⑤ 常桐善介绍，美国并没有专门的高校

---

① 解德渤、李枭鹰：《中国特色学科评估体系的优化路径——基于第四轮学科评估若干问题的分析》，《厦门大学学报（哲学社会科学版）》2019 年第 1 期。
② 刘振天、俞兆达：《学科评估如何引领地方高校学科发展》，《吉首大学学报（社会科学版）》2021 年第 1 期。
③ 陈鹏：《第五轮学科评估需要关注的五个关键维度》，《高校教育管理》2020 年第 5 期。
④ 陈涛、邓圆：《外部依赖与内部整合：英国学科评估改革的工作逻辑及发展轨迹——兼论中英两国学科评估的异同》，《外国教育研究》2020 年第 9 期。
⑤ 董琦：《德国巴伐利亚州高校的学科评估》，《德国研究》2004 年第 1 期。

学科评估，其学科评估主要包括专业认证（program accreditation）、专业评估（program review）等活动，其中专业认证通常是由具备认证资格的区域认证机构或专业学会负责实施，其目的是确保授予学位的学科达到最基本的质量标准，包括师资力量、教学质量、持续性发展能力、学习成果评估方法等。而专业评估则是由大学内部组织的评估活动，其更加聚焦于对专业质量水平的评价和对存在问题的探究。[1]李明磊和王铭对美国博士学科评估状况进行总结分析后认为，美国博士学科评估的组织特征主要体现在完善的博士学科评估组织治理结构和能力及多元化的博士学科评估筹资机制，值得我们学习和借鉴的是秉持为评估利益相关方服务的评估理念，注重评估组织的治理结构和能力建设，把握好评估方法的继承和创新力度，加强学科评估理论和技术研究。[2]

综上所述，学科评估是学科治理系统的重要组成部分，学科评估的目的是为学科治理提供决策支撑，提升学科发展质量，促进知识生产和再生产。但学科评估并不能反映学科治理的全部，具有其自身的限度，应理性看待学科评估对学科治理的正负影响。

3. 关于推进交叉学科发展的研究

华勒斯坦是较早关注跨学科、交叉学科发展研究的学者。他认为，第二次世界大战后，随着世界政治、经济及大学发展等外在环境的变化，现有的学科门类遭到了来自各方面的抗议，为此大学可采取增加跨学科训练和研究规划的措施应对，如扩展大学内部或与大学联合的各类机构，集合各方面的学者围绕某些紧要主题展开为期一年的共同研究；采取强制性联合聘用教授的办法，每个教授都同时受聘于两个系；联合培养研究生，鼓励攻读某一学科博士学位的学生到外系听一些课或搞一点属于

---

[1] 常桐善：《学科评估要细听学生声音：加州大学利用本科生调查结果的实践经验》，《中国高教研究》2020年第7期。

[2] 李明磊、王铭：《美国博士学科评估特征分析及其启示》，《教育科学》2012年第3期。

外系专业的研究。① 华勒斯坦在其另一部著作中对多学科研究的不足进行了分析，他提到，多学科研究在实践上往往只是强化了固有学科的存在，因为多学科研究——把各种独立的学科知识合并起来——这概念本身就预设了学科分类的合法地位，并赋予了这种分类法意义。②

1972年，美国教育研究与创新中心（the Centre for Educational Research and Innovation CERI）发表了一份重要报告《交叉学科：大学教学与研究的问题》（*Interdisciplinarity: Problems of Teaching and Research in Universities*）。报告认为，当前大学教育和研究的创造性变革越来越需要交叉学科的方法，发展交叉学科并非要摧毁学科本身，而是鼓励与其他学科以及与社会问题的动态关系。报告对多学科、跨学科、交叉学科等相关定义进行了辨析，并提供了不同国家大学交叉学科教学和研究的详细调查，最后报告提出交叉学科应该被理解为学科概念和方法的整合。③ 英国学者爱奥娜·帕拉依奥罗葛（Ioanna Palaiologou）认为，教育研究的本质和复杂性决定了教育研究不能只使用一个学科的方法，教育研究课程整合了多学科的知识，教育研究是一个跨学科或多学科范式整合的学科，教育研究是嵌入跨学科的。④

部分学者试图通过构建跨学科发展模型或力量框架促进跨学科的发展。英国学者鲍尔（E. J. Power）和汉德利（J. Handley）认为当今的全球化社会创造了一个以复杂问题为特征的环境，解决这些问题需要超越传统的以学科为基础的边界，以及新的知识共享形式，但英国的高校目前还没有公认的跨学科工作的最佳实践方法。他们尝试利用专家小组

---

① ［美］华勒斯坦：《开放社会科学：重建社会科学报告书》，刘锋译，生活·读书·新知三联书店1997年版，第110—113页。

② ［美］华勒斯坦：《学科·知识·权力》，刘健芝等译，生活·读书·新知三联书店1999年版，第222页。

③ McCulloch G., "Introduction: Disciplinarity, Interdisciplinarity and Educational Studies-Past, Present and Future", *British Journal of Educational Studies*, Vol. 60, No. 4SI, 2012, pp. 295–300.

④ Palaiologou I., "The death of a discipline or the birth of a transdiscipline: subverting questions of disciplinarity within Education Studies undergraduate courses", *Educational Studies*, Vol. 36, No. PII 9187804413, 2010, pp. 269–282.

和半结构化访谈的方法，总结认为跨学科定位、人员、环境、奖励、行为及交流等六个促成因素直接影响跨学科发展的成效，从而提出一个可能的最佳跨学科实践模型，以促进英国高校的跨学科发展。[①] 美国学者伊丽娜·阿什比（Iryna Ashby）和玛丽莎·埃克斯特（Marisa Exter）也同样认为，当今复杂的全球化社会中存在的问题在现有的学科范畴内很难解决，跨学科教育是将来自不同学科的知识进行整合，以解决单一学科视角无法解决的问题，通过在学术和专业课程中引入跨学科为学习者提供了一个框架，让他们在看似零散或孤立的知识之间建立联系，并将这些知识应用于现实世界的问题。[②]

有学者通过访谈或案例研究等实证研究的方法探讨交叉学科的内涵及高校发展交叉学科策略的局限性。瑞典学者米尔卡·肯思（Mirka Kans）和阿萨·古斯塔夫松（Åsa Gustafsson）从内部利益相关者的视角，澄清交叉学科的定义和内涵，他们采用实证研究方法，通过对学生代表、教师和跨学科硕士课程项目经理的29名内部利益相关者的焦点小组访谈进行了调查，认为交叉学科是具有不同能力（知识、背景和技能）的人的整合，根据确定的需要、挑战或机会行动，需要在协同作用中建立一个整体的方法，从而创造新的知识。跨学科学习主要是在开放式和研究型创新项目中进行。[③] 芬兰学者米克·萨尔梅拉（Mikko Salmela）等采用案例研究法，对一所小型技术高校进行研究，该高校实施了一项旨在促进和发展跨学科合作的战略，将至少5年的研究资金分配给了研究平台，这些平台要求该校三个学院中至少两个学院的研究人员参与。利用来自三个平台研究人员的半结构化访谈数据，研究者确定了该策略在平台资源配置、劳动分工和学

[①] Power E. J. , Handley J. , "A best-practice model for integrating interdisciplinarity into the higher education student experience", *Studies in Higher Education*, Vol. 44, No. 3, 2019, pp. 554 – 570.

[②] Ashby I. , Exter M. , "Designing for Interdisciplinarity in Higher Education: Considerations for Instructional Designers", *TECHTRENDS*, Vol. 63, No. 2, 2019, pp. 202 – 208.

[③] Kans M. , Gustafsson A. , "Internal stakeholders' views on interdisciplinarity: An empirical study within an interdisciplinary master's program", *Cogent Educaiton*, Vol. 7, No. 17312211, 2020.

科关系以及科学产出和学术职业选择上的产生的特定紧张关系,作者认为当前的平台政策只是刺激了浅层的跨学科互动,试图通过内部资金推动跨学科发展的潜在作用有限。①

有学者在博士项目中开展跨学科培训的研究。拉菲·拉希德（Rafi Rashid）以新加坡国立大学一个跨学科研究生项目的课程为案例,这个项目为全职研究型博士课程项目,招收多个学科的学生,学生在前两年必须学习研究伦理和科学诚信、学术专业技能和技术以及综合科学与工程等课程,旨在培养博士生对跨学科研究的浓厚兴趣。作者反思了自己在设计促进学生跨学科的策略方面所做的努力,提出要在博士水平上实施跨学科策略,加强跨学科博士培训,努力使博士学位水平跟上21世纪的实际需求。②

为应对全球化社会中复杂问题解决的现实需要及克服现有学科结构的局限,国内外学者都在积极探索和实践交叉学科的治理策略和发展路径。从知网检索可知,20世纪90年代以来,国内学者也开始关注、研究交叉学科,并逐步拓展研究视角和领域,取得了诸多成果。最近我国提出的"新工科、新农科、新医科、新文科"建设在一定意义上也是交叉学科研究和实践的最新发展。目前关于交叉学科的研究主要可以划分为三个方面:交叉学科的基本理论研究、交叉学科的科学研究及交叉学科的人才培养等。

国内学者对交叉学科的关注,③ 始自20世纪80年代,起于解决复杂问题的现实需要及国外相关成果的引荐。1985年,由刘仲林撰写的首篇

---

① Salmela M., MacLeod M., Af Rosenschold J. M., "Internally Incentivized Interdisciplinarity: Organizational Restructuring of Research and Emerging Tensions", *MINERVA*, https://doi.org/10.1007/s11024-020-09431-4.

② Rashid R., "Updating the PhD: making the case for interdisciplinarity in twenty-first-century doctoral education", *Teaching in Higher Education*, DOI: 10.1080/13562517.2021.1892624.

③ 本书中的"跨学科"和"交叉学科"对应的英文术语均是Interdisciplinariry,两个术语在文中可以通用,如果原作者文中使用的是"跨学科"概念,即保留原用法,其他地方均统一采用"交叉学科"的用法。

有关交叉学科的文章《跨学科学》发表。① 同年，全国首届交叉科学学术讨论会召开，对推动跨学科研究起到重要作用。② 1992年，中国社会科学院跨学科研究组派出由秦麟征、王兴成、金吾伦三人组成的代表团出访美国，考察了美国的跨学科和多学科研究。考察回来后，对美国跨学科、多学科研究的情况进行了分析和比较，提出了若干有启示性的结论，与交叉学科治理相关的有如下四方面：跨学科和多学科研究要求有一套严密而灵活多样的组织管理体系；跨学科或多学科研究的活力在于它解决综合性实际问题的能力；为了保证跨学科和多学科研究的持续发展，必须重视跨学科和多学科研究人才的教育、选择和培养；跨学科和多学科治理依然存在着有待解决的一些问题。③

一些学者认为大学进行交叉学科治理时须把握关键问题并克服障碍因素。靳希、张征岚认为，当前学科高度分化和高度综合的特征给高等学校提出了相应的调整和重新组合学科的要求，联合体的组织形式可以多样，但必须把握好几个关键方面，即明确研究的目标和方向、选好带头人、建立和健全联合体章程和管理条例，加强管理、学校采取切实有效的激励措施，促进联合体的共同。④ 刘亚敏和胡甲刚认为，制约跨学科人才培养推进的因素涉及宏观和微观两个层面。在宏观层面，专业化人才培养观念根深蒂固，单科性高校大量存在，以及专业设置集权化管理等制约着跨学科人才培养的推进。在微观层面，专业组织的实体化和教学管理制度不到位等也使跨学科人才培养难以为继。⑤ 赵文平等将我国大学跨学科研究存在的主要障碍概括为五个方面：知识障碍、组织障碍、意识与能力障碍、文化与利益障碍、政策障碍等。⑥

---

① 刘仲林：《跨学科学》，《未来与发展》1985年第1期。
② 刘仲林：《当代跨学科学及其进展》，《自然辩证法研究》1993年第1期。
③ 秦成伦：《中国社会科学院组团赴美考察跨学科研究》，《国外社会科学》1993年第3期。
④ 靳希、张征岚：《建立高校跨系（所）、跨学科联合体的初探》，《高等教育研究》1992年第1期。
⑤ 刘亚敏、胡甲刚：《跨学科人才培养的制约因素探讨》，《中国高教研究》2004年第3期。
⑥ 赵文平、吴敏、王安民：《我国大学跨学科研究的障碍与对策研究》，《学位与研究生教育》2006年第3期。

近十年来，更多的研究集中在交叉学科组织协同治理方面。如周朝成从新制度主义视角分析，跨学科研究组织内的不同学科之间存在学科文化、学科权力与学科利益等层面的冲突，跨学科研究组织的持续发展需要学科共同目标、学科利益分享机制、学科权力制衡机制和学科文化共同话语框架，通过共同治理消解学科冲突。[①] 孟艳等认为，我国研究型大学跨学科组织发展非常缓慢，存在运行机制不明晰、多主体协作和资源整合困难、跨学科组织制度滞后等问题。[②]

从上述国内外研究可以看出，近年来，推进交叉学科发展，加强交叉学科治理已是高校学科治理的重要内容之一。加强交叉学科治理是满足科技发展、经济社会发展需要以及遵循学科发展规律的必然趋势，但由于传统学科建制的存在，学科的真正交叉融合还存在很多障碍因素，实效性有待提高。2020年12月，国务院学位委员会、教育部印发了《国务院学位委员会、教育部关于设置"交叉学科"门类、"集成电路科学与工程"和"国家安全学"一级学科的通知》，"交叉学科"正式成为我国第14个学科门类。[③] 把交叉学科设为新的学科门类，一方面有利于交叉学科建制，方便交叉学科开展研究和人才培养，另一方面会不会陷入新的学科壁垒，实质上阻碍了交叉学科的发展，这将是今后高校交叉学科治理的新课题，有待进一步地深入研究和探索。

4. 关于学科生态系统的研究

从知网检索可知，近十年来我国学术界利用组织生态系统理论研究大学组织及学科建设已成为学科研究的一个热点。组织生态学的发展为学科治理提供了一种新的观点，科学规划学科发展，优化学科专业布局

[①] 周朝成：《大学跨学科研究组织冲突与治理对策：新制度主义的视角》，《教育发展研究》2014年第9期。

[②] 孟艳、王赫、李萌：《我国研究型大学跨学科组织建设的困境与突破》，《现代教育管理》2021年第1期。

[③] 《国务院学位委员会 教育部关于设置"交叉学科"门类、"集成电路科学与工程"和"国家安全学"一级学科的通知》，2021年1月13日，教育部门户网站，http://www.moe.gov.cn/srcsite/A22/yjss_xwgl/xwgl_xwsy/202101/t20210113_509633.html，2021年3月29日。

结构，这也是当前大学学科治理的重要内容。研究者和实践者逐渐认识到，高校学科治理不能只是由行政力量主导推进优势学科建设，而必须是形成良性发展的学科生态系统，由系统培植优势学科。

李枭鹰较早从生态学视角研究高校组织和高校学科规划，他认为大学是一个多学科构成的生态系统，学科系统的某些特性直接影响大学的特性，阐述了学科多样性、异质性与大学生态系统平衡与发展的内在联系。① 武建鑫对学科生态系统的子系统构成、主要任务及存在不足等问题进行了深入阐释，他认为学科生态系统包括组织生态子系统和知识生态子系统，并认为一流学科生成于良好的学科生态系统之中，学科组织健康是建设世界一流学科的必要条件。同时，他认为利用生态系统理论研究学科建设还存在一些不足，比如存在概念晦涩、术语繁多、体系不够完善等问题。②

也有部分学者运用量化分析方法研究学科生态问题。如徐贤春等基于因子分析方法对浙江大学的实证研究，提出学科生态系统的四个主要因子：文化生态、学术生态、资源生态、人才生态，建立了学科生态系统的内核结构模型及其作用机制。③ 倪昊翔、张策华综合运用因子分析、聚类分析及典型相关分析等多种实证分析法对32所高校进行竞争力实证研究，据此提出：高水平大学建设更应关注学科生态体系建设，在资源投入方面，对校内学科生态体系中不同定位、不同发展水平的学科点分层分类差异投入。④

我国学者一般把"学科生态系统"翻译为"Disciplinary Ecology"或"Discipline Ecology"，以此为关键词在WOS核心合集数据库进行检索，

---

① 李枭鹰：《多样化与异质化——生态视域中的学科规划思维》，《学位与研究生教育》2006年第7期。
② 武建鑫：《学科生态系统：从理论到方法的可能——兼论世界一流学科的成长机理》，《中国高教研究》2020年第2期。
③ 徐贤春、朱嘉赟、吴伟：《一流学科生态系统的概念框架与评价模型——基于浙江大学的实证研究》，《江苏高教》2018年第9期。
④ 倪昊翔、张策华：《学科生态视角下高水平大学竞争力实证研究》，《江苏高教》2020年第12期。

并没有检索到直接相关的国外研究文献。通过检索组织生态、大学生态等关键词检索到部分相关文献。

美国学者迈克尔·哈南（Michael Hannan）和约翰·弗里曼（John Freeman）在1977年最先提出组织生态学概念，组织生态学理论重点探讨组织种群的创造、成长及死亡的过程及其与环境转变的关系。自20世纪90年代以来，组织生态学理论广泛运用于有关汽车供应商、美国大型研究型大学、地区医院组织、酿造工业、广播行业、个人电脑行业等研究领域，并得到越来越多国家学者的认可，他们运用组织生态学理论分析本国各种类型的组织。[①] 美国康奈尔大学教授富兰克林·贝克（Franklin Becker）在对产业组织研究后认为，所有的组织本质上都是复杂的生态系统，其特征是社会系统和物理系统相互依赖，系统任何一个方面的变化都会在整个系统中产生影响，一个组织生态系统的构成受产业类型、组织发展阶段、组织规模及组织职能的影响，经过较长时间的发展，获得竞争优势的组织，其生态系统一定是动态和谐的。[②] 埃利亚斯·卡拉雅尼斯（Elias Carayannis）等系统地考察了企业内部合作—竞争关系的本质及与知识进化的关系，从生态学的角度探讨了知识的创造、分化和演化过程。[③]

从国内外的研究可以看出：组织生态学理论起源于国外，国外学者将其广泛运用于经济组织、政治组织等相关研究领域，教育组织领域也有所涉及，但由于国内外高校治理环境和治理重点的不同，关于组织生态学理论的运用和研究并非国外教育领域及学科建设领域的研究热点。而近些年来，我国重点大学、重点学科及当前的一流大学、一流学科的

[①] van Witteloostuijn A., "Organizational ecology has a bright future", *Organization Studies*, Vol. 21, No. 2, 2000, pp. V – XIV.

[②] Becker F., "Organizational ecology and knowledge networks", *California Management Review*, Vol. 49, No. 2, 2007, p. 42.

[③] Carayannis E. G., Depeige A., Sindakis S., "Dynamics of ultra-organizational co-opetition and circuits of knowledge: a knowledge-based view of value ecology", *Journal of Knowledge Management*, Vol. 18, No. 5SI, 2014, pp. 1020 – 1035.

建设，行政依然在学科建设中发挥主导作用，正是在这样的背景下，部分学者借用组织生态学理论研究学科治理，旨在强调学科组织自身的能动性，减少行政对学科的过度、不当干预，并取得了诸多成果。

5. 关于地方本科高校及学科发展的研究

地方本科高校及其学科发展是近年来我国学术界较为关注的研究领域，研究比较多的是地方本科高校定位问题、地方本科高校学科的特色化发展、"双一流"建设等内容，国外该领域的相关研究成果也对本书很有借鉴意义。

地方本科高校定位研究与其学科发展紧密相关。高校办学定位一般以本校学科发展状况为基础，办学定位的明确反过来进一步指导学科发展方向和学科专业结构调整。改革开放后，我国地方本科高校的恢复与新建随之展开。1999—2013 年，国家开启了高等教育大众化历程，进一步下放了地方政府在高等教育领域的部分权力，推动了地方本科高校发展高潮的到来。[1] 至此，我国地方本科高等教育体系初步形成，地方本科高校蓬勃发展。数量庞大的地方本科高校介于学术型大学和职业技术院校之间，形成一个学校类型连续带，根据具体的办学定位又可以分为不同类型的高校。

围绕地方本科高校分类定位问题，学术界进行了深入的研究。潘懋元教授提出地方本科高校应从目标、服务面向、学科专业、人才培养、教学和科学研究等六个方面进行定位。通过对这些定位进行综合分析，将我国地方本科高校定位为介于研究型大学和职业院校之间的应用型本科院校。[2] 陈维龙等认为，地方本科高校分类转型发展受制于政府、大学、市场和文化等多重制度逻辑的约束。[3] 地方本科高校的转型定位是

---

[1] 邓小泉：《1949 年以来我国地方高校的历史变迁》，《江苏高教》2015 年第 2 期。

[2] 潘懋元、车如山：《做强地方本科院校——地方本科院校的定位与特征研究》，《中国高教研究》2009 年第 12 期。

[3] 陈维龙、张静、王保华：《地方本科高校分类转型发展路径探析》，《中国高等教育》2022 年第 1 期。

一个复杂的系统过程，受多因素影响，应进行科学论证。戴粦利和蒋达勇借助雁行理论，论证我国各省域地方本科高校的发展总体上呈现"先行—追随"特征的发展模式，这种模式受中国高等教育发展的区域不平衡、区域经济发展水平与高等教育发展水平的非一致性、压力型的政治体制、可流通的大学资源等因素的制约。① 当前，地方本科高校的定位、转型发展受到学术界的关注，关于地方本科高校定位的依据、影响因素和定位策略的研究取得了丰硕成果，对我国地方本科高校定位以及某些高校转型发展具有重要意义。但毕竟地方本科高校数量庞大，内部类型众多，每个高校的定位在受制于普遍因素外，还有很多该校独特的影响因素。今后的研究建议在前述理论研究基础上，结合个案高校改革实践，进行更多的具体实证研究，分析其异同、成功和失败，为后来者提供微观实践启示。

部分学者对地方本科高校学科建设、学科发展中存在的问题进行了总结归纳。刘琼玉和钱同惠提出地方高校的学科建设，必须紧紧围绕提高人才培养质量这一核心任务来开展。通过构建基于全国学科评估视角的地方高校研究生培养质量保障体系，不断提升导师队伍的整体水平，充分发挥校企多元协同育人效应，建立长效的研究生教育质量评价反馈机制来持续改进教育教学质量，提高研究生培养质量，促进地方高校研究生教育的健康可持续性发展。② 周海涛和胡万山认为，当前地方高校的学科建设存在学科发展谋划不足、引才育才条件不佳、科研基础不强、学科建设标准不明和路径特色不清等问题。在"双一流"建设背景下，地方高校应采取加强学科发展谋划、优化引才育才氛围、明晰学科建设标准、改善学校科研环境、创新学科发展路径等措施，从而实现学科建设精准定位，汇聚各类优秀人才，落实学科建设考核，聚力产出重大成

---

① 戴粦利、蒋达勇：《雁行模式：解释高等教育地方崛起的新视角》，《江苏高教》2018年第12期。

② 刘琼玉、钱同惠：《学科评估视角下地方高校研究生培养质量体系的构建》，《现代教育科学》2019年第4期。

果以及培育学科发展特色等目标。①

近年来,各地政府纷纷出台本省域"双一流"建设方案,大幅增加对区域内重点高校扶持力度,地方本科高校学科建设也进入一个新阶段。孔建益、杨军通过分析地方高校学科建设存在问题及其原因,认为地方政府、学校对学科建设资源供给与区域社会、经济对学科发展水平需求之间矛盾和高校内部学科建设过于组织制度化是地方高校学科建设的主要问题,提出地方高校应采取差异化发展和错位竞争策略建设学科。②刘欣认为,地方本科高校应跳出传统学术性学科建设思路,瞄准地方经济社会发展重大战略领域,聚焦以人才培养为根本任务的领域性学科建设。③王琳博等基于知识生产模式的视角,从知识资本角度、人才培养层面、知识权益保障上提出了地方高校推进区域性一流学科建设的有效路径。④吴海江等认为地方本科高校开展"双一流"建设,要立足于区域经济社会发展,通过政府顶层设计,以服务导向定位学科发展,以应用和特色学科为突破点,实现学科内涵的发展和质量的提升。⑤刘小强等采用个案研究法,提出地方本科高校学科建设存在的突出问题是缺乏亮点、定力、合力和动力,学科建设新机制的探索应从上述几方面入手。⑥由此可见,地方本科高校一方面是学术组织,具有专业性、超地域性,另一方面从政策到资源又受制于所属省域,与区域经济社会发展有着密不可分的关系。因此,地方本科高校一流学科建设要充分考虑学

---

① 周海涛、胡万山:《地方高校高水平学科建设的模式、难点与对策》,《高等教育研究》2020年第3期。

② 孔建益、杨军:《地方高校学科建设策略:差异化发展与错位竞争》,《中国高教研究》2008年第2期。

③ 刘欣:《地方大学领域性学科建设:内涵、路径与模式》,《大学(学术版)》2014年第1期。

④ 王琳博、黄俊操:《知识生产模式下地方高校区域性一流学科建设的路径优化》,《江汉大学学报(社会科学版)》2021年第4期。

⑤ 吴海江、楼世洲:《"入围或突围":"双一流"建设背景下地方高校学科发展的挑战与应对》,《教育发展研究》2018年第Z1期。

⑥ 刘小强、孙桂珍:《"双一流"建设背景下地方高校学科建设的机制创新——基于江西师范大学学科建设"六定"工作的反思》,《学位与研究生教育》2017年第11期。

科和区域经济社会发展的关系，创新学科建设机制。

基于上述研究成果得出结论，地方本科高校学科建设和发展受制于多重因素制约，借助"治理"多元主体共治的理念，也有学者开始从治理视角研究高等学校及地方本科高校学科建设。如果说学科建设更多的是从建设要素入手，那么，学科治理更强调从治理主体、主体间的权力配置入手。谢凌凌、陈金圣较早提出学科治理的概念，认为学科治理是学科建设与发展中的重要问题，学科治理的功能在于通过对学科建设问题的科学决策，促进学科的有效建设与良性发展。[①] 张洋磊和于晓卉认为，我国地方本科高校学科治理"内卷化"产生的根源是绩效主义主导下体制化的技术治理、"无发展的增长"和圈层固化，应当在器物、制度和文化三个层面破解学科治理"内卷化"。[②] 杨超、杨岭提出教师参与高校学科治理的必要性、困境及对策，如提出学科治理背景下，教授治学运行要从决策机制、权力制衡机制、监督机制、外部参与机制、法治保障机制、文化契合机制的构建和完善入手，孕育良好的学科生态，从而实现学科的一流治理。[③] 陈亮围绕学科治理能力、学科治理的发生机理及学科治理的权力属性等问题进行了深入研究，提出了一系列富有启示的见解。[④] 这些研究的开展，廓清了高校学科治理的诸多基本问题，也为地方本科高校学科治理的研究和实践奠定了基础。

相较于国内关于地方本科高校及其学科治理的研究属于近几年受到关注的研究领域，国外学者在这方面的研究开展得比较早，研究成果分布在经济学、管理学及教育学等领域，比较关注地方本科高校与当地产业行业的关系研究。有学者采用比较研究方法，对加拿大5个省6所大

[①] 谢凌凌、陈金圣：《学科治理：地方高校学科建设的核心议题》，《教育发展研究》2017年第7期。

[②] 张洋磊、于晓卉：《地方本科院校学科治理"内卷化"及破解策略》，《国家教育行政学院学报》2022年第2期。

[③] 杨超：《"双一流"建设背景下大学教师参与学科治理的困境及路径》，《学位与研究生教育》2018年第9期。

[④] 陈亮：《新时代学科治理的发生机理》，《高校教育管理》2022年第2期。陈亮：《学科治理：内涵特征、权力属性与逻辑构架》，《西北师大学报（社会科学版）》2022年第5期。

学的治理状况进行比较案例研究发现,在国家监督与自治的连续统一体中,每个大学的治理结构并不完全相同,但共同点是省级政府强化了对所有案例高校的监督权。[1] 随着地方高校与区域经济社会发展的联系日益密切,地方本科高校的治理不再仅仅是高校自己的事,不再是无限的"自治",而必须接受学校外部政府的监督和社会的参与。

挪威两名学者采用半结构性访谈法,通过与地方本科高校密切合作的公司人员进行访谈得出结论:如果地方本科高校能作出有用的贡献,企业不会舍近求远,而且企业可能将这种合作视为一种长期投资,反过来帮助地方本科高校进一步提高研究质量,并希望在未来受益。[2] 有学者通过对美国企业层面的数据统计分析后表明,大学知识溢出与地理邻近性、密度和本地技能密切相关,与空间均衡模型相一致的是,增长效应主要由与大学邻近的相关产业进入驱动。[3] 也有研究成果通过基于生产函数和横断面的微观经济方法,测度斯洛伐克地方高校对区域和地方发展的影响,认为这种影响是广泛的、多方面的。[4] 由此可见,地方本科高校对于区域经济发展具有广泛影响,如果地方本科高校学科发展与当地企业联动,企业需求也有利于推动高校相关学科的发展。

从国内外研究可以看出,高等教育地方化、地方本科高校加强与所在区域经济社会主体的联系是世界各国高等教育发展的必然趋势。我国高等教育地方化已然实现,今后,应结合实践深入研究我国地方本科高校学科发展模式,通过与相关产业行业加强合作、共建学科,提高学科

---

[1] Eastman J., Jones G. A., Begin Caouette O., eds., "Provincial Oversight and University Autonomy in Canada: Findings of a Comparative Study of Canadian University Governance", *Canadian Journal of Higher Education*, No. 3, 2018, pp. 65–81.

[2] Fitjar R. D., Gjelsvik M., "Why Do Firms Collaborate with Local Universities?", *Regional Studies*, No. 11, 2018, pp. 1525–1536.

[3] Hausman N., "University Innovation and Local Economic Growth", *Review of Economics and Statistics*, No. 4, 2022, pp. 718–735.

[4] Corejova T., Rostasova M., "University-industry partnership in the context of regional and local development", IEEE, International Conference on Information Technology Based Higher Education and Training, 2016.

发展水平，促进应用性知识生产。

（四）已有研究述评

本书围绕高校学科治理权主体、内容及高校学科治理等主题收集文献资料，并对其进行梳理分析。从已有文献来看，国内外关于高校学科治理权配置的研究有如下几个基本特点。

（1）国内外学科治理权配置理念趋同。虽然各国国情、高等教育管理体制及大学学科治理体制有差异，会对高校学科治理权配置产生影响，但当前一个共同的趋势是研究者都倾向于高校学科治理的分权配置，无论是自上而下分权还是自下而上分权，各国高校学科治理实践中也在朝着分权方向改革。（2）学科治理权配置相关研究内容愈益丰富。从学科治理权主体、内容、配置框架及机制到学科评估等，研究内容越来越丰富。（3）研究重点的转变。我国自20世纪80年代以来，开始关注学科建设，一般从学科建设的各个要素入手分析如何加强学科建设，进入21世纪后，特别是近十年来，随着治理理念在大学治理中的普遍运用，有学者开始提出"学科治理"的理念，研究学科治理中的多元权力问题，当前这方面的研究文献愈益增多，该类研究无论是从学校层面还是学科层面，在强调权力边界之外，都强调多主体参与，强调协商共治。

国内外关于学科治理权配置的研究也有不同的地方，比如国外研究一般是内嵌于高校治理或学术治理的，研究趋势是倾向于高校学科治理权的分权体制，多向度分权，原来权力集中在底部的，一般是自下而上分权，从学术权力向其他权力分权，宗旨就是实现向弱权、少权主体的分权。而我国把学科治理作为专门的研究领域加以研究，比较关注学科治理权结构改革，当前的改革趋势是自上而下分权，从行政权力向其他权力分权。

尽管已有研究成果比较丰硕，对指导我国高校优化学科治理权配置有重要的参考价值，但不可否认的是，已有研究还存在一些不足，制约了我国高校学科治理权配置的进一步改进和完善。

(1) 研究视角有待拓展。对检索到的相关文献进行梳理发现，已有研究大部分是从教育学视角探讨高校学科建设，围绕学科建设要素分析现存问题，探讨如何开展学科建设，提高学科建设水平；而从其他学科或视角研究的成果不多，导致重复研究多，创新成果少。高校学科治理主要是一项学术性事务，学术性是内核，但如果仅仅围绕学术内容开展研究就限制了视野，反而不利于理论的创新和对实践的指导。本书尝试从单一学科向多学科研究转变，寻求新的研究视角，借助教育学、管理学及政治学等多学科理论审视我国高校学科治理工作，以学科治理权的配置问题为切入口，拓展研究视野，丰富有关学科理论。

(2) 已有研究对地方本科高校和非重点学科治理研究关注不够。从已有文献可以看出，我国当前学科治理相关研究的主要特点是：关于学科建设的研究成果较多，学科治理的相关研究在近几年开始出现并正在逐渐增加，但总体研究成果偏少；关于研究型大学学科建设、学科治理的研究多，关于应用型大学的研究少；关于一流学科、重点学科的研究多，关于学科整体治理及弱势学科的研究少。就高校学科治理而言，任何层次、类别的高校都需要关注学科治理，提高学科治理水平，促进知识的生产和再生产。目前关于地方本科高校学科治理的研究比较薄弱，地方本科高校大多属于应用型大学，肩负着培养应用型人才、生产应用性知识及为区域经济社会发展服务的多重功能，提高学科治理水平的意义尤为重大。本书尝试以地方本科高校为研究对象，采用质性研究法开展深入研究，丰富高校学科的相关研究。

(3) 目前关于学科治理权配置的基础理论研究还比较薄弱，未能形成既定的研究范式，对学科治理权主体及内容的分类，以及影响学科治理权配置的因素等的探讨还缺乏深入系统的研究。目前，已有一些研究开始从权力视角关注学科治理问题，提出高校学科治理应由多元利益主体参与、实行协商共治的理念，这为本书奠定了初步文献基础。但目前这方面的研究数量不多，多是关于学科治理主体多元化、协商共治重要性和必要性的研究，不够深入，且对多元主体权力如何分类、分配还缺乏深入、扎实及能够指导具体实践工作的研究成果。在今后的研究中，应注重理论的支撑，加强实证研究，在大量实证性、具体性研究成果的基础上，我国学者应有意识地提炼具有普遍性指导意义的相关理论，用以指导我国高校学科治理工作，在扎实的研究基础上提升高校学科治理成效。

四 研究思路与方法

（一）研究思路

本书以学科为研究重点，以高校作为基本分析单位研究其学科治理权，以学科治理权配置为切入口，对地方本科高校学科治理问题展开研究，以期通过理论创新，指导地方本科高校在实践中合理配置学科治理权力，提升学科治理效能。

本书拟遵循问题确定—问题分析（理论分析和调查分析）—问题解决的思路展开。一是在研究背景与初步调研上，提出本书要研究的问题。二是利用文献研究法，对相关主题的文献进行梳理分析。在此基础上，对地方本科高校这一研究对象进行说明，对学科治理、学科治理权及学科治理权配置等相关概念进行界定，对分权制衡理论、网络治理理论和知识生产模式理论进行介绍并阐述其对本书的指导作用。三是探讨学科治理权配置的价值遵循，价值体系是学科治理权配置和主体识别的重要依据，价值因素对学科治理权配置成效具有重要影响。研究的理论基础和本书提出的价值体系相结合，共同建构了地方本科高校学科治理权配置框架；四是采用质性研究方法，具体采用个案研究法、深度访谈法和文献法等资料收集方法，根据已构建的学科治理权配置框架和调查研究设计，对地方本科高校进行现状调查研究，总结存在的问题。五是对权力配置困境产生的原因进行探讨，并在此基础上思考优化地方本科高校学科治理权配置的方略。具体技术路线如图0-1所示。

```
                ┌─ 研究背景与意义 ⟷ 现象反思、初步调研反馈
     问题确定 ─┤           ↓              ↓
                └─ 问题确定：地方本科高校学科治理权
                   的配置依据、配置框架、现状及困境、原因与对策

                ┌─ 已有文献梳理   研究的理论   学科治理权配置
     理论分析 ─┤  与概念界定      基础         的价值体系
                └─       ↓
问题分析 ─┤     构建地方本科高校学科治理权配置的分析框架
                           ↓        ↓
     调查分析 ─── 质性研究方法：个案研究、深度访谈、文献法

                ┌─ 学科治理权 → 学科治理权 → 学科治理权
                │  配置特征      配置的实践     配置困境的
                │               困境          原因分析
     问题解决 ─┤                                  ↓
                └─ 地方本科高校学科治理权配置的优化方略
```

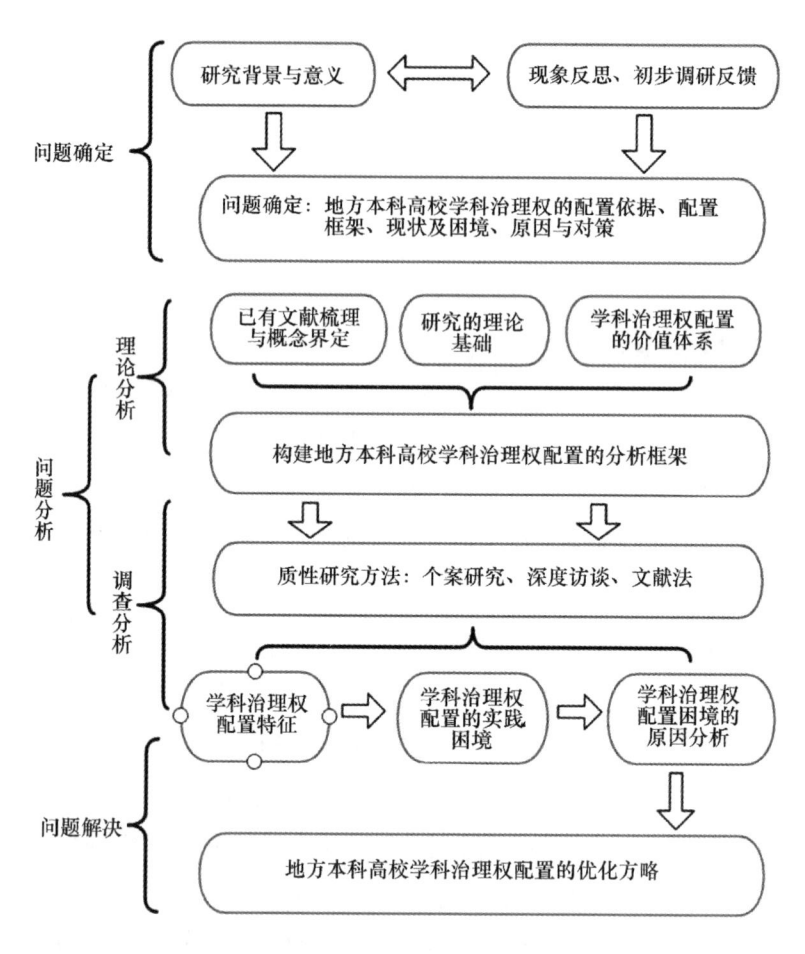

图 0-1　研究思路示意

（二）研究方法

本书主要采用质性研究方法。研究方法依据不同的标准有多种分类方法，有学者认为，研究方法首先可分为规范研究和实证研究两大类，实证研究又可分为质性研究和量化研究。[①] 具体使用哪种方法取决于研究主题的性质，可以结合使用，也可以单独使用，应遵循使用的必要性

[①] 一般认为，规范研究从过去的经验或理论出发，用逻辑思维的路径推导出结论，制定出真理或行为的标准。实证中的质性研究注重案例、思辨，而量化研究注重调研和数据，但他们都讲道理、摆事实、重证据。习惯上，人们将文献研究、历史研究、田野调查、访谈、案例研究、扎根理论等归纳为质性研究；将问卷调查、数学或统计分析等归纳为量化研究。

和可能性原则。质性研究通过对一个或者几个典型的研究对象进行研究，以期获得有深度的研究资料；而量化研究通过从总体中抽取部分具有代表性的样本进行研究，以期获取对总体的认识。在研究实践中，有时候两种研究方法结合在一起使用，可以使资料呈现得全面而深入。但是有些情况下，由于两种方法研究取向是基于不同的假定，且受制于研究主题性质的特殊性和复杂性，两种方法勉强结合在一起，如果处理不当，会使得研究不伦不类。[①] 因此，研究方法的使用应充分考虑其适用性、灵活性。

基于以上分析，本书采用实证研究中的质性研究方法。由于本书的研究主题是地方本科高校学科治理权配置，而无论是学科、学科治理权还是权力配置概念，截至目前其内涵都具有不确定性。本书在确定选题后进行了初步调研发现，地方本科高校的学生、部分普通教师和行政管理人员对学科概念是比较陌生的，对学科治理、权力配置等更是如此。对学生和部分普通教师来说，他们更熟悉的是专业、课程这些具象概念。近年来，在国家政策指引和研究生教育迅速发展的背景下，地方本科高校也开始使用学科概念并重视学科发展，但总的来说，本书核心概念内涵的模棱两可和部分主体对其认识的模糊性决定了必须慎重对待方法的选择。

选择的研究方法和获得的资料必须能够确实反映地方本科高校学科治理权配置现状。要和调研对象深入沟通，取得他们的信任，使其明白研究的对象、内容和目的，这样才有可能了解真实的学科治理权配置现状和他们对这种现状的真实的看法。基于这样的考虑，加之笔者多年来在地方本科高校从事学科管理工作的经验，认为本书适合采用质性研究方法。和量化研究相比，质性研究对较少的被试进行了深入分析，以收集能更丰富和更深入理解研究主题的资料。

质性研究可以使用许多探索性研究技术，本书具体使用个案研究法、

---

① 范明林、吴军、马丹丹:《质性研究方法（第2版）》，格致出版社2018年版，第19页。

深度访谈法和文献法等具体方法获取资料来源，支撑质性研究方法的实施。这些研究方法都具有深入挖掘资料和与调研对象进行深入交流等优点，获得的资料可靠性高。多种质性研究方法的综合使用，可以对从不同方法中得出的结论进行交叉验证和相互补充，从而提高研究结果的可靠性。

1. 个案研究法

个案研究法作为一种实证研究，是在不脱离现实生活环境的情况下研究当前正在进行的现象，对其进行详细的描述和研究，以期帮助人们发现和解决问题，或者促进现存理论的进一步发展。个案研究对象要具有典型性，使研究者可以通过对选定案例进行详细的数据收集与分析来获得有价值的结论。[①] 考虑到学科本身以及具体情境对学科治理权配置的影响，本书选取一所公办地方本科高校为案例高校，该高校入选所在省"双一流"建设项目，在办学历史、学科结构及发展现状等方面有自己的特色。但同时，该高校又具有申请博士学位授予点的现实压力，今后若干年学科发展水平提升将是其重要发展目标。因此，将该校作为个案研究对象具有重要的现实意义。个案研究所具有的深入、全面特点有助于我们了解地方本科高校学科治理权配置的微观过程，并在实践研究基础上丰富地方本科高校学科治理理论。

2. 深度访谈法

深度访谈法是一种通过研究者与被调查者面对面地进行深入交流、讨论而收集资料的一种调查方法。优点是可以对受访人进行深度交谈，从而获得比较真实可靠的材料。根据访谈过程是否有经过严格设计的访谈提纲，实际访谈过程是否严格按计划进行，访谈法可分为结构性访谈和非结构性访谈。[②] 本书中的访谈法以非结构性访谈为主，后期有一定的结构性访谈。即先通过非结构性深度访谈确定大致访谈提纲，然后通过结构性访谈深入谈论比较集中的问题，但会留有开放式时间供被调查

[①] 陈向明：《教育研究方法》，教育科学出版社2013年版，第294页。
[②] 杨晓萍：《教育科学研究方法》，西南师范大学出版社2006年版，第138—140页。

者自由发表观点,从而获得更丰富、更生动的材料。本研究选择个案高校校—院系两级学科管理人员、校—院系两级学术委员会委员、教师代表、学生代表及用人部门代表等进行访谈。采用建构性扎根理论的编码技术对访谈资料进行整理,通过对原始数据进行初次编码和聚焦编码,归纳地方本科高校学科治理权配置的现实困境,并进而了解他们对地方本科高校学科治理权配置困境产生原因的看法,并了解他们对改进地方本科高校学科治理权配置的意见和建议。

3. 文献法

文献法是根据一定的研究目的,通过调查文献来获得资料的一种方法。文献法不仅可以用来研究历史,也能用来研究现状。现状研究仅仅进行实地调查是不够的,还需要对与现状有关的前人研究文献、政策性文本和规范性文件等作出梳理,对一些理论问题的探讨也离不开对相关文献的分析。[①] 文献研究法为本书的选题和后续研究奠定了初步基础。通过学校图书馆中的中国知网数据库、读秀学术搜索、ProQuest Reaearch Library 及 ProQuest 学位论文全文数据库等搜索相关文献,了解与本书主题相关的研究现状及研究侧重点,从而找出本书可能有所突破和创新的地方。本书通过文献研究方法建立了学科治理权配置的五权划分框架,确立了学科治理权的具体分类和相应的权力主体。另外,本书还主要通过文献法构建了学科治理权配置的价值依据,即价值环模型。并收集了我国与 H 省有关高校学科治理权配置的法律法规及政策性文件、案例高校学科治理权配置文献(包括相关规章制度、规范性文件以及公开的记录)等。通过对这些文献资料进行分析,与访谈资料相互验证,从而深化对学科治理权配置的研究。

五 研究重难点与创新点

研究的重点、难点和可能的创新点是本书开展过程中的关键点,只

[①] 杨晓萍:《教育科学研究方法》,西南师范大学出版社 2006 年版,第 113 页。

有紧紧围绕研究重点开展研究，突破研究的难点并有意识地尝试创新，本研究才能得以顺利开展，本研究的意义和价值才能得以体现。

（一）研究重点

1. 构建地方本科高校学科治理权配置的分权框架

地方本科高校学科治理权应如何划分，由哪些主体实施，形成什么样的学科治理权配置结构，这是本书的研究重点之一。只有确立了行动主体，明确了各自的权力边界，初步搭建学科治理权配置的分权框架，才有可能以此为依据进行现状调查和问题的分析。学科治理权的配置必然遵循一定的价值理念，任何权力的配置都是在一定价值观指导下进行的，因此，地方本科高校学科治理权配置价值遵循的研究也很有必要。本书借助分权制衡理论、网络治理理论和知识生产模式理论，结合对学科治理权配置价值遵循的探索，尝试构建地方本科高校学科治理权配置的分权框架，以便为后续研究的开展奠定坚实理论基础。

2. 分析地方本科高校学科治理权配置的现实困境及其原因

在一定的分权框架下，分析地方本科高校学科治理权配置的现实困境并探究其原因，也是本书的研究重点之一。地方本科高校学科治理权配置是一个实践性很强的命题，在理论探索的指引下，分析并解决现实问题是其重要使命。本书主要采用质性研究方法，在广泛查阅国内外相关文献资料、政策法规和高校规章制度的前提下，具体采用个案研究法、深度访谈法、文献法和观察法对案例高校进行实地调查，在掌握大量实证资料的基础上，继续深入探讨地方本科高校学科治理权配置困境产生的原因。明晰现实困境并对其原因进行分析，从而为优化地方本科高校学科治理权配置提供现实依据。

3. 提出地方本科高校学科治理权配置的改进策略

改进学科治理权配置现状，助推地方本科高校走出现实学科治理困境也是本书的研究重点所在。作为一项理论和实践紧密结合的研究，在前期理论建构和实地调查基础上，最终必将落实到实践改进上。本书从权力配置视角思考学科治理问题，分析调查资料，总结现实困境，进而从价值和制度两个维度分析地方本科高校学科治理权配置困境产生的原因，其最终指向是提出地方本科高校学科治理权配置的改进策略，提升地方本科高校学科治理水平，进而促进学科发展，实现知识的生产和创新型人才的培养。

（二）研究难点

1. 如何对地方本科高校学科治理权进行适切分类

地方本科高校学科治理权应该如何分类，也是本书的研究难点之一。本书的研究主题是学科治理权配置问题，因此，前提必须是依据一定的标准对学科治理权进行适切分解，并根据其功能和定位归属于不同的主体，否则权力配置无从谈起。权力分类的方法有很多，比较典型的如政治学领域一般将国家权力分为立法权、行政权和执法权，而行政和公司治理领域一般将权力分为决策权、执行权和监督权。高等教育学领域经常将高校权力分为政府权力、学校权力、市场权力，高校内部权力分为行政权力和学术权力等。那么，地方本科高校学科治理权应该依据什么进行分类？是参照已有分类方法，还是在此基础上构建新的分权框架，怎么分类比较有利于学科治理权的合理配置和学科治理效能的提升，需要理论和实践两方面的深入探索，具有一定的挑战性和现实困难。

2. 如何获取最真实的访谈资料并对其充分使用

开展地方本科高校学科治理权配置研究，必须首先了解当前地方本科高校学科治理权配置的现状。对学科治理权的研究不能仅仅停留在学校一些显性的规章制度、文档材料等方面，还应通过深入访谈了解学科治理权配置的动态状况、存在的问题以及影响因素等。高校学科治理权配置并不都是合价值和合理的，因此，高校的管理者及其他行动主体为了学校的声誉、学科的声誉，有时候并不见得会对访谈者说出真实的情况，或泛泛而谈并不深入。因此，要获取案例高校真实的访谈资料具有一定的难度，需要研究者多方努力，提高访谈资料的真实性、丰富性。另外，本书的访谈采用非结构性访谈，访谈资料内容多且庞杂，对其进行整理分析，充分发挥其作用也有一定的困难。

(三) 研究创新点

本书的创新点在于从权力配置的视角思考学科治理问题，坚持国家正在教育领域推进的"简政放权"、推进多元主体参与教育治理的改革理念，从理论和实践两方面对地方本科高校学科治理权配置进行了探索。具体的创新点包括以下三个方面。

1. 构建了地方本科高校学科治理权配置的价值环模型

任何领域的权力配置总是在一定的价值观指导下进行，权力配置的过程也是作出价值判断的过程。本书提出学科治理权配置应遵循以知识生产为核心的多维多层级的价值体系，将之命名为"价值环模型"。知识生产是地方本科高校学科治理权配置的终极目的，位于价值环的中心；中层是根据学科治理权属性将学科治理权配置价值分为学术性、社会性和管理性三个价值向度；外层是每个价值向度分解后的具体价值，学术性价值分为创新价值和自由价值，社会性价值分为应用价值和公共价值，管理性价值分为效率价值和法治价值。

2. 确立了地方本科高校学科治理权配置的五权划分框架

学科治理权是一种涉及多元主体、多项事务的综合性权力，依据不同的分权标准，学科治理权有多种分解方法。分权制衡理论和知识生产模式理论相结合，为地方本科高校学科治理权分解提供了适当的理论基础；价值环模型和知识生产模式理论相结合为学科治理权主体的识别提供了依据；网络治理理论为学科治理权（主体）之间的协调互动机制设计提供了支持，在上述分析基础上确立了五权划分框架。五权划分框架遵循"以权力制约权力"的分权制衡原则和知识生产新模式下多元主体协调互促参与知识生产的理念，具体包括学科指导权、决策权、执行权、参与权和评价权。五权划分框架打破了以往权力配置中单一的"纵向—横向"的分析范式，构建了包含高校内外部、上下位权力的网络式权力配置范式。

3. 揭示了地方本科高校学科治理权配置的基本特征

通过将政策梳理和个案考察相结合，本书从纵向和横向两个维度揭示了地方本科高校学科治理权配置的基本特征。纵向上主要体现为简政放权和渐次收权并行，横向上主要体现为形式分权和实质分权偏离。纵向上，从法律法规上明确自上而下放权并持续强化，但在具体治理上借助"项目制"模式逐渐达成由学科基层到学校、省级到国家级的渐次向上收权；横向上，从最初的学科决策权、执行权和评价权集中，由行政组织系统行使学科治理的整体权力，到法律法规上实现了分权，但在实践中发现从形式分权到实质分权还有一定的距离。

第一章

核心概念界定与研究的理论基础

本章将对"地方本科高校"这一研究对象进行确定和说明，对学科治理、学科治理权和学科治理权配置等核心概念进行界定，并将分权制衡理论、网络治理理论和知识生产模式理论作为研究开展的理论基础。通过明晰研究对象、核心概念和理论基础，为后续开展深入研究做好基础性工作。

第一节 研究对象说明

对地方本科高校学科治理权配置问题进行研究，首先有必要对"地方本科高校"这一研究对象进行说明。明确地方本科高校的范围界定，并阐述为什么选择地方本科高校作为研究对象。

从行政隶属关系来看，我国本科高校主要分为两类：中央部属高校和地方高校。隶属于各省、自治区、直辖市，以地方财政支持为主，主要承担着为区域经济社会发展以及相关行业需要服务的普通本科高校称之为"地方本科高校"。地方本科高校以教学型或应用型高校为主，有新建本科高校，也有建校历史悠久的本科高校；有部分学科较为齐全的综合性高校，大多数为以某几个学科为主干发展起来的多科性高校。

地方本科高校的基本特征主要体现在四个方面：一是地方性。地方本科高校的管理权归属地方，教育经费以地方财政支持为主，以服务区域经济社会发展为主要办学目标。① 学校的建设和发展需要地方上各方面力量的支持，这也是地方本科高校办学需要紧扣"地方"二字的根本原因。二是应用性。地方本科高校处于某一特定区域，办学过程中在人才培养的数量、质量、类型等方面必然受到学校所在区域的经济、社会、文化发展状况等因素影响。因此，地方本科高校在确定办学定位时，必须将学校与学校所在区域状况结合起来，这样才能较好地为地方的经济社会发展服务。三是特色性。囿于历史因素，我国地方本科高校很大比例上为多科性高校，以某几个学科为主办学，有部分属于行业性高校。这也决定了地方本科高校必须结合本地区的区位优势、资源优势和产业优势等，确定学校重点发展领域，办出特色。四是大众性。高等教育的发展趋势是区域化和地方化，地方本科高校面向基层，面向广大的农村和需要接受高等教育的人群，在推进地方高等教育的持续发展中作用重大，在促进经济社会发展中的作用也举足轻重。

学科建设是"双一流"建设的核心要义。建设世界一流大学和一流学科，对于提升我国教育发展水平、增强国家核心竞争力，具有十分重要的意义。为此，2015年国务院出台《统筹推进世界一流大学和一流学科建设总体方案》（国发〔2015〕64号），正式拉开我国"双一流"建设序幕。2016年国家首轮"双一流"建设项目开始实施，同时，国家要求"省级政府应结合经济社会发展需求和基础条件，统筹推动区域内有特色高水平大学和优势学科建设，积极探索不同类型高校的一流建设之路"②。随着国家"双一流"建设项目的开启和国家对省级政府探索一流高校和一流学科建设的政策要求，各地方纷纷设置了省级"双一流"建

---

① 需要说明的是，目前不少地方本科高校也面向省外招生，培养的学生也是自由择业的，但与部属高校相比，总体上它们省外招生的比例不大，毕业生也大部分会留在省内工作，促进区域经济社会发展仍是它们重要办学目标。因此，一般仍称其是地方本科高校，以突出它们立足地方、服务地方的特色。

② 教育部、财政部、国家发展改革委：《统筹推进世界一流大学和一流学科建设实施办法（暂行）》，2017年1月27日，中国政府网，http://www.gov.cn/xinwen/2017-01/27/content_5163903.htm#1，2022年10月3日。

设项目，并切实吸纳一批地方本科高校参与进来，旨在将这些高校打造成应用性知识生产和创新的重要基地。因此，如何提高学科治理水平和促进知识生产是摆在地方本科高校面前的一个急迫问题。

地方本科高校以应用性知识生产为主，其学科治理和部属高校相比具有显著不同。[①] 部属高校大多入选国家"双一流"建设项目，之前多属于"985""211"高校，有较强的学科实力和一定的学科治理经验，过去也有较多的研究成果关注部属大学的学科建设问题。和它们相比，过去的研究成果更多关注地方本科高校的专业建设，而对学科关注不多。在访谈中也有受访者谈到"只有有了硕士点才感觉有资格谈学科建设了"。受此理念影响加之先天基础薄弱，地方本科高校学科治理水平普遍较为落后，知识生产成效有待提升，不能很好地满足经济社会发展的需要。同时，地方本科高校学科治理的行政主导倾向更为凸显，学术力量处于更为弱势的地位，市场主体及社会公众的作用尚未充分发挥出来。高校学科治理相关主体间权力配置的不均衡性，已成为制约地方高校学科建设和知识生产的"绊脚石"。

研究地方本科高校学科治理在当前省级"双一流"建设背景下具有较强的现实意义。据教育部相关统计（截至2023年12月29日），我国共有1239所普通本科高校，其中地方本科高校1125所，具有研究生培养资格的地方本科高校485所。[②] 一般来说，具有研究生培养资格的高校才会有学科建设的意愿和能力，这在实地访谈中也得到验证。在当前

[①] 本书中的知识生产包括知识创新和知识传播两部分。知识创新是一个探索和积累新知识，增加知识附加值的过程；知识传播是指一种交流和继承知识成果，取得间接经验的过程。一般来说，我们将高等学校的功能归纳为人才培养、科学研究和社会服务。如果从知识生产的角度来讲，人才培养主要就是进行知识传播，进行复制性知识的生产；科学研究主要是进行知识创新，增加知识附加值；而社会服务就是知识创新和传播后的直接应用，属于广义传播的环节。基于上述观点，地方本科高校承担的应用性知识生产职能包括了人才培养、科学研究和社会服务的三重职能。有关知识生产的具体论述见第二章。

[②] 见教育部《2022年教育统计数据——高等教育学校（机构）数》，2023年12月29日，http://www.moe.gov.cn/jyb_sjzl/moe_560/2022/quanguo/202401/t2024110_1099531.html，2024年4月12日。

"双一流"建设背景下，能够入选省级"双一流"建设项目的地方高校一般有学科建设的外在压力和动力，是当前乃至今后地方高校中关注学科、建设学科的"主力军"。因此，本书以具有研究生培养资格的地方"双一流"本科建设高校为主要研究对象，具有更为紧迫的现实价值。

第二节 核心概念界定

核心概念界定是逻辑思维的起点，进入具体研究后，首先有必要对本书的研究对象和核心概念进行交代。根据研究需要，对学科治理、学科治理权、权力配置与学科治理权配置等核心概念进行界定，以明晰行文中重要概念的内涵所指，避免因概念的含糊而造成不必要的误解。

一 学科治理

本小节对学科、治理以及学科治理的概念进行阐释，在此基础上，对学科与专业的关系进行了分析，对学科治理与学科建设、学科管理进行了辨析，同时对学科治理与高校治理、学院治理的联系与区别也进行了说明。

（一）学科的内涵

"学科"一词在西方源自古希腊的"教"（didasko）和拉丁文的"学"（disco），古拉丁文的 disciplina 兼有知识体系和权力约束双重含义，后来英语世界的 discipline 专指各门知识尤其是高深学问。[1] 中国古代也已出现学问分科的思想，"学科"一词最早出现在宋代欧阳修、宋祁等纂修的《新唐书》中："自杨绾、郑余庆、郑覃等以大儒辅佐，议优学科，先经谊，黜进士，后文辞，变弗能克也。"这里的"学科"意指学问的科目分类。[2] 因此，学科与知识相关，是人类社会的知识积累

---

[1] 朴雪涛：《知识制度视野中的大学发展》，人民出版社2001年版，第132—133页。
[2] 罗竹风：《汉语大辞典（卷4）》，汉语大辞典出版社1991年版，第238页。

到一定程度后进行体系化分类的结果。①

学者从不同的角度对学科内涵进行了分析。有的学者从学术属性出发理解学科，有的学者基于社会属性对学科进行解读。从学术属性出发，学科内涵包括三方面的意思：教学的科目、学问的分支及学术的组织单位。伯顿·克拉克从组织角度理解学科，他认为学科明显是一种联结化学家与化学家、心理学家与心理学家、历史学家与历史学家的专门化组织方式。② 也有学者把两者结合起来，认为包括作为知识分类体系的学科和作为知识劳动组织的学科。③ 学科既是一种专门化的高深学问，又是一种通过教学对学生展开训练的活动。④ 从社会属性出发对学科进行解释在西方当代学术界颇为流行，福柯认为，学科是"生产论述的操控体系"和主宰现代生活的种种操控策略与技术的更大组合，以曼海姆为代表的知识社会学也倾向于从社会属性解释学科概念。⑤ 上述学者虽然对学科内涵进行了不同的阐述，但大多认可学科内涵的多样性，学科不仅体现知识分类属性，还体现组织属性、制度属性或活动属性。

综上所述，学科是一个以知识为中心而衍生的复杂概念，其内涵随着时代的发展而不断丰富。本书在上述学者研究基础上，认为学科是内在知识体系和外在组织建制的统一体。内在知识体系是学科的本质属性，高校组织职能的发挥都是通过具体的学科即独立的专业化的知识体系来实现的，学科是高等学校竞争力的基础，也是高等学校赖以存在与发展的核心。外在组织建制是学科的外在属性，是实现知识创新的组织单元和制度规范，通过一定的权力约束为知识体系的形成和发展提供保障。

（二）学科与专业辨析

"学科"与"专业"是既相互联系又有所区别的两个概念。对其进

---

① 别敦荣：《论大学学科概念》，《中国高教研究》2019年第9期。
② ［美］伯顿·克拉克：《高等教育系统——学术组织的跨国研究》，王承绪等译，杭州大学出版社1994年版，第34页。
③ 宣勇、凌健：《"学科"考辨》，《高等教育研究》2006年第4期。
④ 阎光才：《学科的内涵、分类机制及其依据》，《大学与学科》2020年第1期。
⑤ ［美］华勒斯坦：《学科·知识·权力》，刘健芝等译，生活·读书·新知三联书店1999年版，第12—13页。

行辨析，有利于更好地理解本书中的学科概念，为后续学科治理权配置及相关论据资料的使用提供明确的概念基础。

学科概念前文已有阐释，这里对"专业"概念进行介绍。正像学科概念具有复杂性和丰富性，专业概念同样如此，对专业和学科进行辨析可以加深对两个概念的认识。《辞海》将"专业"界定为"高等学校或中等专业学校根据社会分工需要而划分的学业门类"。[①] 《教育大辞典》将专业定义为"高等教育培养学生的各个专门领域，大体相当于《国际教育标准分类》的课程计划（program）或美国高等学校的主修（major）"。[②] 我国著名高等教育学者潘懋元认为："专业是课程的一种组织形式，课程之间的不同组合形成了不同的专业。"[③] 从上述概念可以看出，如果把专业看作一个学业门类，具有稳定性特征，是教师归属和人才培养的基本单元；如果把专业看作课程计划或课程组合，则其更具灵活性特征，因课程是学科的具体载体，从而使专业与学科有更紧密的关系。

由此可见，对专业这一概念的不同认知将会影响对学科和专业的关系界定。通过梳理相关文献和观察高校应用实践，目前对学科和专业关系的认知主要有两种倾向。一种倾向认为，学科与专业两者区别较大，在高等教育实践中，专业一般是针对本科生教育的，学科是针对研究生教育的；研究型大学的话语体系中更强调学科建设，非研究型大学一般侧重专业建设，较少谈及学科。[④] 我国教育管理部门也经常将对两者的管理割裂开来，如就研究生教育而言颁布了《学位授予和人才培养学科目录》，就本科生教育而言颁布了《普通高等学校本科专业目录》。这种看法认为，在学术研究和实际管理中，学科和专业是分离的，应分开研究、分开治理。这也是新中国成立后我国高等教育学界普遍的看法。"专业"一词是从苏联高等学校引进的特有名词，是培养规格的一种表现形

[①] 辞海编辑委员会：《辞海（上册）》，上海辞书出版社1979年版，第66页。
[②] 顾明远：《教育大辞典（第三卷）》，上海教育出版社1991年版，第26页。
[③] 潘懋元、王伟廉：《高等教育学》，福建教育出版社1995年版，第128页。
[④] 贾东荣：《转型、竞争与新型大学发展》，知识产权出版社2018年版，第189页。

式。而原来的"学科"概念以学术研究的实质保留下来。这就是为什么很长一段时期我国学术界和高教管理领域将学科和专业看成单独的两个事务，即学科和专业分别被看作学术研究和人才培养两个割裂的领域。

另一种倾向认为，专业是学科概念下的一个范畴，是课程之间的组合，也可以称为课程计划，是学科的一个组成部分。西方国家没有专业的称谓，他们一般以学科为基础，为满足专门行业需要而设置一定的课程计划或主修。课程计划或主修灵活性大，可随时在学科基础上根据市场的需要而调整。就功能而言，课程计划或主修与我国的专业是一样的，都是为了满足专门行业对人才的需要而设计。从这个意义上来说，学科和专业是紧密联系的，甚至可以说是一体的，两者不能割裂开来研究和实践。无论是研究型还是教学型大学，均需承担人才培养、科学研究和社会服务的职能，只是研究型大学侧重基础性知识生产，而教学型等其他类型大学以应用性知识生产为主。[①] 高等学校无论是以研究为主还是以教学为主，都应强调整体的学科建设。

综上所述，本书认为学科和专业是不可割裂的，广义的学科包含专业范畴。随着第四次工业革命的来临，一些新的职业出现，一些旧的职业消失，职业之间的轮换更替愈演愈烈。在此背景下，稳定性强的专业实体调整速度慢，已不能适应经济社会快速交替的职业变革，亟须弱化专业的稳定性，强化其灵活性，将专业的内涵逐渐指向课程之间的组合。而广义的学科包括科学研究、专业人才培养和社会服务。一方面，专业将以相对稳定的学科知识体系为基础，通过灵活调整课程之间的组合而适应快速变化的社会职业的需要；另一方面，为适应新工业革命背景下社会职业的快速变革，学科将加快知识创新的速度，通过可以灵活调整的专业及时将新知识传递给学生，进而促进学生投入职业发展，完成知识生产的新一轮变革。因此，本书中也会用大量专业建设或本科教育阶

[①] 本书从知识生产角度出发，认为知识生产包括知识创新和知识传播，涵盖了高等学校的人才培养、科学研究和社会服务等职能。

段的材料来论证学科发展状况。

(三) 治理的内涵

在汉语中,"治理"一词由"治"和"理"两个字组成,在篆书中,"治"是治水的象形,含有治水、整治之义,"治理"就是符合水之性,通过顺应事物天然具备的"文理"而整治,从而引导事物顺应先天客观规律而归正。在我国长期的历史发展过程中,"治理"一词一方面可以和统治、管理概念替代使用,另一方面保留整治、符合客观规律等原义,如治理黄河、治理环境等。英语中的"治理"(governance)一词源于拉丁文和古希腊语,原意是控制、引导和操纵,并长期与统治(government)一词替代使用,主要用于与国家的公共事务相关的管理活动和政治活动中。[1]

自近代以来,西方学者逐渐赋予治理以新的含义。20 世纪 30 年代起,人们开始用公司治理的理念关注企业本身的结构,其目标是研究企业内以发展有效协调为目的的机制。[2] 这时候的治理一词已逐步脱离其原有的统治、控制等强权内涵。后来一些美国学者将新的治理的概念引入公共政策研究中来,这预示着政治学中从权力等级和主权观念向更加注重调节观念的转变。[3] 1976 年,美国学者詹姆斯·马奇(James March)和约翰·奥尔森(John Olsen)在其著作《组织中的二重性与选择》(Ambiguity and Choice in Organization)中,第一次使用治理这个词,主题是关于大学治理(university governance)的研究,内容主要涉及大学组织中的决策问题。20 世纪 90 年代以来,治理概念的使用已成为一种风尚,被世界银行、联合国开发署及联合国教科文组织等国际机构广泛使用,并被越来越多地使用于国家、地区及具体组织等各个层面。

---

[1] 俞可平:《治理和善治:一种新的政治分析框架》,《南京社会科学》2001 年第 9 期。
[2] [法]让·皮埃尔·戈丹:《何谓治理》,钟震宇译,社会科学文献出版社 2010 年版,第 39 页。
[3] [法]让·皮埃尔·戈丹:《何谓治理》,钟震宇译,社会科学文献出版社 2010 年版,第 40 页。

随着治理一词的广泛使用，如何对治理概念进行界定是诸多学者争相探讨的问题。在关于治理的各种定义中，全球治理委员会的定义具有很大的代表性和权威性。该委员会对治理做了这样的界定：治理是使相互冲突的或不同的利益得以调和并且采取联合行动的持续的过程，既包括有权迫使人们服从的正式制度和规则，也包括各种人们同意或以为符合其利益的非正式制度安排。[1] 法国政治学者让·皮埃尔·戈丹（Jean-Pierre Gaudin）把治理看作一种柔性且有节制的权力。[2] 我国学者俞可平认为，治理的核心要义是多元主体的参与和协同，它强调各方在平等协商、达成共识的基础上形成决策，且决策经程序合法化后方能采取行动。[3] 由此可以看出，治理的主体不仅仅是公共部门，也包括私人部门或第三部门等其他主体；治理是一个协调的过程，在正式制度之外，治理更强调多主体、多向度间持续的互动。

综上所述，本书认为治理是指基于一定的目的，多元利益主体依据一定的权力划分安排，围绕相关事务进行持续互动、达成共识的过程。首先，治理强调多元利益主体的参与；其次，不同利益诉求主体的参与要取得预期成效，须遵循合理的权力划分安排，方能有序协商；再次，治理不是一个"点"的动作，是一段"线"的旅程，是多元主体彼此尊重，通过持续协商、互相学习等方式实现既定目标的过程。

（四）学科治理的内涵

近几年来，治理话语也开始进入高校学科建设领域，为我国高校学科建设开辟了一个新的研究领域。陈金圣等认为，学科治理是指学科发展相关利益方对学科建设与发展重要事务进行决策的结构与过程。[4] 杨超认为，学科治理不仅是民主决策的过程，更是学科发展各利益相关主

---

[1] 俞可平：《治理和善治》，社会科学文献出版社2000年版，第4—5页。
[2] [法]让·皮埃尔·戈丹：《何谓治理》，钟震宇译，社会科学文献出版社2010年版，第4页。
[3] 俞可平：《治理和善治：一种新的政治分析框架》，《南京社会科学》2001年第9期。
[4] 陈金圣、邹娜：《论高校的学科治理》，《高教探索育》2019年第6期。

体之间权力和资源的分配及利益平衡的过程,是多元利益相关主体利益表达以及不断博弈的结果。[①] 王周谊认为,学科治理是对大学内部有关学科的事务进行引导、协调和规范的过程,学科治理的主体是高校内部的学科利益相关者;学科治理的目的是保障学术自由、保障教授治学;学科治理的方式是共同协商一致。[②] 房莹认为,学科治理是高校基于现代大学治理理念,围绕学科建设确立的制度、规则和权力作用机制。[③] 宋争辉和王勇持类似看法,把学科治理看作基层学科组织内部的基本规范和准则体系。[④]

综上所述,学科治理是基于提升学科组织或个人知识生产和再生产能力的目的,多元利益主体依据一定的权力划分安排,围绕相关学科事务进行持续互动、达成共识的过程。本书中的学科治理是以高校为基本分析单位,围绕高校进行内部学科集合的治理,促进高校整体学科治理成效。

(五) 学科治理与相关概念的辨析

学科治理与学科建设、学科管理三个概念既有联系,又有一定的区别。三者的终极目标是一致的,都是为了促进学科的发展,提升其知识生产和再生产能力。但三者所处层位有所区别,关注点也有所不同。学科建设是比较泛化的政策话语,贯穿于政府、校、院及基层各个层级组织,比较关注要素建设,倾向于对学科的构成要素进行解析,一般以要素为学科建设的落脚点,进而期待在学科建设上达成集成效应。比如有学者认为学科建设包括学科定位、学科队伍、科学研究、人才培养及学科管理等要素,不同的学者对学科建设要素的概括会有所差异,目前并

---

① 杨超:《"双一流"建设背景下大学教师参与学科治理的困境及路径》,《学位与研究生教育》2018年第9期。
② 王周谊:《论"治理"视域下的大学学科建设》,《中国大学教学》2017年第7期。
③ 房莹:《一流学科建设高校学科治理的实践困境与改进思考》,《扬州大学学报(高教研究版)》2019年第6期。
④ 宋争辉、王勇:《大学基层学术组织的发展困境及治理路径——学科制度的视角》,《南京师大学报(社会科学版)》2019年第5期。

没有一个统一的界定标准。

学科治理和学科管理是学科建设的下位概念，均是推动学科建设的要素、手段或途径，均围绕学科建设重要事务展开和实施，但两者也各有自己的侧重点。学科治理主要适用于校、院层面，比较关注学科建设与发展中有关学科重大事务的权力安排和运行过程，侧重多元利益相关者权责的合理安排，是决定学科发展方向的一种基本安排。如有学者认为学科治理是学科建设与发展中的重要问题，学科治理的功能在于通过对学科建设中问题的科学决策，促进学科的有效建设与良性发展。[①] 学科管理则是在学科治理的基本安排下，通过计划、组织、指挥、控制、协调和评价等职能的具体实施实现学科治理目标，侧重一元的、自上而下的实施过程。

关于学科治理与高校治理、学院治理的区别。本书以高校为学科治理的分析单位，分析学科治理权在校内多元行动者之间的配置，是高校治理的核心组成部分，而高校治理除了学科治理，还包括校园、学生、后勤等多方面的治理，且一个高校往往包含多个学院，因此，从范围上来说，高校治理包含学科治理、学院治理。学科治理不仅涉及学校层面，还涉及学院层面的、基层学科组织层面，而学院治理一般指某学院内部的治理，因此，学科治理和学院治理有交叉，但各有自己的行动范围。

二　学科治理权

在对学科治理权进行定义之前，有必要明确本书中的权力内涵，权力与权利的联系与区别，以及本书中学科治理权为什么用"权力"而非"权利"，最后对本书中的学科治理权内涵进行界定。

（一）权力的内涵

关于权力概念有各种各样的解释。《现代汉语词典》把权力定义为：

[①] 谢凌凌、陈金圣：《学科治理：地方高校学科建设的核心议题》，《教育发展研究》2017年第7期。

"政治上的强制力量;职责范围内的支配力量。"①《中国大百科全书·政治学卷》的定义是,"权力一般被理解为人际关系中特定的影响力,是根据自己的目的去影响他人行为的能力"②。"权力"的英文 power 直接来源于法语 pouvoir,后者则起源于拉丁文 potestas 或 potentia,意思是指一个人或物影响另一个人或物的"能力"。③ 英文中的 power 则有多个含义,仅《牛津英语大词典》就列出了 16 条语义,比较有代表性的有:(1) 能力(the ability to do);(2) 支配、影响或权威(government, influence or authority);(3) 职权或权力(official or legal authority);(4) 有影响力的个人或团体(an influencial person or group);(5) 军事力量(a military strength);(6) 力量(a physical force or strength)。④ 权力之复杂性使它至今没有一个确定的概念。不同的学者从不同的学科、视角出发,会有不同的认知。

目前根据权力的强制性程度,可将比较有代表性的权力学说分为两大类:一类强调权力的强制性,比如权力力量说;另一类认为权力具有多种含义,强制性只是其一。从广义上而言,权力主要是一种影响力、人与人之间的关系,比如权力关系说。

也有学者将权力力量说概括为强制意志说,认为权力是一种普遍的强制性力量,这也是政治实践中比较流行的观点。如卢梭认为,权力是"一种普遍的强制性的力量"。⑤ 马克斯·韦伯认为:"权力意味着在一定社会关系里哪怕是遇到反对也能贯彻自己意志的任何机会,不管这种机

---

① 中国社会科学院语言研究所词典编辑室:《现代汉语词典(第 7 版)》,商务印书馆 2017 年版,第 1082 页。
② 中国大百科全书编辑委员会:《中国大百科全书·政治学卷》,中国大百科全书出版社 1992 年版,第 498 页。
③ [英]戴维·米勒、韦农·波格丹诺:《布莱克维尔政治学百科全书》,邓正来译,中国政法大学出版社 1992 年版,第 595 页。
④ 转引自俞可平《权力与权威:新的解释》,《中国人民大学学报》2016 年第 3 期。
⑤ [法]卢梭:《社会契约论》,何兆武译,商务印书馆 1980 年版,第 41 页。

会是建立在什么基础之上。"① 英国学者罗杰·科特威尔（Roger Cotterrell）认为："权力可被看成一种不顾阻力而实现人民意志的可能性。"② 约翰·洛克（John Locke）、亚里士多德（Aristotle）、马基雅维里（Machiavelli）等都持这种观点。尼采（Nietzsche）的"权力意志"也是权力力量说的突出代表。

权力关系说以米歇尔·福柯为代表，他认为，在现代社会，权力是弥散的，浸透在社会生活的方方面面，存在于各种关系当中。③ 托马斯·霍布斯（Thomas Hobbes）也曾指出，权力是一种主动出击的行动者与被动承受对象之间的因果关系；摩根索（Hans Morgenthau）将其概括为，权力是行使权力的人们与作为权力行使对象的人们心理上的一种关系。④ 我国学者张康之认为，在当代社会，权力自身也在发生变化，朝着影响力的方向演化。⑤

上述成果对本书中权力及学科治理权的概念界定很有启发，政治学上的权力内涵一般接近权力力量说，是一种强制性力量，并有能力禁止或组织人们做某事。而学科治理权的参与不仅应有行政部门的参与，学术治理组织、学生及社会相关产业行业人士也应以适当的途径参与进来，因为这些主体都对学科的发展具有影响力，且主体之间亦有相互的关系权力，形成一个学科治理的权力网络，但这些主体有些并不具有强制力甚至能力有所欠缺，因此，本书对权力的界定倾向关系说和影响力说。

根据权力的作用层次，可将权力分为宏观层面和微观层面。传统的权力观基本上把权力看成制定法制、限制、拒绝，具有一系列否定性效

---

① ［德］马克斯·韦伯：《经济与社会（上卷）》，林荣远译，商务印书馆1997年版，第81页。
② ［英］罗杰·科特威尔：《法律社会学导论》，潘大松等译，华夏出版社1989年版，第131页。
③ 于庆焕：《浅析米歇尔·福柯微观权力理论》，《文教资料》2011年第10期。
④ 转引自刘淑华《俄罗斯高等教育分权改革研究》，光明日报出版社2010年版，第10—11页。
⑤ 张康之：《论权力向影响力的转变》，《福建行政学院学报》2017年第3期。

应,是一种宏观层面的权力。微观层面主要是福柯的知识—权力理论、哈贝马斯的沟通行动理论等,在福柯的论述中,权力可以是生产性的,权力并非都是宏观权力,还包括微观的人际关系。此外,不同的学者对权力有不同的分类,马克斯·韦伯根据权力来源将权力分为三类,即传统型权力、魅力型权力和合法合理性权力。1959 年,社会心理学家弗伦奇(French J.)和雷文(Raven)提出了五种权力类型的分类:合法权力、参照性权力、专家权力、信息权力、奖惩权力,目前这种权力分类学说在管理学界被广泛引用。

正如"一千个人眼里有一千个哈姆雷特",不同的人从不同的视角对权力有不同的解读,因此,权力概念具有多维性特征,不是非此即彼的确定性概念。如果从系统的角度去理解权力,权力则可以看作是由组成它的各个要素相互作用而形成的特定的组织与功能状态。[1] 有学者认为:权力不仅是一个约定俗成的概念表述,而且是一个耦合循环的运行系统。[2] 高校学科治理权就具有多维性特征,既有宏观权力,又有微观权力;既有合法权力、又有专家权力、信息权力等,这些权力在动态运行中达到均衡配置。

根据权力形成、运用并最终发生实际效果的全过程分析,方世荣提出权力要素主要包括权力来源、权力主体、权力运行、权力保障以及权力对象等五个要素。[3] 罗红艳认为:权力来源、权力主体以及权力过程是权力结构中逻辑自洽的三个核心要素。[4] 这里的权力过程主要指保障机制、监督机制及问责机制,属于权力保障的范畴,也含有部分权力运行程序的内容。由上可知,他们对权力要素的看法基本是一致的,均包括权力来源和权力主体;罗红艳的权力要素论中没有提到权力对象,但

---

[1] 方世荣:《论行政权力的要素及其制约》,《法商研究》2001 年第 2 期。
[2] 连振隆:《中国共产党权力结构及其运行机制研究》,博士学位论文,兰州大学,2017 年,第 9 页。
[3] 方世荣:《论行政权力的要素及其制约》,《法商研究》2001 年第 2 期。
[4] 罗红艳:《教授治学何以可能:基于权力要素的视角》,《教育研究》2016 年第 10 期。

她提出教授治学权的对象是学术性事务，要通过来源、主体及过程等方面的分析找到教授治学权得以实施的路径，因此，其权力对象是隐含在她所构建的权力结构中的。

根据已有研究成果，权力内涵因使用领域不同表现出了多样性，如政治领域的权力更侧重其支配、控制属性，日常生活中的权力更侧重其关系属性，而本书研究的主要是高等学校领域，属于广义的文化教育范畴，侧重权力的影响力属性。

因此，本研究中的权力是指处于某种社会关系内的行动者为了实现自身利益，从多个层面对他人或事务施加的影响力。权力概念的突出特征就是权力存在于人与人之间的相互作用之中，也就是说，权力必须在两个或两个以上的主体之间才有意义。权力具有相对性，权力的存在必须以一定的对象为基础，如果失去了施加影响的对象，也就失去了权力。

（二）权力与权利辨析

在此有必要对"权力"（power）与"权利"（right）的关系与使用予以说明，两者既有区别又有联系。一般说来，"权利"属于法律上的概念，是指主体依法享有并受法律保护的利益范围或实施一定行为以实现某种利益的资格。"权利"更多地指向于利益，其适用范围包括政治、经济、文化、教育等多个领域。而"权力"则属政治学上的概念，更多的是指向于一种实质性的"权威"和"影响力"，一般与职责、责任相对应，比较多地适用于政治和行政管理过程中。

两者之间的一致性表现在："权力"以法律上的"权利"为基础，以实现法律"权利"为目的，"权利"作为一种法律上的资格又制约着权力的形式、程序、内容及过程各个方面。当从影响力、人际关系视角看待"权力"时，学生、社会对学科治理的参与权既是法律赋予的"权利"，也是作为利益相关者有责任参与的"权力"，它们虽然不是强制性"权力"，甚至其主体的参与意愿和能力有待提升，但这些主体有责任参与学科治理，作为利益相关者，他们表达的心声对学科建设成效有着直接的影响力。有学者认为："仅仅表现为权利的自由仍然是尚未实现的自由，只有落实为事实的自由才是真实的自由。"① 也可以说，自由首先要变为权利，但最终还是需要变成一种权力，如果不实现为权力，权利就是没有完成的目标。

因此，从"权力"的影响力说和关系说出发，学科治理权中的"权"统一表述为"权力"，除非有特别说明，或从法律等角度阐述需用"权利"术语的除外。

(三) 学科治理权的内涵

根据上述权力概念及相关辨析，本书中的学科治理权是指基于提升学科组织或个人知识生产和再生产能力的目的，依据一定的规则，多元利益相关行动者对学科事务运行施加的影响力。学科治理权是一种综合性的权力，也叫权力束，由多个具体的权力构成，依据不同的分类依据，学科治理权有多种分类方法。学科治理权的行动者不仅仅是发挥统筹协调功能的具有强制性的政府和高校行政管理部门，承担知识供给责任的教师和对知识有需求的学生和社会产业行业部门，以及处于发挥评价功能的社会公众都与学科的发展息息相关，都有责任参与进来，他们依据一定的规则，对学科事务发表自己的看法，履行学科治理职责。

三 权力配置与学科治理权配置

(一) 权力配置的内涵

马克斯·韦伯认为，任何组织都必须以某种形式的权力作为基础，只有权力才能消除混乱带来秩序。但是，"一切有权力的人都容易滥用权力"，依法配置权力是权力合理运行和有效制约的重要前提。

就权力配置概念而言，有的学者是从静态意义上定义权力，认为权力配置就是权力在各主体间的划分安排或对权力划分后形成的一种权力结构安排。如张杰认为政治权力的配置是为实现权力所有者的意志和利

---

① 赵汀阳：《论可能生活》，中国人民大学出版社2004年版，第115页。

益而做的一系列规范化和程序化的安排。① 张海鹏认为民办高校二级学院的权力配置是民办高校学校与学院之间，以及学院内部各亚权力主体间的互动结构。② 这些解释均把权力配置理解为权力在各主体间的划分结果，或者说是一种权力结构安排。有学者认为权力配置应是动态的，包括组织结构的设立，组织管理范围的划分、人事职位的任命。也有学者从静态和动态相结合的意义上认为权力配置包括权力的划定和权力的运行过程。如徐清飞明确提出我国中央和地方的权力配置包括静态和动态两种，权力静态配置主要是指通过职权法定的形式，将中央和地方的权力转换为法律上的权力、责任与利益；动态配置主要是指权力行使的法治化与正当化。③

就权力配置的空间维度来说，政治学上一般包括纵向权力配置和横向权力配置两个维度。权力的纵向配置，旨在实现权力在不同层级之间的职权分工，解决的是不同级别之间的权力划分问题。权力的横向配置，旨在实现权力在不同部门之间的职权分工，解决的是不同部门之间的权力划分问题。④ 在高校权力配置方面，关于政府、高校及学院之间的权力配置属于纵向权力配置，关于行政权力和学术权力之间的配置属于横向权力配置，不同学者在研究过程中根据研究需要采用不同的分类方法。

就权力配置领域来说，当前文献中研究比较多的是国家权力配置、公司治理中的权力配置及大学治理中的权力配置。国家权力配置的研究主要包括国家权力配置的一般理论研究、党的政治权力配置及政府行政

---

① 张杰：《中国民主建设中的政治权力配置方式》，博士学位论文，中共中央党校，2006年，第12页。
② 张海鹏：《民办高校二级学院的权力配置：行动逻辑、现状反思与完善路径》，《教育发展研究》2020年第7期。
③ 徐清飞：《我国中央与地方权力配置基本理论探究——以对权力属性的分析为起点》，《法制与社会发展》2019年第3期。
④ 王寿林：《科学配置权力是有效制约权力的重要前提》，2019年12月31日，http://news.jcrb.com/jxsw/201912/t20191231_2095018.html，2021年3月14日。

权力配置。① 公司治理中的权力配置主要研究公司中董事会与股东大会、董事会与监事会、董事会与经理之间的权力配置,② 尤其是董事会与股东之间的权力配置是研究的重点。高校治理中的权力配置主要围绕政府与高校之间的权力配置、大学内部权力配置、校院两级权力配置、学术权力与行政权力之间的配置等展开研究。③

探讨学科治理权配置首先需要对学科治理权进行科学分解。许多关于高校内部权力划分的探讨对本书很有启发,大部分学者在阐述高校内部权力时倾向将其分为行政权力、学术权力,有的还会加上政治权力、民主权力等,有的将权力分为决策权、执行权和监督权,还有的学者根据权力内容将校院间纵向配置的权力分解为人事管理权、财务管理权、资源配置权与事务管理权。④

就权力配置的方式来说,横向权力配置一般是通过制度分权的形式进行,纵向权力配置一般通过法律(制度)、授权(逐级授权和权力下放)、社会分权等多种方式进行。根据权力配置的集中和分散程度,一般把权力配置模式分为集权型、选择性分权型、分权型;也有研究将其分为集权型、适度集权型、适度分权型、分权型。

---

① 参见张翔《宪法程序法:国家权力配置的视角》,《中国法律评论》2020年第1期。张杰《政治权力配置的时空维度分析——一种关于政治制度的分析框架》,《理论学刊》2012年第7期。马丽《权力配置和权力约束:建国前中国共产党的制度探索》,《理论学刊》2013年第11期。石佑启、邓骞《论法治视野下行政权力纵向上的合理配置》,《南京社会科学》2015年第11期。

② 参见孟翔《论公司治理中的权力配置》,硕士学位论文,山东大学,2008年,第11—18页。唐军《上市公司权力配置研究——以股东中心主义与董事会中心主义之争为视角》,博士学位论文,西南政法大学,2019年,第82—86页。

③ 参见赵士谦《大学举办者、管理者和办学者权力关系配置与重塑》,《沈阳师范大学学报(社会科学版)》2018年第4期。方芳《大学治理结构变迁中的权力配置、运行与监督》,《高校教育管理》2011年第6期。郭广珍《大学内部权力配置模式与激励:基于委托代理理论的分析框架》,《世界经济文汇》2010年第3期。周作宇、赵美蓉《高校校院权力配置研究》,《国家教育行政学院学报》2011年第1期。石连海、朱玉成《大学行政权力与学术权力的边界与互动关系》,《高等教育研究》2019年第11期。欧阳霞《大学学科权力配置探析》,《高教探索》2011年第2期。

④ 张晓霞:《我国高校校院间权力配置研究——以山东省高校为例》,博士学位论文,华中科技大学,2018年,第38页。

综上，本书认同从静态和动态相结合的意义上定义权力配置，认为权力配置是指为实现一定的目的，权力在进行合理分解并在各行动者之间进行划分后，通过规范的制度安排，在各主体之间围绕具体事务进行持续互动所形成的一种权力结构。由此可见，权力配置的关键是两个方面，即权力分解和权力在多元主体之间的划分问题。

(二) 学科治理权配置的内涵

在上述权力配置概念基础上，本书认为，学科治理权配置是指为实现学科发展和知识生产的目的，学科治理权在进行合理分解后，在多元学科治理主体之间进行划分，并通过规范的制度安排，在各主体之间围绕学科治理事务进行持续互动所形成的一种权力结构。

由此可以看出，学科治理权配置的概念包含了丰富内容，是开展本书的概念基础，对后续研究的开展具有重要意义。该概念指明了高校学科治理权配置的终极目的是实现知识生产，后续也将围绕知识生产确立学科治理权配置的价值依据。需要明确的是，本书中的学科发展包括专业发展，学科与专业的关系在前述学科概念部分已有所阐述。两者侧重点不同，但不能割裂开来研究，学科专业一体化是未来学科专业研究和实践的趋势。另外，本书中的知识生产包括知识创新和知识传播两个环节内容。知识创新是一个通过探求和积累新知识，增加知识附加值的过程；知识传播是指一种交流和继承知识成果，取得间接经验的过程。作为知识生产主体的高等学校，其主要功能就是人才培养、科学研究和社会服务，如果从知识生产的角度来讲，人才培养主要是进行知识传播，进行复制性知识的生产，而社会服务就是知识创新和传播后的直接应用，属于广义传播的环节。因此，知识生产涵盖了高校的人才培养、科学研究和社会服务等三大职能。本书还将在第二章的价值来源部分对知识生产内涵进行详细论述。

学科治理权配置核心是对学科治理权进行分解，学科治理权是一种综合性的权力，必须对其进行分解才能以"权力制约权力"的方式对其进行后续分配。应立足于学科治理属性和治理实践，并借助适合的分权制衡理论对学科治理权进行分解。本书将权力主要界定为一种影响力、人与人之间的网络式关系。因此，分解后的学科治理子权力并非完全科层制的自上而下的权力分配结构，而是一种基于职能分权的相互制衡和协调互动，并具松散耦合性的网络式权力配置范式。

在对学科治理权进行分解后，需要对相应的主体进行分析，哪些主体适合拥有哪些权力，确立权力主体结构。本书中的权力主要是指处于某种社会关系内的行动者为了实现自身利益，从多个层面对他人或事务施加的影响力。权力概念的突出特征就是权力存在于人与人之间的相互作用之中，也就是说，权力必须在两个或两个以上对象之间才有意义。因此，权力具有相对性，权力的存在必须以一定的对象为基础，如果失去了施加影响的对象，也就失去了权力。应基于具体权力的特征和借助一定的理论基础对相应权力主体进行识别。

对学科治理权进行分解并分配给相应的主体必须通过一定的制度进行安排，否则将是不稳定的配置。本书在绪论部分对学科制度进行梳理时，对制度概念也一并进行了整理，制度有广义和狭义之分，从广义来说，一切调整主体之间以及社会关系的规则、规范和策略都可以称之为制度，制度、体制、模式和机制都属于制度范畴；从狭义来说，制度是指位于社会体系的宏观层面和基础层面并侧重于社会结构的规则。和狭义的制度相比，体制位于社会中观层面，侧重社会形式；机制位于社会的微观层面，侧重于社会运行；模式主要指主体行为的一般方式，具有一般性、稳定性等特征。本书是从广义上分析制度方面的原因，因此，体制、机制、模式都属于制度的范畴。根据上述对制度的阐述，本书中对学科治理权进行配置的制度主要包括学科管理体制、学科资源配置模式、部门间协调机制、多元参与机制和学科评价制度。

在各主体间进行权力划分形成一种静态的权力结构后，权力配置并未结束，权力只有在动态运行中方能体现其影响力。因此，借助网络治理理论，学科治理的各项具体权力会在各主体间经历均衡—失衡—再均衡—再失衡的持续互动过程，朝着最终的学科治理权均衡配置目标行进。

第三节 研究的理论基础

理论基础是研究工作得以顺利开展的重要条件。分权制衡理论、网络治理理论和知识生产模式理论是本书的理论基础,和第二章中笔者提出的价值环模型相结合,共同构建了地方本科高校学科治理权配置框架。其中,分权制衡理论和知识生产模式理论相结合,为地方本科高校学科治理权分解提供了适当的理论基础;价值环模型为学科治理权主体的识别提供了依据;网络治理理论为学科治理权(主体)之间的协调互动机制设计提供了支持。

一 分权制衡理论

在此需要说明的是,分权制衡理论和西方的三权分立制度都强调分权和制衡的设计,但又有本质区别。三权分立是一种政治制度,特指将国家权力分为立法、行政和司法权,三权之间各自独立又相互制约,仅适用于西方个别国家权力配置领域,无法适应于现代社会一切管理领域。而分权制衡是一种以权力制约权力的理论、思想,不仅适用于国家权力领域,也适用于一切容易引起权力集中和滥用的领域,如公司治理领域和行政管理领域。分权制衡理论和不同性质的组织相结合,形成不同的分权制衡框架和制度。

(一)分权制衡理论及其在我国的发展

分权制衡理论始于西方政治学界的宪政制度设计,但在其形成后,这种分权制衡思想对社会其他领域的权力制衡也产生了广泛而深刻的影响。分权制衡思想的萌芽早在古希腊、罗马时期就已出现。亚里士多德在人类思想史上首次论述了分权制衡理论,他指出,一切政体有三个要素作为构成基础,相互制约是防止人们恶性膨胀的根本途径,这是分权制衡理论的最初萌芽形态。孟德斯鸠使分权制衡体系最终形成,他认为"从事务的性质来说,防止滥用权力,就必须以权力制约权力"。孟德斯鸠认为三权必

第一章　核心概念界定与研究的理论基础

须分立，任何两种权力或三种权力的合并都会发生权力滥用的风险。

就具体实践领域来说，哪些领域适合分权制衡？以及如何对权力进行分解是一个不断探索和发展的过程。即使在国家权力配置领域，分权制衡也不是适用于每个国家。新中国成立后，中国共产党在总结历史经验和实践探索的基础上，基于国家主权不可分割的原则，理性设计并自主选择了议行合一的人民代表大会制度这一政体形式。在我国长期的治国理政实践中，人民代表大会制度体现了人民民主精神，是符合中国国情的政体。

分权制衡理论对各领域防止权力滥用和探讨权力的合理使用具有重要启发意义。分权制衡理论和现代公司治理实践相结合，形成了公司治理领域的分权制衡模式，如有的学者将上市公司内部权力分解为重大问题决策权（股东大会）、经营管理权（董事会）、监督检查权（监事会）。[①] 也有学者在上述三权分立基础上，将其中的股东大会权力确定为最高权力，董事会又分解出一个经理层，分别行使一般事务决策权和日常经营权，[②] 形成以股东大会为最高权力，下辖董事会一般事务决策权、经理层日常经营权和监事会行使监督检查权的权力分立模式。综观文献可知，公司内部的权力分解基本是通过公司章程的规定遵循决策、执行、监督三权分立的框架。

分权制衡思想对我国的行政管理体制改革也大有裨益，我国也在逐步探索行政管理领域分权制衡的制度设计，以防止行政权力过度集中与滥用。在很长一段时期内，我国行政管理领域行政权力过大、过于集中导致权力滥用、权力寻租等一系列问题，严重侵蚀了国家机体的健康发展，行政体制改革迫在眉睫。党的十七大报告中明确提出了建立健全决策权、执行权、监督权既相互制约又相互协调的权力结构和运行机制这种改革设计，也是对分权制衡理念的有益借鉴。它结合行政管理权本身

---

① 覃有土：《商法学》，高等教育出版社2004年版，第117页。
② 王广亚：《执掌企业：理论、实践与省悟》，企业管理出版社2017年版，第54—55页。

特点，在行政管理组织内部根据各行政管理阶段应承担的职能进行分权。这种分权是对其中行政权实施阶段和过程的分解。总的说来，分权制衡理论虽然可能在不同的领域权力分类不同，但分权制衡的理念是一贯的。我国提出的决策权、执行权、监督权既相互制约又相互协调的权力结构，是对改革开放后我们党探索权力制约监督机制、推动反腐倡廉实践经验的总结和提升，是对分权制衡理论的进一步深化和发展。

（二）分权制衡理论的主要观点及对本书的指导作用

分权制衡理论的主要观点是：要防止权力滥用，就必须以权力制约权力。公司治理和行政管理领域一般将权力分为决策权、执行权和监督权。分权制衡理论对地方本科高校如何对学科治理权进行分类，围绕学科治理权的分解构建相互制约和监督的体系提供了有益的启示。首先，我国当前地方本科高校学科治理存在权力边界模糊、权力交叉、行政权主导以及各利益相关者参与权力弱化或虚化的倾向，形成的学科治理结构不尽合理，不利于学科治理效能的提升和知识创新的需要。为改善学科治理权力过于集中及失衡的问题，对学科治理权力进行分权与制衡不失为一个可行路径。其次，分权制衡是对多元主体参与学科治理的必要补充。提倡多元主体参与，绝不是某个主体可以随意决策任何一项学科事务，根据权能匹配原则，不同的主体应根据他们的知识和能力水平承担相应的学科治理事务，配置相应的权力。2004年，美国学者罗伯特·伯恩鲍姆提出：大学治理最为本质的内涵是分权制衡与共同治理。[1] 因此，分权制衡与多元主体共同治理相辅相成、相互促进，共同推动学科治理的改进。

二 网络治理理论

（一）网络治理理论的提出与发展

网络治理（Government by Network）理论最初由斯蒂芬·戈登史密斯

---

[1] Robert Birnbaum, *The End of Shared Governance: Looking Ahead or Looking Back*, http://www.use.edu/dept/chepa/gov/roundtable2003/birnbaum.pdf, 2003 - 07.

(Stephen Goldsmith) 和威廉·D. 伊格斯（William D. Eggers）于20世纪90年代联合提出，是基于20世纪80年代新公共管理理论关于政府改革分权化、市场化、民营化带来的市场失灵和政府失败的社会现实。与此同时，伴随着市民社会的兴起，公民要求参与社会治理、改变现有的社会治理模式的愿望逐渐强烈，这顺应了政府失败下重塑政府权力结构、整合社会资源的改革趋势。① 琼·皮埃尔（Jon Pierre）和盖伊·彼得斯（B. Guy Peters）把网络治理看作是与科层体制、市场及社群并存的一种治理结构或过程，荷兰学者沃尔特·科克特（Walter Kichert）则把它看作是一种特殊的治理模式。

"网络治理"的概念最先出现在经济学和工商管理学中，是与"网络""网络组织"以及"网络社会"等概念联系在一起的。网络可被界定为联结一组人、物或事件的特殊关系形式。存在于网络中的一个人、事物或事件，可以被称为行动者或节点。"网络社会"的概念则是由曼纽尔·卡斯特（Manuel Castells）提出的，他在《网络社会的崛起》一书中认为，信息时代的特征表现为网络社会的生成，而这一社会又以全球经济的力量彻底动摇了以固定空间领域为基础的国家或任何组织形式。网络组织理论是当代西方微观经济学从20世纪80年代中后期开始逐渐形成并迅速发展起来的一个新领域，是近年来经济学家在分析经济全球化现象和区域创新现象时经常使用的理论。网络组织理论认为，网络组织是处理系统创新所需要的一种新的制度安排，是一种在其成员间建立有强弱不等的、各种各样联系纽带的组织集合。它比市场组织稳定，比层级组织灵活，是一种介于市场组织和企业层级组织之间的新的组织形式。②

---

① 参见［美］斯蒂芬·戈德史密斯、威廉.D. 埃格斯《网络化治理：公共部门的新形态》，孙迎春译，北京大学出版社2008年版。

② 参见张康之、程倩《网络治理理论及其实践》，《新视野》2010年第6期。钱人瑜、李智、钱振健《网络治理的研究综述与理论框架创新》，《商业经济研究》2015年第2期。孟韬《基于网络治理理论的中外合作办学质量保障体系研究》，《高教探索》2017年第7期。

治理理论本身也孕育着网络治理理论的成长。如罗伯特·罗茨（R. Rhodes）把治理的基本特征概括为4种：组织之间的相互依存、网络成员之间的持续互动、以信任为基础的互动机制、自组织网络具有相当程度的自主性。在此基础上，他指出组织之间的网络已经普遍存在，作为自组织网络的治理将是未来治理发展的趋势。① 即治理理论发展的最高形态便是建立在信任与合作基础上的社会各部门、各组织相互协调的网络治理。② 格里·斯托克（Gerry Stoker）对目前流行的各种治理概念进行梳理后概括了5种主要的观点，其中一个观点就是治理指行为者网络的自主自治，斯托克将治理的最终目标归结为建立起一种自我管理的网络。③ 鲍勃·杰索普（B. Jessop）在分析治理概念时，认为"按照较窄的含义理解治理就是自组织，其表现形式包括自组织的人际网络、经谈判达成的组织间协调以及分散的由语境中介的系统间调控或驾驭"。④ 我国学者陈振明提出了治理理论研究的三条途径：政府管理的途径、公民社会的途径和合作网络的途径。其中，合作网络的途径就是指网络治理，由此可见，治理理论从一开始就内含着网络治理的成分。

综上所述，来源于经济学、工商管理学的网络组织理论和来源于政治学、公共行政学的治理理论从各自立场出发，相互借鉴吸收共同形成了网络治理理论。和治理理论一样，网络治理理论还是一个正在发展中的理论，尚没有一个公认的定义。斯蒂芬·戈登史密斯和威廉·D.伊格斯指出，网络化治理是指政府及社会公私组织为了实现和增进共同利益，而彼此合作、相互依存，共同地广泛参与到为社会提供公共服务的过程中的一种新型治理模式。陈振明认为，网络治理就是政府部门和非政府部门（私营部门、第三部门或公民个人）等众多公共行动主体彼此合

---

① 俞可平：《治理与善治》，社会科学文献出版社2000年版，第86—106页。
② 郑扬波：《网络治理：公共治理的新形态》，《社科纵横》2010年第11期。
③ 俞可平：《治理与善治》，社会科学文献出版社2000年版，第3—4页。
④ 俞可平：《治理与善治》，社会科学文献出版社2000年版，第53页。

作，在相互依存的环境中分享公共权力，共同管理公共事务的过程。[1] 张康之等把网络治理看作是一种复合中心的治理形式，具有自我组织的特征，能够制定自己的政策并构建自己的环境，能够按照相互达成的博弈规则和信任进行资源交换、妥协以及互动。[2] 李维安等认为，网络治理是通过网络手段和工具，对关键资源拥有者（网络节点）的结构优化、制度设计，并通过自组织和他组织实现目标的过程。[3]

（二）网络治理理论的主要观点及对高校学科治理权配置的指导作用

网络治理理论的观点主要包含三个方面：一是多元主体共同分享权力。网络治理理论认为，治理是多元主体参与，各种公共的和私人的机构及公民个人只要其行使的权力得到了公众的认可，就都可能成为网络中的行动者或节点，成为在各个不同层面上的权力中心，参与决策和共识的建构。二是多元主体的持续互动性。网络结构中的行动者必须一起行动来完成目标，在扁平状的网络结构中，权力运作向度由单一的自上而下的管理转向自组织网络式的多元博弈似的互动格局，即权力的相互依赖，持续互动。三是权力运行的网络性。基于一定的网络结构，权力运行也必须体现网络性特点，强调合作、网络、共享和信任。当前比较公认的网络运行机制有：（1）信任机制，信任是网络治理得以形成、发挥作用的关键因素。行动主体之间存在着相互信任，可以推动网络治理中的合作，有效解决彼此间的分歧，减少集体行动的障碍，为实现共同的目标通力配合。（2）协商机制，协商是网络治理有效运行的润滑剂。网络治理的主体是多元的，组织结构也是非正式的，需要有效的协商机制来调整行动主体间的关系，最终实现良性的互动。（3）学习机制，学习是网络治理有效运行的动力。各行动主体通过相互学习，能够正确认识和解决分歧，形成一致性的知识和集体价值体系，进而促进公共治理

---

[1] 陈振明：《公共管理学》，中国人民大学出版社2003年版，第87页。
[2] 张康之、程倩：《网络治理理论及其实践》，《新视野》2010年第6期。
[3] 李维安、林润辉、范建红：《网络治理研究前沿与述评》，《南开管理评论》2014年第5期。

绩效的实现。[①]

网络治理理论对于指导地方本科高校学科治理具有相当的适切性，为地方本科高校构建网络式的学科治理权配置框架以及权力互动机制的优化等提供了基础性支撑。具体体现在：首先，网络治理理论的运用有利于打破单一的纵向—横向权力分析框架，构建网络式的地方本科高校学科治理权配置框架。地方本科高校学科治理成效如何关系高校、教师、学生及国家、社会等多元主体的利益，为充分发挥多元主体的主动性、积极性，应吸纳他们参与高校学科事务治理，网络治理中多元主体根据本身的优势差异进行权力互动并形成一定的权力结构，从而发挥网络治理整体效应。其次，网络治理和地方本科高校学科治理在组织架构上相似，高校内每个具体学科组织都具有相对明晰的边界及相对独立的发展模式，但相互间又具有联系，在当前推进交叉学科发展的背景下，高校如何既能保持具体学科发展的自主性又能推进学科间的交叉融合，可以借鉴网络治理的组织架构设计。地方本科高校各学科优势不同、各有特点，如何通过相互间的依赖和互动形成科学的高校学科治理结构，网络治理理论的信任、协商及学习机制等对此提供了较好的理论支撑。

三 知识生产模式理论

（一）知识生产模式理论的提出与发展

20世纪90年代，英国学者迈克尔·吉本斯（Michael Gibbons）等人根据知识生产实践的变化首次提出知识生产模式理论。他把原来单一高校及学科内的知识生产模式称为模式1，在模式1中，知识主要是在一种学科的、认知的语境中进行，知识是分学科的，确定和解决问题的环节被一小群科学家，通常是学术团队所支配，其研究成果在大学中传播。将始于"二战"后的，以社会需求为导向和核心的应用科学知识生产方

---

① 谭英俊：《网络治理：21世纪公共管理发展的新战略》，《理论探讨》2009年第6期。

式称为模式2，在模式2中，知识生产者不再仅仅是高等学校中受到学科训练的学者，知识的使用者要求参与到知识生产之中。① 知识生产不再是高校专属的东西，在当代知识生产扩张的过程中，高校仅是角色之一，这将是今天及未来知识生产面临的最大挑战之一。

在这一过程中，有些学者依然坚持高校应与社会保持适当距离，如法国社会学家布迪厄（Pierre Bourdieu）把教授看作知识生产和学术权力领域的重要参与者，把民族国家看作知识生产的外部保障力量，认为知识生产与直接的经济需求无关。而更多的学者对此质疑，认识到单一高校知识生产模式已不适应经济社会发展的需要，对知识生产问题进行了诸多思考。英国学者杰勒德·德兰迪（Gerard Delanty）认为，随着时代的发展，国家已不再是知识唯一的资助者，已从知识提供者的角色退居到管理者的角色。市场和技术力量正在参与知识生产并形成一种新的知识生产模式。在这种新的模式里，知识的使用者对知识的性质比生产者更有发言权，大多数科学知识是在大学之外生产的。②

在知识生产模式2背景下，为进一步明晰多元知识生产参与者及他们之间的互动关系，美国社会学家亨利·埃茨科威兹（Henry Etzkowitz）和罗伊特·雷德斯多夫（Loet Leydesdorff）提出了经典的"三螺旋"（Triple Helixes）理论，其主要观点是：在知识生产模式2的背景下，组织不再具有牢固的边界，政府、大学与产业各有其优势，需要相互协调和加强合作，从而形成了"大学—产业—政府"（University-Industry-Government，UIG）相互独立、相互联系和相互作用的关系网。③

---

① ［英］迈克尔·吉本斯等：《知识生产的新模式——当代社会科学与研究的动力学》，陈洪捷等译，北京大学出版社2011年版，第13页。
② ［英］杰勒德·德兰迪：《知识社会中的大学》，黄建如译，北京大学出版社2010年第15期，第143—145页。
③ Etzkowitz H., Leydesdorff L., "The Dynamics of Innovation: From National Systems and 'Mode 2' to a Triple Helix of University-Industry-Government Relations", *Research Policy*, No. 2, 2000, pp. 109–123.

UIG 的知识市场化、商业化对社会公益造成了损害，引起了一些学者的注意。美国学者埃利亚斯·卡拉雅尼斯（Elias Carayannis）和奥地利学者戴维·坎贝尔（David Campbell）经过多年深入研究，在总结前述系列成果基础上，于 2012 年发表力作《四重螺旋创新系统中的模式 3 知识生产：为 21 世纪发展的民主、创新与创业》，标志着模式 3 知识生产观已形成一个较为完备的思想体系。① 以公共利益为目标的知识生产模式3，引入"公众"动力机制，构建了"大学—产业—政府—公众"四螺旋模型（Quadruple Helix）。② 从"三螺旋"到"四螺旋"，是应对知识产业进入高度发达阶段公益性缺失的"应激反应"，是从利益相关主体角度重新考察知识生产模式及动力机制的结果，吸纳"公众"这一动力源，旨在克服产业主导带来的过度"私利化"，突出知识社会效益的新动力机制。这一动力机制也使得大学与政府、产业和公众以及整体的关系和方向更加紧密。

（二）知识生产模式理论的主要观点及对本书的指导作用

知识生产模式理论的主要观点是：知识生产受大学、产业、政府和公众四类主体力量的影响。"大学"进行知识生产和传播，与产业衔接满足人才需求，保障健康的青年社会化进程，避免知识的市场化对于科学可持续发展的影响。"产业"提供商品和服务，与大学合作进行生产研究和科技转化。"政府"角色定位是"服务型"和"指导型"，主要发挥协调功能。"公众"将第三方组织、社会团体和社会力量引入重要事项的决定中，平衡其他主体的目标局限性，从文化角度给予知识和经济的可持续化导向。③

需要说明的是，知识生产模式 2、模式 3 较好地把握了现代知识生产

---

① 武学超：《模式 3 知识生产的理论阐释——内涵、情境、特质与大学向度》，《科学学研究》2014 年第 9 期。
② 黄瑶、马永红、王铭：《知识生产模式Ⅲ促进超学科快速发展的特征研究》，《清华大学教育研究》2016 年第 6 期。
③ 黄瑶、王铭：《"三螺旋"到"四螺旋"：知识生产模式的动力机制演变》，《教育发展研究》2018 年第 1 期。

方式变迁的特征，对认识和指导当前的高校知识生产活动提供了新的视角。但不能由此说，知识生产模式1将被完全取代。现代知识生产方式呈现多样化的特征，但以高校、学科为中心的知识生产模式1仍然是最重要、最基础的模式，在其基础上开展模式2、模式3的知识生产是现代知识生产方式的必然趋势。[1] 如果忽视模式1，现代知识生产将不可持续，也就很难更好地服务国家、市场和社会大众的需要。[2] 因此，知识生产模式3、模式2并不是代替知识生产模式1，而是对其的有益补充。

知识生产模式理论对明确地方本科高校学科治理权主体提供了借鉴。知识生产是高校学科治理权配置的动力源和开展研究的逻辑起点，因此，学科治理权配置理应围绕知识生产进行，知识生产活动的参与者也应是高校学科治理的权力主体。正如在福柯的"权力—知识"（power-knowledge）视角下，权力嵌套于知识体系之中。[3] 学科治理主体是在知识生产过程中完成权力配置并协调互动共同促进知识生产。由此可见，随着知识经济时代知识生产模式理论的发展和四螺旋模型的提出，高校学科治理权主体绝不仅限于校内主体，而是必须包括校外的政府、产业和公众，他们也是高校学科治理权的当然主体，和高校内部的教师群体、行政管理人员和学生群体共同构成高校学科治理权主体。多元主体在学科治理中发挥各自的功能，并拥有相应的权力，通过相互协调和互动形成地方本科高校学科治理权配置框架。

---

[1] 贾东荣：《转型、竞争与新型大学发展》，知识产权出版社2018年版，第181页。
[2] 李志峰、高慧、张忠家：《知识生产模式的现代转型与大学科学研究的模式创新》，《教育研究》2014年第3期。
[3] Foucault M., *Discipline and Punish: the Birth of the Prison*, London: Pengium, 1991, p. 26.

第二章

地方本科高校学科治理权配置的价值遵循和框架建构

本章内容主要分为两个部分：一是阐释地方本科高校学科治理权配置的价值遵循。任何领域的权力配置总是在一定的价值观指导下进行的，权力配置的过程也是作出价值判断的过程。价值是地方本科高校学科治理权配置的基本依据和逻辑起点，特定的价值体系也是高校学科治理权分解的理论依据。因此，在构建学科治理权配置框架前，有必要对学科治理权配置的终极目的和价值依据进行阐释，解决学科治理权"因何配置"和"配置依据"的问题。二是构建地方本科高校学科治理权配置框架。学科治理权配置框架的构建是本书的核心内容，旨在为后续进行的现状调查提供分析依据，并探索性地提出一种网络式权力配置的分析范式。本章将在分权制衡理论、网络治理理论和知识生产模式理论的基础上，结合本书提出的权力配置价值体系，构建学科治理权配置的分析框架，从而解决学科治理权"如何配置"的问题。

第一节 地方本科高校学科治理权配置的价值遵循

前文在概念界定部分提出，知识生产是地方本科高校学科治理权配置的终极目的，正是为着实现这个终极目的才要研究学科治理和学科治理权配置。价值体系是在知识生产的终极目的指引下对价值进行分类而构成的价值系统，是学科治理权配置的价值标准和依据。本书根据学科治理权的学术、社会和管理的多重属性特征，提出学科治理权配置应遵循的多维多层级价值体系，将之命名为"价值环模型"。反过来，多元主体要实现"价值环模型"所包含的价值要求，就必须拥有相应的权力和承担相应的责任。"价值环模型"所包含的价值内容为学科治理权分解提供了价值依据。

地方本科高校学科治理权配置的"价值环模型"所涉及的价值领域广阔，所包含的具体价值比较丰富，价值之间的冲突在所难免。因此，很有必要对其包含的诸多具体价值进行优先性分析，探讨学科治理权配置的价值秩序。本书认为，学科治理权配置的价值秩序是影响地方本科高校学科治理权配置结果的重要因素，也可以说，学科治理权配置的价值失序是导致地方本科高校学科治理权失衡的重要原因。因此，对价值因素的分析，有利于加深对学科治理权配置框架和实践中存在问题的认识和理解。终极目的、价值体系和配置框架之间的关系如图2-1所示。

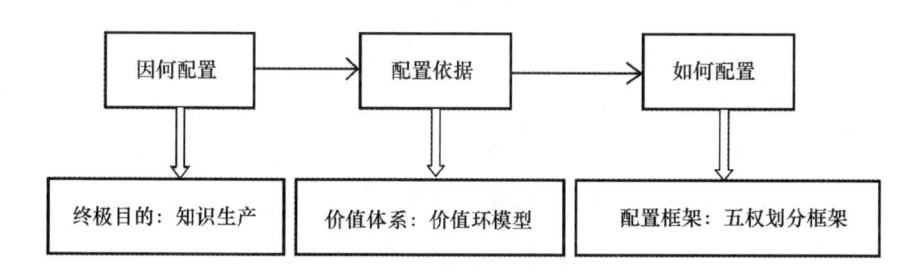

```
┌──────────┐      ┌──────────┐      ┌──────────┐
│ 因何配置 │─────▶│ 配置依据 │─────▶│ 如何配置 │
└────┬─────┘      └────┬─────┘      └────┬─────┘
     ▼                 ▼                 ▼
┌──────────────┐ ┌──────────────┐ ┌──────────────────┐
│终极目的:知识生产│ │价值体系:价值环模型│ │配置框架:五权划分框架│
└──────────────┘ └──────────────┘ └──────────────────┘
```

图2-1 地方本科高校学科治理权配置价值与分析框架关系

从图2-1可以看出，三个基本问题构成一个完整的逻辑链条，从知识生产这一终极目的即价值原动力出发，解决"因何配置"问题；随后追问学科治理权配置应遵循的价值体系，本书将之命名为"价值环模型"，解决了"配置依据"问题；在知识生产这一终极目的和"价值环模型"的价值体系指引下，结合分权制衡理论、网络治理理论和知识生产模式理论构建地方本科高校学科治理权配置框架，作为现状调查的分析基础，从而解决"如何配置"的问题。

一 学科治理权配置的价值来源

明晰价值是什么、价值如何分类和价值的根源等基本性问题，是探究地方本科高校学科治理权配置价值的前提。在此基础上，从学科入手，分析学科治理权属性，进而提出学科治理权配置的价值来源。

（一）价值与学科治理权配置价值的内涵

价值一词，最初主要在经济学领域使用，指某物在经济上的交换价值，到19世纪，价值的意义被延伸到哲学、社会学、教育学等更为广泛的领域。马克思从哲学价值的意义上认为，"价值"这个普遍的概念是从人们对待满足他们需要的外界物的关系中产生的，主体—客体关系问题，是马克思主义哲学的中心问题之一，也是正确了解价值问题的理论前提。[①] 在哲学意义上，价值是与事实相对应的概念，人类行为就其本质来说，就是在实在的世界中不断发现价值、创造价值和利用价值的活动，整个人类历史就是在追求价值和实现价值的过程中不断发展和延伸的。[②] 美国哲学家培里（R. B. Peery）认为，事实属于对象的特性，价值则是主体对客体的关系和态度。西蒙（Herbert A. Simon）也强调分析事物应从事实和价值两方面入手，他说："每一项决策都包含着两类要素，分别被称为'事实'要素和'价值'要素。"[③] 这对本书开展地方本科高校学科治理权配置研究很有启发，在研究中不仅要了解学科治理权配置现状及存在的问题这一事实，还应思考产生这些问题的主体价值因素，从事实和价值两方面分析学科治理权配置问题。

目前学术界对价值的内涵众说纷纭，并没有一致的界定，形成了纷繁庞杂的价值"丛林"。李凯尔特（H. Rickert）等为代表的主观主义价值论认为，价值是主体的主观需要、主观兴趣及情感的表达。培

[①] 李连科：《价值哲学引论》，商务印书馆1999年版，第70页。
[②] 荀振芳：《大学教学评价的价值反思》，博士学位论文，华中科技大学，2005年，第19页。
[③] [美] 赫伯特·西蒙：《管理行为：管理组织决策过程的研究》，杨砾等译，北京经济学院出版社1988年版，第44页。

第二章 地方本科高校学科治理权配置的价值遵循和框架建构

里认为正是兴趣赋予对象以价值，作为兴趣对象的东西自然具有价值。① 国内学者也对价值内涵进行了深入研究。如以李德顺、袁贵仁为代表的主体性人价值论、李连科为代表的主客体统一论和王玉樑为代表的效应价值论等，这些价值论均主张价值是一种主客体关系性的存在。② 袁贵仁认为价值是主体和客体之间的一种特殊关系，是客体对于主体的作用或效用，价值生成和发展的最终根源是主体及其活动。③ 黄海澄则提出价值既是关系也是属性，关系和属性是可以统一的。④ 本书认同价值既是关系也是属性的看法，客体正是在与主体发生需要与被需要的关系时产生社会属性，并通过这种社会属性满足主体需要从而产生价值。

综上所述，学科治理权配置价值可理解为学科治理权配置这一事实活动通过学科治理权属性对相关主体需要的满足。也就是说，地方本科高校学科治理权配置是以学科治理权属性为基础的，价值是客体自身所具有的属性在一定条件下的外化，从而满足主体的需要。价值是学科治理权配置这一事实活动所追求的一种应然状态，学科治理权配置作为一种事实或现象，须由一定的价值观念作指导，规约其方向。学科治理权配置的最高准则是在正确的价值取向指引下，对学科治理权在多元主体间进行科学合理分配，最终促进知识的生产，并借助知识生产的媒介，满足多元主体的需要和发展。

价值分类也是价值论中的重要问题。自亚里士多德以来，学者一般从主体需要满足的角度将价值分为目的性价值和工具性价值两大类，在此基础上构建价值体系。目的性价值是基本的价值，对于人来说是直接的价值；工具性价值是相对于基本目的而言的手段的价值，对于人来说

---

① 王玉樑：《论价值本质与价值标准》，《学术研究》2002年第10期。
② 董立平：《高等教育管理价值通论》，厦门大学出版社2014年版，第172页。
③ 袁贵仁：《价值学引论》，北京师范大学出版社1991年版，第38、51页。
④ 黄海澄：《价值既是关系也是属性》，《社会科学家》1998年第5期。

是间接价值。① 我国也有学者提出将价值分为功利价值、真善美价值和自由价值。② 每个维度的价值下面又细分为若干个子价值，形成一个价值体系。

在一组价值中，一般还会有最高价值准则统摄所有具体价值。亚里士多德从伦理学角度提出"善是人类最大的目的"。③ 善价值下还可以分为道德、效果和效率等具体价值，具体价值位于最高善的规定之下。罗尔斯（Rawls）认为："正义是社会制度的首要价值，正像真理是思想体系的首要价值一样。"④ 正义价值统领其他所有价值，共同构成社会制度的价值体系。马克思和恩格斯在《共产党宣言》中宣称"每个人的自由发展是一切人的自由发展的条件"，将实现人的自由而全面发展作为共产主义追求的根本价值。由此可见，本书中地方本科高校学科治理权配置的价值也具有多维、多层次性，并以一个最高价值准则为根本指导，构成一个指导和分析学科治理权配置事实活动的价值体系。

（二）地方本科高校学科治理权配置的价值来源分析

根据价值理论，价值来源于对相关主体需要的满足，价值分类受制于客体社会属性。地方本科高校学科治理权配置价值的多维、多层次性是以满足多元学科治理权主体的需要为依据的，学科治理权配置价值是由学科治理权属性决定的。因此，本书从学科治理权属性入手对学科治理权配置价值进行确定和分类。

要探究学科治理权属性，须从学科、学科治理谈起。从学科、学科治理到学科治理权，呈现渐进聚焦的特征，前者的核心属性也在这一聚焦过程中一并遗传至后者。前文将学科界定为内在知识体系和外

---

① 江畅：《论价值的基础、内涵和结构》，《江汉论坛》2007年第7期。
② 袁贵仁：《价值学引论》，北京师范大学出版社1991年版，第79页。
③ [古希腊]亚里士多德：《亚里士多德全集（第8卷）》，苗力田译，中国人民大学出版社1994年版，第245页。
④ [美]约翰·罗尔斯：《正义论》，何怀宏等译，中国社会科学出版社1988年版，第3页。

第二章　地方本科高校学科治理权配置的价值遵循和框架建构

在组织建制的统一体,是承担知识创新、人才培养和服务社会的基本单元。从概念可以看出,学科是知识体系,是知识生产的基本单位,因而具有学术属性;同时,学科承担服务社会的社会性职能,具有社会属性;再次,学科还是组织建制,遵循组织管理的一些要求,具有管理属性。

学科治理作为促进学科发展和知识生产的手段,也必然具备三重属性。学科治理和纯学术事务治理不同,也和一般的行政管理不同,它既要满足学术性治理的一面,以促进知识生产为最终旨归。同时,在当代知识生产模式2和模式3时代,知识生产者不再仅仅是高等学校中受到学科训练的学者,知识的使用者要求参与到知识生产之中。同时,为避免知识生产过度市场化、商品化,社会大众要求参与到知识生产中来,要求知识生产要体现社会公共属性。因此,学科治理还必须满足经济发展、社会公众的要求,遵循市场、社会公共的运行规则。另外,也要满足组织建制生存的需要,遵循行政管理的一些原则。由此可见,和学科一样,学科治理具有学术、社会与管理的三重属性。也有学者从逻辑角度出发,认为学科治理要遵循内在的知识生产逻辑,还要遵循外在的组织行为逻辑和社会需求逻辑。[①] 此研究和学科治理属性分类研究具有一致性,无论是从逻辑还是属性角度,均表明学科治理以满足学术、社会和管理三方面的需要为目的。学科治理权作为学科治理的核心问题,也具备学科治理的学术、社会和管理三重属性。

综上所述,学科治理权配置价值来源于满足学科治理权主体在学术、社会和管理三重属性方面的要求。高校学科治理权的科学合理配置最终要达到三方面的效用:学术效用、社会效用与管理效用,通过遵循组织管理的相关原则,满足学术自身的发展以及社会发展的需要,从而实现学术、社会和管理属性的兼顾。学科治理权配置价值也可以

---

① 马廷奇、郑政捷:《大学学科治理:逻辑意蕴、实践困境与破解路径》,《学位与研究生教育》2021年第10期。

相应划分为学术性价值、社会性价值和管理性价值。围绕三个价值向度并进行合理分解构成学科治理权配置的价值体系。价值体系在学科治理权配置中发挥着引导和适应功能,是决定学科治理权配置科学性与合理性的基本标准。

二 学科治理权配置的价值环模型

在分析了学科治理权配置的价值来源后,本书将学科治理权分为学术性价值、社会性价值和管理性价值三个价值向度。然而,如果要深入分析学科治理权配置的事实活动,给予其切实具体的价值指导,还必须根据每个价值向度的要求进一步确定具体的价值。从学科、学科治理和学科治理权概念可以看出,学科治理权来源于知识生产,知识生产是学科治理权存在的逻辑起点和终极目的,因而也应是学科治理权配置的最高价值准则。因此,学科治理权配置的价值遵循是以知识生产为核心构成的一个多维多层级的价值体系。本书将此价值体系称之为"价值环模型"。

(一) 知识生产:学科治理权配置的终极目的

众所周知,学科和知识是紧密联系在一起的,学科始于知识,终于知识。知识的生产和再生产促成学科的形成和发展,学科的形成和发展最终旨归是推进知识生产。学科治理权配置作为促进学科发展的手段,其初始动力也是促进知识生产。因此,也可以说,知识生产是地方本科高校学科治理权配置的终极目的和最高价值准则。

(1) 知识和知识生产

在分析知识生产是学科治理权配置的最高价值准则之前,有必要先弄清知识是什么,知识生产又如何理解。就知识来说,目前尚没有一个统一而明确的界定,古今中外知识史上,思想家们从不同的角度对知识进行了种种定义和界定。如苏格拉底(Socrates)提出"知识即美德",从伦理道德方面定义知识。而亚里士多德对知识的界定已趋向知识是客观知识,认为真正的知识是凭借原因而得的知识,即知识是

第二章 地方本科高校学科治理权配置的价值遵循和框架建构

关于事物发展规律的知识,并把知识分为沉思的知识、实践的知识和技艺的知识。① 被誉为"实验科学先驱"的英国哲学家弗朗西斯·培根(Francis Bacon)则进一步深化了这种认识,认为知识源于经验并受其检验。② 中国传统对知识的认识基本是伦理化的知识观,这种观点一直延续到近代。在儒家看来,知识主要是一种伦理、道德及政治智慧,而很少涉及自然及人与自然关系的知识。《现代汉语词典》对知识的解释是:"人们在改造世界的实践中所获得的认识和实践的总和。"结合以上研究成果,为更突出知识获得的过程,本书概括认为:知识是人类在认识和改造世界的实践中所获得的经过提炼和总结的系统认识。

前文中曾将学科界定为内在知识体系和外在组织建制的统一体,即知识形成一定的体系并规范化、制度化后方称之为学科。那么,知识如何体系化并形成一定的知识体系呢?从无数历史经验来看,是在知识的不断产出和代代累积,在无数知识产出的基础上,经过选择、规范后形成知识体系,进而演变成一定的学科,然后学者凭借已有学科建制继续产出知识、累积知识,从而形成知识生产——学科形成和发展——知识再生产的循环往复过程。由此可以看出,学科始于知识,知识是学科形成的核心要素和动力,同时,学科终于知识,学科是知识生产和再生产的重要载体,学科建立和发展的根本目的又是促进知识的生产和再生产,进一步充实完善知识的大厦。

在上述认识基础上,我们认为,知识生产是学科形成和发展的关键路径。那么,本书中的知识生产如何理解?梳理文献可以发现,近年来其研究重点是知识生产模式转型问题,以及高校作为知识的主要生产者如何应对这种转型。部分研究也涉及知识生产概念的界定,但不同学者对此有不同的看法。

目前有关知识生产的代表性观点大致可以分为两种。第一种观点认

---

① [古希腊]亚里士多德:《形而上学》,吴寿彭译,商务印书馆1981年版,第51页。
② [英]培根:《新工具》,许宝骙译,商务印书馆2017年版,第117页。

为知识生产就是在人类已累积的知识基础上开发新知识，类似于我们经常说的科学研究，如国际经济合作与发展组织（OECD）将知识生产定义为"个人或组织成功地生产新知识和实践的情况"。① 《科学学词典》中知识生产被定义为："人们在物质生产过程中发现、创造各种物质转化的条件和能量来源的思想、观点、方法、技巧等的过程。"② 第二种观点认为，知识生产包括知识创新和知识传播两个不可或缺的环节，也可以说知识生产是原创性知识生产与复制性知识生产的统一。如瑞典著名教育学家胡森（T. Husen）等主编的《国际教育百科全书》中提出必须将知识生产的定义扩展到包容社会上新知识的产生和已有知识向更多人传播两方面。③ 美国经济学家弗里茨·马克卢普（Fritz Machlup）指出，生产知识的意义不只是发现、发明和设计等，还包括散播和传递。④ 这是因为，知识生产和物质生产并不完全一样，当一种物质产品生产出来后，他对人的意义便已经存在；而当一种原创性知识在某一人的大脑中创造出来后，它必须借助一定的载体传播给更多的人，传递到更多人的大脑中，否则这种生产就不算完成。只有人们分享了新知识，才能切实意识到新知识已经产生了。⑤ 因此，知识创新和传播是一体二面，共同构成完整的知识生产。

综上所述，本研究认同知识生产包括知识创新和知识传播两部分。知识创新是一个通过探求和积累新知识，增加知识附加值的过程，也可以理解为发现、整合和更新知识的过程；知识传播是指一种交流和继承

---

① Uller and Johan, *New Knowledge Production and Its Implications for Higher Education in South Africa*, Pretoria, South Africa: HSRC Press, 2000, p. 87. 转引自傅翠晓等《知识生产研究综述》，《科技进步与对策》2019 年第 1 期。

② 刘茂才、张威民：《科学学词典》，四川社会科学院出版社 1985 年版，第 134 页。

③ ［瑞典］胡森等：《国际教育百科全书 5 I – L》，岑国桢等译，贵州教育出版社 1990 年版，第 476—477 页。

④ ［美］弗里茨·马克卢普：《美国的知识生产与分配》，孙耀君译，中国人民大学出版社 2007 年版，第 5 页。

⑤ 陈伟军：《媒介融合趋势下的知识生产》，《国际新闻界》2011 年第 5 期。

第二章　地方本科高校学科治理权配置的价值遵循和框架建构

知识成果，取得间接经验的过程。① 特别是作为知识生产主体的高等学校，其主要功能就是人才培养、科学研究和社会服务，如果从知识生产的角度来讲，人才培养主要就是进行知识传播，进行复制性知识的生产，而社会服务就是知识创新和传播后的直接应用，属于广义传播的环节。基于此，如果把高校知识生产单单归结为科学研究和新知识的生产，是不全面也不合理的。

（2）知识生产与地方本科高校学科治理权配置

在厘清知识生产概念的基础上，需要进一步明确知识生产与学科治理权配置之间的关系。首先看知识和权力的关系，古往今来对两者关系的看法纷争不断，大致经历了趋于一致、二元分立和相互蕴含三个阶段。② 在前科学时代，人们把知识视为一种治国的智慧，权力是统治人与社会的权威力量，两者被认为是一体的。古希腊思想家柏拉图（Plato）提出了权力来源于知识的"哲学王"学说。③ 英国哲学家培根对于知识和权力关系的理解也非常具有代表性，他提出"知识就是力量"，他深信知识是社会发展的改革力量，人性自我完善的力量，更是人类认识自然、驾驭自然的巨大力量，他认为"通向人类权力和通向人类知识的两条路途是紧相连接"的。④ 由此可见，培根已认识到拥有知识和权力的获得密切相关，趋于一致。

到了近代，随着科学主义的兴起，知识被认为是纯粹的，是真理的象征，知识生产的主要目的是为了满足人类的好奇心，为追求真理而存在，和权力关系不再紧密，权力被认为是对知识的干扰，由此知识与权力之间的关系进入了相互分离、彼此独立的二元分立阶段。

在当代的知识社会，越来越多的学者认为，知识和权力之间不能分

---

① 劳凯声：《智能时代的大学知识生产》，《首都师范大学学报（社会科学版）》2019年第2期。
② 胡敏：《知识权力观的历史演变与发展趋势》，《科学技术哲学研究》2017年第1期。
③ 梁中和：《哲学何以安顿权力——柏拉图论权力的来源、根据与运用》，《政治思想史》2019年第3期。
④ ［英］培根：《新工具》，许宝骙译，商务印书馆2017年版，第119页。

离和割裂，舍弃一方对另一方进行单独研究，无法得到全面有效的知识。两者之间是一种内在共生的关系，知识的生产和权力的运用相辅相成、相互依赖。法国哲学家福柯的"知识权力观"就是这种观点的典型代表。他认为，没有知识，权力无法运行；权力产生知识，知识无法从权力中脱离出来，因为两者是内生的。

从知识权力观的演变可以看出，当前知识和权力正处于相互蕴含阶段。因此，作为知识生产主体的高等学校，要促进知识生产，就必须合理配置权力、使用权力。而高校中学科是知识生产的载体，因此，与知识生产最密切相关的权力就是学科治理权，学科治理权配置科学、合理，就有利于促进知识生产。由此，高校必须对学科治理权进行合理配置，通过学科治理权的良性运转促进知识生产目标的实现。

上述关于知识和权力关系的探讨，为研究高校中的知识生产和学科治理权配置关系奠定了基础。那么，它们两者之间是如何发生相互作用的？高校中的知识生产和学科治理权配置是通过怎样的逻辑链条连接在一起的？需要进一步明晰。随着当前科技进步和经济社会发展的需要，知识生产越来越需要多主体发力。英国学者迈克尔·吉本斯认识到，在当代社会，知识生产模式2已然出现，在模式2中，知识生产者不再仅仅是高等学校中受到学科训练的学者，知识的使用者要求参与到知识生产之中。[①] 在这种背景下，高校要与时俱进，"走出象牙塔"，与知识使用者合作，了解他们的需求，吸收他们的意见建议，促进学科发展，提高高校自身的知识生产能力和对社会的适应能力。

当更多的主体介入高校知识生产和学科发展时，彼此之间的协调、交流、互信及学习就显得至关重要。因此，高校在学科发展中有必要引入网络治理理念，以期以学科治理推动学科发展，而学科治理的核心就是各主体之间学科治理权的合理配置。因此，知识生产是地方本

---

① ［英］迈克尔·吉本斯等：《知识生产的新模式——当代社会科学与研究的动力学》，陈洪捷等译，北京大学出版社2011年版，第13页。

第二章 地方本科高校学科治理权配置的价值遵循和框架建构

科高校学科治理权配置的逻辑起点,地方本科高校学科治理权合理配置的终极目的是促进知识的生产。知识和学科治理权配置之间的逻辑关系如图 2-2 所示。

```
知识生产 ⇄ 学科发展 ⇄ 学科治理 ⇄ 学科治理权配置
   要求/促进      要求/促进      要求/促进
```

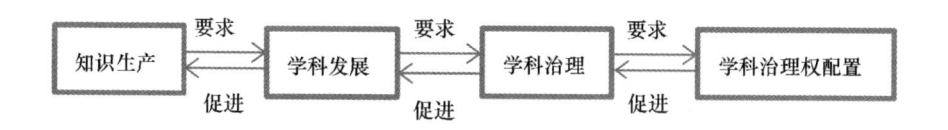

图 2-2 知识生产与学科治理权配置逻辑关系图

综上所述,高校实现知识生产的终极目的要求必须发展学科,因为学科是知识生产的载体;在当代知识社会和知识生产主体多元化的背景下,高校要实现学科发展就必须引入治理理念,要求借助治理手段促进学科发展;多元主体之间的权力配置是实现学科有效治理的抓手,因此,必须要求对高校学科治理权进行合理配置。反过来说,即是高校学科治理权合理配置有利于促进学科治理,学科有效治理有利于促进学科发展,学科发展最终目的是促进知识生产。由此可见,知识生产是高校学科治理权配置的最高价值准则,学科治理权的配置研究最终是为了实现知识生产的终极目的。

(二)地方本科高校学科治理权配置的价值阐释

知识生产是地方本科高校学科治理权配置的终极目的,学科治理权配置价值根据学科治理权属性包含学术性、社会性和管理性三个价值向度,每个价值向度根据属性的要求又可以析出具体的价值准则,由此形成一个以知识生产为核心的多维多层级的价值体系。在这个价值体系里,共分为三层:内层是知识生产,即学科治理权配置的终极目的和最高价值准则;中层是依据学科治理权的三重属性将价值分解为学术性、社会性和管理性三个价值向度,即要实现三个价值向度的兼顾和均衡;外层是将三个价值向度进一步分解,学术性价值分解为创新价值和自由价值,社会性价值分解为应用价值和公共价值,管理性价值分解为效率价值和法治价值，下文将对具体价值做进一步阐释。地方本科高校学科治理权配置的价值环模型如图 2-3 所示。

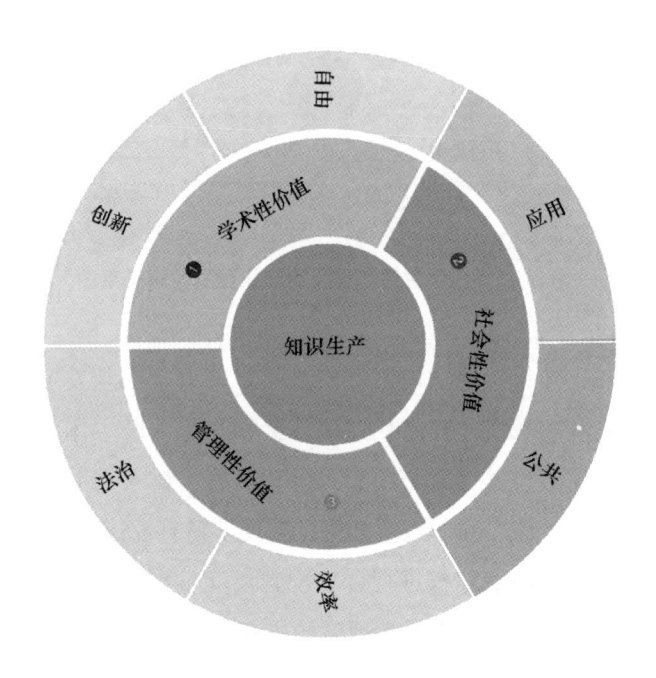

图 2-3 地方本科高校学科治理权配置的价值环模型

1. 学术性价值向度：创新价值和自由价值

学术性价值是指学科治理权配置要满足学术发展和知识生产需要的价值。学术性价值是地方本科高校学科治理权配置的内在追求和要实现的首要价值，是目的性价值。学术性价值向度的进一步解析应遵循学术属性的要求，以实现学术目标为准则。那么，应当如何理解学术？学术的内在要求是什么？"学术"一词在我国古已有之，一般"学"和"术"分开使用，含义是有区别的，梁启超将其总结为"学者术之体，术者学之用"，"学"偏向于现在所谓的基础学科，而"术"是指应用技术。[①]

---

① 刘道玉：《教育问题探津》，北京出版社 2019 年版，第 80—81 页。

第二章 地方本科高校学科治理权配置的价值遵循和框架建构

近代以来,"学"和"术"一般合在一起作为专有名词使用,表示系统的学问,接近于西方的学术概念,尤指涉及学习或推理的理论兴趣,而非技术或实用的学问。

从学术的内涵可以看出,学术主要是理论研究,而理论研究旨在创新,因此,创新是学术的必然要求,为实现创新,学者必须有规则之上的自由空间。有学者将学术的内在要求归纳为"无条件的追求真理"和"独立自由的治学精神",① 也有学者提出:"学术的生命力在于创新,鼓励怀疑和想象是创新的前提,学术活动需要充分的思想自由。"② 由此可见,创新价值是学术性向度的核心价值。自由是实现创新需要的重要价值,创新必须基于学术自由的土壤。费曼在其《科学的价值》演说中说过:"伟大的进展都源于承认未知,源于思想的自由。"③ 只有在每个人自由追求自身目的的社会中,每个人的才智才能被充分利用起来,才能促进人类知识和社会福利的增长。④ 因此,自由的价值一方面通过创新体现出来,是实现创新的必然路径;另一方面,自由本身即是一种价值,自由标志着人的主体地位的确立,是人的主体性的确证。在学术上表现为学者从事学术研究主体性地位的确立。基于此,学术性价值向度主要包括创新价值和自由价值。

2. 社会性价值向度:应用价值和公共价值

社会性价值是指学科治理权配置要满足产业、社会发展需要的价值。通过学科治理权的合理配置提升学科治理效能,最终实现促进知识生产的内在目的和服务产业、社会发展的外在目的,社会性价值也是学科治理权配置的目的性价值。学科治理权配置的社会性价值向度主要包括应

---

① 刘道玉:《教育问题探津》,北京出版社2019年版,第82—84页。
② 葛剑雄、孙晶:《中国的教育问题还是教育的中国问题》,学林出版社2018年版,第116—117页。
③ [美]理查德·费曼:《你干嘛在乎别人怎么想?》,李沉简、徐杨译,中国社会科学出版社1999年版,第257页。
④ [美]博登海默:《法理学:法律哲学与法律方法》,邓正来译,中国政法大学出版社1999年版,第279页。

用价值和公共价值，应用价值主要是满足产业发展的需要，公共价值主要满足社会公众的需要。

应用价值是学科治理权配置的重要价值。学科具有社会属性，特别是地方本科高校的学科发展要关注学科的社会应用价值。地方本科高校以应用性知识生产为主，其重要价值就是服务于地方产业经济的发展并与产业界合作生产知识。在这个过程中，高等学校内部各类学科治理主体特别是基层主体与产业主体直接接触越多，产业主体在学科治理中的权力比重也会上升。在知识生产模式2下，知识很难再通过个体或仅仅是高校内主体的生产实现，现代科学研究已成为一项集体性、跨界性的活动，通过共同体的合力是未来知识生产的趋势。因此，学科治理权配置不仅要实现高校内部主体和社会的密切联系，为社会服务，也要通过一定的机制和产业行业部门深度合作。这是因为"当前很多原创的思想、知识和技术并不再源自大学，大学需要自我革命"，[①]高校不仅要服务于社会，也要从社会中汲取养分，体现一种双向互惠的社会应用价值。

公共价值主要通过地方本科高校学科治理权的配置满足社会公众需要。和应用价值主要体现知识生产的市场化、商品化，进而满足产业经济发展需要有所不同，公共价值侧重体现知识生产的公益化和社会效益。"夫学术者，天下之公器"所体现的知识公共精神历来被我国古代学者所推崇。知识生产模式3提出社会公众也应是知识生产的参与主体，旨在通过学科治理权主体的调整，扭转知识生产模式2下学科知识过度商品化、私利化的趋势，保证知识生产的社会公共价值。在知识经济社会中，学科在以知识生产为终极目的之外，还应将自身发展置于社会大变革、市场需求以及全球公共利益的可持续发展框架下，注重知识创造价值与知识增值的服务效应。[②]因此，地方本科高校学科治理权配置应以

[①] 王树国：《高等教育需要与社会发展深度融合》，2020年12月1日，https://www.sohu.com/a/435680115_759141，2022年8月1日。

[②] 陈亮：《学科治理：内涵特征、权力属性与逻辑构架》，《西北师大学报（社会科学版）》2022年第5期。

第二章　地方本科高校学科治理权配置的价值遵循和框架建构

社会公共价值为重要指向。

3. 管理性价值向度：效率价值和法治价值

管理性价值是指学科治理权配置要满足组织管理需要的价值。学科治理权具有管理属性，源于学科的组织建制特征，这就要求学科治理权配置也要遵循组织管理的相关要求；另外，通过学科治理权配置实现学科治理的目的性价值，就必须借助一定的组织管理手段，遵循工具性价值要求，否则目的性价值也很难实现。因此，学科治理权配置要遵循组织管理的相关要求，体现管理性价值。

效率成为价值范畴的根据在于任何资源的供给在一定时期内总是有限的，即资源的"稀缺性"。因此，人们努力追求资源配置的效率，把它作为行为选择的标准之一。[1] 管理的基本目的就是以最少的人力和材料的消耗来完成手头的工作，效率是行政管理价值中的头号公理。[2] 高校特别是地方本科高校的学科治理就是在有限的资源条件下发展学科。学科和学术既有联系，都以知识生产为根本目的，遵循创新价值和自由价值；但两者也有区别，从学术角度来讲，资源被假设是无限的，不着重考虑资源投入和产出比率，学者一般遵循自由原则从事知识的创新，较少考虑外在制约因素；而学科除了学术的内在属性外，还具有管理属性，要考虑学科生存问题，考虑在有限的资源条件下如何配置资源更有利学科发展，要进行综合考量。因此，学科治理权配置必须合理遵循效率价值。

法治价值是当代知识社会中学科治理权配置的重要管理性价值。法治是现代国家的治国根本，是依法办事的态度观念和价值取向。人类社会文明的发展，是一个法治取代人情逐渐成为社会主要规范的过程。[3] 从组织管理角度分析，学科治理权配置一方面要在多元主体间进行分权

---

[1] 董立平：《高等教育管理价值通论》，厦门大学出版社2014年版，第206页。
[2] 陈振明：《从公共行政学、新公共行政学到公共管理学——西方政府管理研究领域的"范式"变化》，《政治学研究》1999年第1期。
[3] 丁冬汉：《现代国家政治能力建构的逻辑（上）》，上海人民出版社2020年版，第332页。

制衡，发挥专业分工效应；另一方面，要在厘清主体间权责的前提下，为满足组织管理属性要求，加强多主体间的协调、合作，发挥整体性的组织协同效应，最终实现知识生产的根本目的。在知识生产模式2和模式3下，参与知识生产的主体越来越多，从模式1的高校内部扩展到高校外部。如果不能遵循法治的价值原则，按规则明晰权力边界和按权责一致原则行使权力，一元权力独大、权力滥用的现象就会屡见不鲜，知识生产效率和根本目的也很难实现。因此，为实现知识生产的效率最大化，并保障效率价值符合最高价值准则要求，学科治理权在多元主体间的配置应遵循法治价值。

三 学科治理权配置的价值秩序

上文构建的多维多层级价值环模型由1个最高价值准则，3个价值向度和6个具体价值组成，为分析学科治理权配置问题提供了基本的价值遵循。从价值环模型可以看出，学科治理权配置的价值领域是广阔的，不能用单一的价值取向遮蔽多维多层级价值的丰富性。那么，在这多维多层级的价值之间，是否存在着一定的价值秩序呢？在一般价值秩序理论基础上，为实现知识生产的根本目的，学科治理权配置应该确立什么样的价值秩序，这是本部分要探讨的问题。

（一）价值秩序解读

秩序是作为一个组织系统所必需的，没有秩序就没有组织系统的正常运转，它是人们在社会生活的相互交往中依据一定的社会规范形成的。[1] 德国哲学家马克斯·舍勒（Max Scheler）认为，价值的等级结构是价值存在的基本方式，它构成了价值领域内一种先验的本质秩序，所有的价值本质上都处于一种等级序列之中。[2] 在罗尔斯看来："某些法律和制度，不管它们如何有效率和有条理，只要它们不正义，就必须加以

---

[1] 董立平：《高等教育管理价值通论》，厦门大学出版社2014年版，第240页。
[2] 孙伟平：《论价值原理及其意义》，《人文杂志》1997年第6期。

第二章 地方本科高校学科治理权配置的价值遵循和框架建构

改造或废除。"① 从这些哲学家的论述中可以看出,价值之间是存在着秩序结构的,有主要和次要之分,比如正义是社会制度的首要价值,和效率等其他价值相比具有优先性。

教育领域内就是否存在价值秩序有两种不同的看法。一派以杜威为代表,认为教育的诸多价值之间不存在一个先验的价值秩序,只存在特定情境中不同价值之间的比较;另一派认为,不同的教育价值之间存在轻重和先后的秩序。② 比如,目的性价值高于工具性价值,不仅在不同价值类型之间存在秩序,就是在价值类型下的一些具体价值,也存在较为明确的价值秩序。其实,两派的说法各有一定的合理性。价值秩序是为一定的行为目的服务的,很难说在当前的复杂组织行为中,单一价值能够承担所有价值服务的任务,一般会有一组价值组合在一起,共同为组织行为提供价值指引。多元价值如果没有任何先后轻重次序,怎么组合都可以,则怎么选择都是对的,预定的目标也将变得可有可无,容易陷入价值的相对主义。但不可否认,价值是一种主观判断,主体生活在一定的社会中,主体的价值判断也往往受一定的社会情景制约。

基于以上分析,本书认为价值秩序是价值存在的基本方式,但价值秩序格局会受特定社会情景影响。在教育领域,一定的教育发展目标决定价值秩序,价值秩序会受特定的时代和社会背景影响出现背离目标的现象。但总的来说,一个基本的价值秩序是必需的,是实现教育发展目标的基本遵循,当价值秩序出现扭曲时,应以目标为方向,及时调整秩序格局。当然,如果特定社会情景是符合时代发展趋势的,也应根据变化了的社会背景调整发展目标,稳定价值秩序。

(二) 学科治理权配置的价值秩序分析

学科治理权配置是为实现学科发展和知识生产的最终目的,学科

---

① [美] 约翰·罗尔斯:《正义论》,何怀宏等译,中国社会科学出版社1988年版,第3页。
② 石中英:《教育的价值秩序》,《北京教育(普教版)》2017年第4期。

治理权在进行合理分解后，在多元主体之间进行的划分。由于价值秩序关涉个人的立场，不同主体基于自身立场的考量，会作出不同的价值排序。因此，学科治理权多元主体在作出价值判断时自然会选择最有利于自身利益的价值排序格局，而且每个主体心中有一套自己的价值秩序，价值冲突也就在所难免。因而，为实现知识生产的最终目的，使知识生产活动有序进行，必须确立适切的价值秩序，协调学科行动者间的利益关系。

根据前文所述的价值分类理论以及价值环模型，知识生产是学科治理权配置的终极目的，也即最高价值准则，优先于其他价值。在最高价值准则之下，学科治理权配置又分为学术性价值、社会性价值和管理性价值。其中，学术性价值和社会性价值属于目的性价值，即学科治理权配置首先要满足内在的学术发展目的和外在的学术应用目的；管理性价值归属工具性价值，即学科治理权配置通过使用一定的管理性手段达到实现学术性价值和社会性价值的目的。目的性价值是基本的价值，工具性价值是相对于基本目的而言的手段的价值，对于人来说是间接价值，只能满足实现目的的需要。因此，学术性价值和社会性价值优先于管理性价值。

而就学术性价值和社会性价值来说，学术性价值是根本，学术产出是服务社会的前提，因此，社会性价值的实现依赖于学术性价值的实现。但随着知识生产模式2和模式3的发展，高校的知识生产越来越依赖社会，特别是地方本科高校，作为应用性知识生产基地，其学科发展需要与产业行业合作，受区域经济产业结构和发展水平影响越来越大，社会性价值的重要性进一步提升，甚至有些学科需要社会性价值的实现以促进学术性价值的实现。就地方本科高校中的"双一流"建设高校来说，不同学科与社会之间不是等距离的，偏基础性学科因与产业、公众存在一定距离，就表现为学术性价值优先于社会性价值；偏应用性学科因与产业、公众距离较近，有些就体现为社会性价值与学术性价值居于同等重要地位。因此，就地方本科高校而言，可以认为学术性价值优先于或在一定社会情境下同位于社会性价值（本书中的"同位于"是指两个价值在一定的社会情境下处于同等重要的地位）。

综上所述，最高价值准则优先于学术性价值和社会性价值，学术性价值和社会性价值优先于管理性价值，学术性价值优先于或同位于社会性价值。地方本科高校学科治理权配置的价值秩序如图2-4所示。从图2-4中可以看出，每个价值向度下的具体价值之间也有一定的秩序关系。

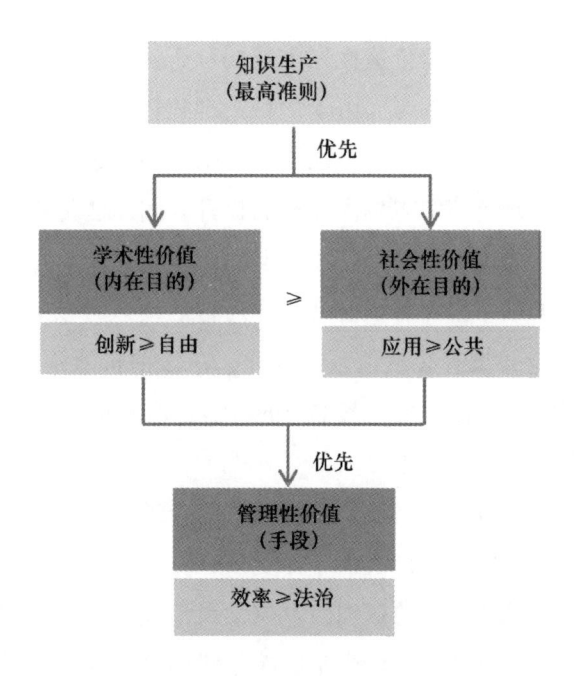

图2-4 地方本科高校学科治理权配置的价值秩序图示

注："≥"表示优先于或同位于。

学术性价值内部创新价值优先于或同位于自由价值。对于学科治理权配置而言，实现知识创新是最终目的，自由是实现知识创新的手段，因此，一般情况下可以认为，创新价值优先于自由价值。但由于自由价值太过于重要，在没有明确目的的情况下，自由通常可以实现意外"创新"，创造其自身的目的价值。也可以说，在知识生产领域，在一定社会情境下，自由价值有时和创新价值同等重要。

社会性价值内部应用价值优先于或同位于公共价值。在地方本科高校，应用价值是学科发展的重要目的性价值，也是学科发展的活力所在，公共价值是应用价值的有益补充，因而应用价值优先于公共价值。但当知识生产被过度市场化、商品化而损害知识生产自身时，应当提升其公共价值，保障知识生产的公共性。因此，在一定社会情境下，公共价值有时和应用价值同等重要。

管理性价值内部效率价值优先于或同位于法治价值。管理的本质是追求效率，提高生产效率，而由于学科治理权由多元主体参与，如果不能按规则参与治理，遵循权责一致原则，则又会像过去那样容易出现权力滥用现象，影响整体知识生产效率的提升，因而法治是提高效率的重要手段，效率价值优先于法治价值。但同时应认识到，本书的效率价值是指知识生产的效率，而非当前高校中通行的绩效考核的效率，效率和论文项目的多少并没有必然关系。因此，在法治价值不彰显的前提下，效率价值容易出现扭曲，失去其本身的科学合理内涵。在此意义上来说，法治价值与效率价值同等重要。

价值秩序为地方本科高校学科治理权的合理配置提供了明确的价值遵循，但不可否认的是，价值秩序深受所在社会情境的影响，在配置实践中，时常因为价值秩序的颠倒而影响学科治理权的合理配置和知识生产目的的实现。因此，价值秩序是影响学科治理权配置的重要因素，合理价值秩序可以为学科治理权配置提供正确价值指导。

第二节 地方本科高校学科治理权配置的框架建构

借鉴已有研究文献和理论基础，本节构建了地方本科高校学科治理权配置框架。学科治理权配置的框架构建包括学科治理权分解、学科治理权主体识别、学科治理权（主体）间协调互动机制的建立等三方面的内容。根据分权制衡理论和知识生产模式理论，学科治理权分解为学科指导权、学科决策权、学科执行权、学科参与权和学科评价权五个子权力；根据价值环模型，识别学科治理权主体；根据网络治理理论，设计学科治理权（主体）之间的协调互动机制。

一 学科治理权的分解

学科治理权是一种涉及多元主体、多项事务的综合性权力，依据不同的分权标准，学科治理权有多种分解方法。学界通常将高校权力分为政治权力、行政权力、学术权力、民主权力和资本权力等，这种分类方法主要以权力性质为标准分类，更有利于大学治理权力的分类。与这种分类有所不同，本书中的分类方法是紧扣为学科治理服务的，兼顾主体和过程标准分类，有利于从主体和过程两方面分析学科治理问题，比较符合本书研究需要。本书通过对分权制衡理论的修正，结合地方本科高校学科治理实践，提出高校内部学科治理权的组成架构，即学科决策权、执行权和评价权；根据知识生产模式理论，结合当代知识生产现状和未来趋势，提出高校外部参与地方本科高校学科治理的权力构成，即政府的学科指导权、产业的学科参与权和社会公众的学科评价权。将两者相结合，提出学科治理权的具体分类。

（一）修正分权制衡理论与高校内部学科治理权分解

前文在理论基础部分已经谈到，分权制衡理论处于不断的发展中，在不同的领域有不同的分权框架。本书在已有研究基础上，以决策权、执行权、监督权分权框架为参考，根据研究需要，对此分权框架进行修正并提出适合本书的分权框架。

目前有两种比较典型的分权制衡框架。一种是将国家权力划分为立法权、行政权和司法权的分权方法；另一种是适用于基层和组织内部，将权力划分为决策权、执行权和监督权的分权方法。从决策权、执行权和监督权的分权架构在行政管理领域和公司治理领域的实践来看，有利于防止权力过度集中和滥用。这种分权是按照权力运行的阶段和过程划分的,是分的"事权",而非政治学领域的"法权",是权力实施过程中对事务管理的权限。政治学领域的"三权分立"需要设立三个互不隶属、分别行使三种权力的政权机构,这种分权设计在实践上只能适用在比较宏观的政权结构层面,具体到基层政权和每个部门的权力配置,机械地分设三个独立机构很难实现。而按权力运行过程和阶段进行分权制衡的框架,具有较大的灵活性,在宏观和中观层面,可以采取分设独立机构的办法;而在基层和具体部门内部,则可以通过建立一定的机制,使决策权、执行权和监督权之间形成制约。① 比较上述两种分权制衡框架可以看出,高校学科治理适合采用适用于基层和组织内部的分权制衡框架。这是因为高校治理领域权力和国家宏观权力不具有可比性,没有独立的立法权和司法权;且相比较立法功能和司法功能,决策和监督功能在高校更为重要也更受重视。

就地方本科高校学科治理权而言,决策权、执行权和监督权的分权制衡框架仍然有其局限性,需要作进一步修正。

有关监督权的适用性问题。目前在公司治理和行政管理领域的分权制衡框架中,普遍采用的是决策、执行和监督相互制约的框架。但需要明确的是,高校治理和公司治理、行政管理有所不同,如果说公司治理和行政管理领域更注重过程管理,对决策和执行进行全过程监督非常重要。那么,作为以知识生产为主要任务的高校组织,具有松散耦合特征,对知识生产过程更多的是需要提供保障支持,给予知识生产者充分的信任和自由,即"建立在规则之上的自由",而不是频繁的监督检查,过程管理理念并不太适合高校治理特别是学科治理。就学科治理活动而言,恰当的应是对治理后的效果即知识产出成效的评价,而后将评价结果反馈给决策和执行主体,从而对其不足进行改进。因此,根据研究对象的特殊性,对上述三权分立框架进行修正后认为,高校内部学科治理权更

---

① 郭蕾:《法治视野下政府权力制约机制研究——以决策权、执行权、监督权相互制约为视角》,郑州大学出版社2012年版,第5—7页。

第二章 地方本科高校学科治理权配置的价值遵循和框架建构

适合采用决策权、执行权和评价权的分权制衡框架。

(二) 基于知识生产模式理论的高校外部学科治理权分解

根据知识生产模式理论,从知识生产模式1到模式2,再到模式3,知识生产的主体从"大学"到"大学—产业—政府",再到"大学—产业—政府—公众"。知识生产的参与主体逐渐多元化,从高校内部扩散到高校外部。因此,作为承担应用性知识生产的地方本科高校,其学科治理权在高校内部进行配置外,还应根据高校外部政府、产业和公众各自在高校知识生产活动中承担的功能,配置给相应的权力,并使权力之间形成既相互制约又协调互动的关系,构成一个完整的地方本科高校学科治理权配置网络。根据知识生产模式理论,高校外部学科治理权可以分解为政府的学科指导权、产业的学科参与权和社会公众的学科评价权。

一是学科指导权。从功能角度分析,高校是典型的学术组织,以知识生产为核心功能,治理过程具有典型的松散耦合特征;而从组织特征角度分析,我国高校特别是公立高校又是典型的准行政组织,以追求绩效为首要目标,治理过程具有科层制之形。美国教育学者伯顿·克拉克在对多国高等教育系统进行研究后指出,划分和组合学术活动的基本方式有两种,即根据学科进行划分和组合及根据院校划分和组合……这种学科和院校组织方式的相互交叉就形成了学术系统的"矩阵结构"。[①] 因此,高校学科治理如何在松散耦合和科层制模式中寻得平衡,达到学科治理权的合理配置,实现高校学科治理的核心功能,是高校学科治理权配置的重要任务。

根据知识生产模式理论,在知识生产模式3下,政府的角色定位是"服务型"和"指导型",主要发挥协调功能。作为一个高等教育后发型国家,我国地方本科高校一方面作为生产应用性知识的学术组织,具有

---

① [美] 伯顿·克拉克:《高等教育系统——学术组织的跨国研究》,王承绪等译,杭州大学出版社1994年版,第33、36页。

学科治理自主权；另一方面作为中央和省级政府管理下的准行政组织，其学科治理在保持自主治理的同时，须接受政府的政策指导，并有权得到政府的相关服务。因此，政府在地方本科高校学科治理中的权力主要通过政策、规划及标准等的制定来体现，通过政策制定来指导地方本科高校的学科治理，可以把政府在地方本科高校学科治理中的这种权力概括为学科指导权。

二是学科参与权。在知识生产模式2和模式3下，知识的生产和应用紧密地整合在一起。知识市场的扩张和知识的市场化程度越来越深，高校单一组织内研究已不能满足知识生产的需要。[①] 在知识经济时代，产业的强大影响力要求传统高校的知识生产方式转向应用情景和社会需求，强调知识生产逻辑从"学术性、同质性、单学科"转向"应用性、异质性和跨学科"。[②] 产业直接参与高校知识生产过程已是必然趋势，产业提供对新知识的需求信息并提供智力支持，与高校合作进行生产研究和科技转化，由此实现知识的非线性生长和区域层面创新。在不久的将来，在某个领域或某个产业，高校将仅仅构成知识生产网络的一部分，且不再处于知识生产的优势地位。因此，地方本科高校应与产业合作生产知识，并积极搭建平台吸纳产业主体参与高校知识生产和相应的学科治理活动。可以把产业在地方本科高校学科治理中的权力概括为学科参与权。

学科参与权和其他几类权力不同的是，学科参与权具有弥散性特征。吉本斯等认为，在知识生产新模式下，知识生产呈现弥散式特征，社会弥散式知识管理时代已经到来。[③] 知识生产的弥散式特征主要表现为知识生产场所的弥散和主体的弥散，因此，产业的学科参与权应体现在知

---

① [英]迈克尔·吉本斯等：《知识生产的新模式——当代社会科学与研究的动力学》，陈洪捷等译，北京大学出版社2011年版，第40页。
② 陈涛、韩茜：《四螺旋创新集群：研究型大学人工智能发展生态重构与路向探究——以加拿大多伦多大学为例》，《重庆高教研究》2020年第2期。
③ [英]迈克尔·吉本斯等：《知识生产的新模式——当代社会科学与研究的动力学》，陈洪捷等译，北京大学出版社2011年版，第147页。

识生产的多个场所和与多个主体合作。产业要参与政府的学科政策制定、学校层面的学科规划及统筹决策,以及学院层面的学科具体决策和知识生产活动。

三是学科评价权。和知识生产模式2相比,知识生产模式3新增加了"公众"这一主体,旨在将第三方组织、社会团体和社会力量引入重要事项的决定中,平衡其他主体的目标局限性,克服产业主导带来的过度"私利化",突出知识的社会效益。地方本科高校知识生产在政府的政策指导下,由高校学者和产业界合作生产,但最终生产成效如何,要接受其他主体的评价。也就是说,要建立起高校内外部知识生产评价机制,这也是地方本科高校质量保障体系的重要组成部分。前文根据分权制衡理论已在校内分设了评价权,而校外的评价主体则应是社会公众。地方本科高校作为准公共组织,其知识生产除了满足知识人的好奇心,更要推动经济社会的发展,满足社会公众对美好生活的向往。因此,社会公众掌握着对高校知识生产进行评价的权力,这种权力并非由高校或政府赋予,而是作为社会公众自然获得的权力。

在知识生产模式3下,学科的发展离不开社会公众对其的评价,公众对高校学科治理成效的认可和宣传也是高校自身发展的主观需求。社会公众主要发挥着反馈、监督及提供知识信息服务的功能。公众既具有市场的灵活性和公平性,可以随时根据市场的变化调整和优化自身的知识信息服务;又具有公共性,能够引导知识生产朝向公共利益实现的方向。社会公众通过一定的组织形式定期搜集高校各类知识信息,依据一定的标准进行整理和分析后,通过一定的信息发布机制和平台,发布各类评价报告或高校、学科排行榜,使信息需求者能够快速掌握相关信息,这也是促进知识共享与创新的基本条件。

综上所述,本书在对分权制衡理论修正的基础上,与知识生产模式理论相结合,最终形成地方本科高校学科治理权的分权框架。相关理论与具体权力的关系及其分权框架形成过程如图2-5所示。

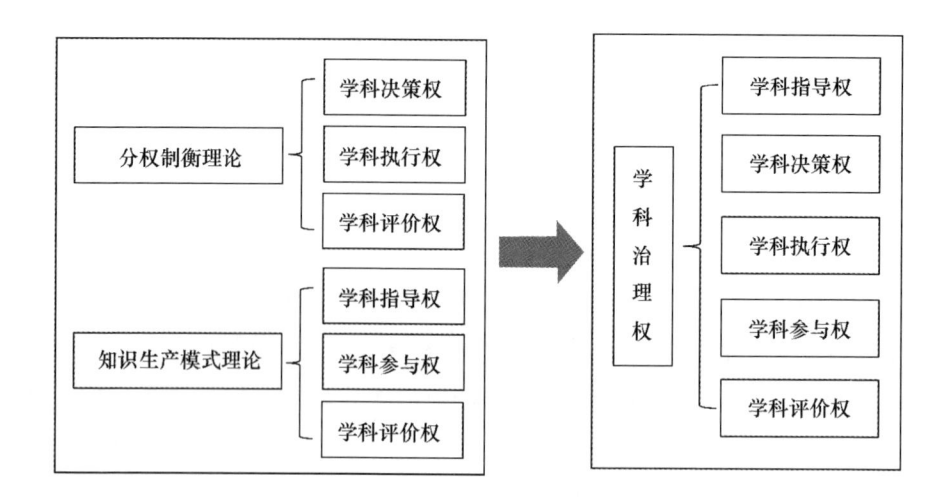

图 2-5　学科治理权分权框架形成过程示意图

从图 2-5 中可以看出，最终形成的学科治理权分权框架包括学科指导权、学科决策权、学科执行权、学科参与权和学科评价权五个子权力。五个子权力是根据学科治理权的运行过程和阶段划分的，它们之间有着逻辑上的先后关系，高校学科治理权运行首先要接受国家法律法规、教育方针及相关政策的指导；在学科指导权下，高校内部行使学科决策权；决策权的实现必须依靠执行权去完成；学科指导权、决策权的合理行使还必须落实参与权，吸纳多元主体参与；在上述权力运行过程和运行完成后，有必要行使学科评价权对上述权力运行成效进行评价监督，从而形成运行有序、"以权力制约权力"的学科治理权分权框架。

二　学科治理权主体的确立

上文通过对理论基础的修正及借鉴，结合地方本科高校学科治理权实际，形成学科治理权的分权框架。但是，研究学科治理权配置，仅仅分解权力是不够的，还必须明晰相应的权力主体。且本书假设当前高校学科治理权实施中存在权力失衡问题，研究目的主要是探索多元主体权力如何通过重构和配置实现分权制衡，解决主体间的权力失衡问题。因此，本部分将在上述权力分解基础上，进一步分析确立相应的权力主体，为学科治理权配置框架的构建奠定基础。

价值环模型和知识生产模式理论相结合，为学科治理权主体的识别提供了依据。知识生产模式 3 理论提出，知识生产的主体包括大学、产业、政府和社会公众，但这些主体具有模糊性，要具体落实学科治理权的行使主体，必须在此基础上进一步明确到具体组织或个人。价值环模型从价值角度为学科治理权主体的识别提供了思路。价值环模型来源于对学科治理权属性的分析，是学科治理权配置应遵循的价值体系。反过来，多元主体要实现价值环模型所包含的价值要求，就必须赋予相应主体一定的权力和责任，价值环模型所包含的价值内容为学科治理权主体的识别提供了价值依据。根据价值环模型，学科治理权配置的价值体系在知识生产的最高价值准则之下，由学术性、社会性和管理性三个向度的价值构成。相应价值的追求必须由具体的组织或个人去完成，价值追求的过程也是权力主体完成相应学科治理任务的过程。因此，根据价值内容探讨价值主体也是对学科治理权主体的识别。

学术性价值是学科治理权配置的内在追求和要实现的首要价值，具体包括创新价值和自由价值。那么，哪些主体是学术性价值的主要追求者呢？无论是从创新还是自由角度来看，高校学者都是学术性价值的主要追求者，而学术性价值是学科治理权配置的首要价值，因此，学者应在学科治理权主体中居于核心地位。根据知识与决策权匹配理论，组织的决策质量取决于知识和决策权的匹配程度，使二者匹配的方法有两种，一是将知识转移给具有决策权的人，二是将决策权委托给具有知识的人，专业性组织一般采取第二种方案。① 高等学校作为典型的专业性组织，应将学科决策权转移给具备专业知识的学者。基于上述分析，以学者为核心组成的校院两级组织应是学科决策权的主体。

社会性价值是学科治理权配置在追求学术性价值的基础上，服务产

---

① 王礼鑫：《公共政策的知识基础与决策权配置》，《中国行政管理》2018 年第 4 期。

业、社会发展需要的价值，具体包括应用价值和公共价值。应用价值的追求主体主要包括高校外部的企业、产业行业研发中心和高校内部的学生，他们通过参与高校学科治理以实现自身的价值。因而，企业、产业行业研发中心和学生是高校学科治理的参与者，他们主要是学科参与权主体。公共价值的追求主体主要是社会公众，他们通过成立一定的组织对高校学科治理成效进行评价，从而引导高校关注学科治理的社会效益。因此，代表社会公众的第三方评价组织被认为承担学科评价功能，是学科评价权主体。

管理性价值是学科治理权配置满足组织管理需要的价值，具体包括效率价值和法治价值。效率价值和法治价值的追求者主要是学科治理的管理组织或个人，具体包括高校外部的中央和省级两级政府，以及高校内部的学科管理部门和管理人员。管理性价值作为工具性价值是为目的性价值服务的，因此，政府和高校内部行政管理部门及人员应是以服务高校学科治理为主要职能，政府作为学科政策的主要制定者主要承担对高校学科发展的指导功能，拥有学科指导权；高校内部学科管理部门和管理人员主要承担对学科决策的执行功能，拥有学科执行权。

识别学科治理权主体后，将其归属于相应权力，从而实现具体权力在多元主体之间的静态划分，本书将在此根据前文确定的学科治理具体权力之间的逻辑顺序，对学科指导权、学科决策权、学科执行权、学科参与权和学科评价权等五类主体进行详细分析。

（一）学科指导权主体分析

中央及省级政府，对地方本科高校学科治理拥有学科指导权。政府通过政策制定、资源配置、项目治理等多种统筹协调方式指导地方本科高校学科治理。协调知识生产主体和需求主体的矛盾和冲突，协调高校内外部的合作事宜等，使供需趋于动态均衡，为高校内外部的生产主体之间、生产主体与需求主体之间的合作提供支持。高校选择什么知识以及知识生产的路径、方法和模式都深受教育行政管理部门制约，被深深地打上了行政化烙印。

我国高等教育的后发型特征决定了政府在高校学科治理方面应发挥政策指导作用。我国高等教育特别是地方本科高等教育并非自发生成，发展到一定阶段后纳入国家教育管理体系的，而是在国家进行高等教育顶层设计并建立管理体制后逐渐发展壮大的。因此，我国政府对地方本科高校学科治理的政策指导功能必不可少。本书以具有研究生培养资格的地方本科高校为研究对象。根据2022年教育部统计数据，我国2022年地方本科高校共有1125所，其中公办本科高校有725所；具备研究生培养资格的地方本科高校共有485所，民办院校仅有6所。[①] 由此可以看出，我国地方本科高校基本以公办为主，由国家出资举办并进行宏观管理。中央及地方政府为地方本科高校学科治理提供政策引导和资源供给，政府发挥政策指导功能为地方本科高校学科治理提供了重要保障。

需要说明的是，本书的研究对象为地方本科高校，具体探讨地方本科高校学科治理权在多元主体之间的配置，即权力配置的客体问题，权力配置主体非本书研究的重点。从上文分析可以看出，我国地方本科高校学科治理权配置的客体不能仅限于高校内部，中央及省级政府是学科治理权配置的客体之一，也即地方本科高校学科治理的当然主体，其通过政策指导、资源配置等方式承担对地方本科高校学科发展进行指导的功能。这里的资源配置并非单独的资源配置权，而是学科指导权的一种运行方式，下文中的学科决策权也涉及资源配置方式。

（二）学科决策权主体分析

学科决策权主体是指就有关学科事务治理有权作出决策的主体。高校拥有学科决策权也是高校办学自主权的体现。根据治理理论，治理的核心要义是多元主体的参与和协同，强调各方在平等协商、达成共识的基础上形成决策。[②] 因此，本书认为地方本科高校学科决策应采用委员

[①] 教育部：《2022年教育统计数据——高等教育学校（机构）数》，2023年12月29日，http://www.moe.gov.cn/jyb_sjzl/moe_560/2022/quanguo/202401/t2024110_1099531.html，2024年4月12日。

[②] 俞可平：《治理和善治：一种新的政治分析框架》，《南京社会科学》2001年第9期。

会制，决策权主体由学者、行政管理人员及相关代表等多元主体构成，但学者在学科事务决策中有较大的决策权。

本书的研究从学校和学院两个层面确立学科决策权主体。在学校层面成立学科治理委员会，学科治理委员会可以挂靠在学术委员会或学科发展规划处。学科治理委员会应选拔一部分学术委员会成员作为主体，相关校领导和学科管理部门人员以及普通教师、学生、产业行业人员等各类代表按一定比例参加，具体比例由各高校根据本校学科结构以及与经济社会的联系程度决定。学术委员会由各学科领域的专家组成，是最能代表高校教师行使学科治理决策权的主体。需要注意的是，根据治理理论，学科治理决策权应是以学者为主导的多元主体共同参与的权力。校领导和行政部门人员对学科的总体规划、资源调配等发挥着重要作用，学科发展一定是在一定资源条件下的发展。因此，必须有相关校领导和行政部门人员参与进来，但绝不能是行政部门和人员控制学科决策，学科决策权仍应以部分选拔出来的学术委员会成员为主导，听取其他主体的意见，共同作出学科相关决策。

学院学科决策权可通过基层学科组织实施。学院一般是承担一级学科、二级学科治理的主要单位，主要发挥学院学科带头人、院长的作用，通过学院的学术委员会、教学委员会等组织实施。由于地方本科高校一般属多科性结构，学院规模小，教授数量有限，在高校内部的"矩阵结构"中，学院层面本身承担着行政管理和学术发展的双重责任，因此，院系领导往往和院系学术委员会人员重合比例大，因此，在院系层面更多的是一种共同治理。且文科、理科及工科等不同类别学科的治理模式不尽相同。因此，学院和基层学科层面可以结合本学科实际，通过适当的组织和机制，充分调动学科带头人、院长、教师群体、学生代表和相关产业代表的积极性，实现共同治理。

（三）学科执行权主体分析

高校相关职能部门承担学科治理的执行功能，拥有执行权。高等学校兼有学术性和科层制的双重组织特性，是一个结构功能复杂的社会组织。各类社会组织在发展过程中逐渐形成了多种组织结构形式，其中占主导地位的有直线制、职能制、直线职能制、事业部制和矩阵制。① 目前我国高校一般采用直线职能制的组织结构安排，其优点是既保证了集中统一指挥，同时又实现了管理的专业化；其不足是容易造成工作中横向信息沟通不畅、职能部门被授予的权力过大以及这种按职能分工的组织通常弹性不足从而导致对环境变化的反应比较迟钝。② 在直线职能制下，有学者把高校职能部门的职责概括为"参谋协调"，即为学校决策提供"参谋咨询"，为学院提供"服务协调"，此外，在执行参谋协调职责过程中还有一定的决策权力。③

在"参谋协调"和一定的决策职能之外，高校学科管理部门的一个重要职能就是"执行"。高校行政领导、学科决策部门做出的决策要传达到学院，一般通过相关职能部门进行，因此，执行也是高校职能部门的重要职能。和政府与企业组织不同，高等学校是知识生产的组织，学科治理委员会是学科治理的决策主体，因此，高校职能部门应执行学科治理委员会就学科治理事务做出的决策。特别在当前我国已经实现高等教育普及化以及第四次工业革命到来的时代背景下，学校规模急剧扩张，职能日渐增多，学科不断分化和重组，高校相关职能部门应及时调整与学科决策部门的关系，在服务学科治理、执行学科决策过程中发挥切实作用。

（四）学科参与权主体分析

学科参与权主体是指有权参与高校学校治理的产业主体，具体包括企业、产业行业研发中心以及普通师生等。从知识生产的历史来看，高等学校成为知识生产的中心仅仅是文艺复兴之后的事情，在之前的很长历史时期内，知识是生产于高校之外的，知识生产者大多在高校

---

① 史秀云：《管理学原理与实务》，中国金融出版社2012年版，第119页。
② 史秀云：《管理学原理与实务》，中国金融出版社2012年版，第121页。
③ 李福华：《治理现代化视野中高校职能部门的管理决策》，《高等教育研究》2021年第11期。

外部。[1] 当前，随着第四次工业革命的来临，技术与生活将不再"泾渭分明"。[2] 在知识生产过程中，知识的需求者将日益重要。高校总是要面对为谁生产知识的问题，高校生产知识离不开用户，如果没有用户，知识生产就会停摆。[3] 高校承受的来自政府的压力不断增强，政府要求它们把课程设置和就业联系起来。高校和工业界建立起了新型关系，知识正日益以满足需求主体的要求为目的而不是以知识本身为目的。

在开放知识环境中，知识需求者参与高校知识生产是当前知识生产的重要特征。企业、产业行业研发中心等产业主体已开始越来越多地参与知识的生产，并在某些方面成为知识创新的引领者。因此，高校特别是生产应用性知识的地方本科高校，一定要鼓励和支持高校和产业合作，构建有效的产业参与机制，让产业主体切实参与到地方本科高校学科治理中来，激活高校知识生产的活力。

知识是联系高校和用户的中介，也是高校与外部世界进行物质、能量与信息交换的本钱。还有一些社会机构如智库、专业团体等机构也参与到一些应用性知识生产中去，他们开发的知识直接运用于产业行业的生产活动。目前，还有一类研究者慢慢引起人们的关注，有学者认为，大数据、云计算和算法这三个关键技术的结合正在赋予人工智能生产知识的能力。[4] 人工智能作为知识生产主体是未来知识生产活动的又一发展趋势，至于人工智能能生产什么知识，对促进知识生产发挥多大作用，还有待观察。

在地方本科高校内部，普通教师作为直接的知识生产者，理应在基层学科治理中有充分的参与权，并在学校学科事务中有一定的参与机会。

---

① ［英］杰勒德·德兰迪：《知识社会中的大学》，黄建如译，北京大学出版社2010年版，第31页。

② 《达沃斯组织者谈"第四次工业革命"：技术与生活将不再"泾渭分明"》，2019年1月17日，前瞻网，https:// www. 360kuai. com/pc/91522aade98431a38? cota = 3&sign = 360 _ 57c3bbd1&refer_scene = so_1，2022年3月20日。

③ 刘振天：《知识、权力与利益：高校分类发展的难题》，《北京大学教育评论》2021年第2期。

④ 李仁涵：《智能时代高等教育模式研究》，上海大学出版社2019年版，第127页。

大学生作为知识生产的直接需求者，学科治理如何和他们的利益息息相关，应该给予学生一定的学科参与权。

（五）学科评价权主体分析

学科评价权主体是指依据一定的评价标准有权对高校学科治理成效作出判断并得出结论的组织或个人。评价主体主要是指对知识生产活动承担监督、评价及问责功能的主体。随着新管理主义在高校治理中的盛行，借助新管理主义改革高校学科治理已成为学科建设中的一个重要策略，各类学科评价越来越受到重视，以效率、效益为价值追求设计各种各样的学科评价指标，通过评价知识生产成效不断改革学科治理手段。过去，学科建设更多的是某一学科内部的事情，政府、高校负责资助经费。然而，当前越来越多的外在主体参与学科评价，使得高校的知识生产不再仅仅是教授的事，不再仅仅是象牙塔内的孤芳自赏，监督、评价、问责成为知识生产过程的必要组成部分。目前高校学科评价主要包括校内和校外两部分，学科评价是专业性活动，应由学科评价专业人士主导。

高校在学校层面成立学科评价委员会，对高校学科知识生产成效开展自评工作。学科评价结果对高校、教师和学生等主体影响重大，因此，高校内部评价也应采用委员会模式，听取多元主体的意见和建议。在学科治理委员会和相关职能部门之外另外成立学科评价委员会，主要基于两方面的原因：一是决策权、执行权和评价权的分权制衡需要，以便充分吸收多元主体参与学科治理并有相对独立的参与平台；二是目前有关学科治理事务的评价项目比较多（比如学科评估、学位点评估、专业评估、专业认证、课程评估、本科教学工作审核评估、本科教学状态数据采集、本科教学质量年度报告等），这些评价项目由教育部、省级教育行政管理部门或高校组织开展，在具体实施时分散在各个职能部门，经常出现重复收集资料、数据打架及人员疲于应付等问题。因此，亟须有一个组织统筹这些学科相关的评价项目，对各职能部门进行整合，明确各职能部门横向分工和相互联系，形成一个运行通畅的高校评价系统，从而提高评价成效，减少人力、物力、财力的浪费。学科评价委员会具体来说主要由学科评价专家、学生代表、教师代表、职能部门人员组成，并根据具体学科事务的类型可邀请校外人员参与，建立开放的高校学科评价机制。

高校外部学科评价主体由社会公众实施，社会公众是一个笼统的群体，必须借助一定的组织发挥评价功能。高校学科评价最先是由高校外部组织实施，有政府组织或与政府关系密切的评价主体，如教育部本科教育教学评估、教育部学位与研究生教育发展中心定期组织实施的学科评估。[①] 这些评估都对一个高校知识生产成效、学科治理状况给出结果评价，其结果与该校获得的经费资助、各种评奖等有直接关系。有一些非政府的第三方评价组织如各种有关大学或学科的排行榜，他们通过收集高校有关学科发展信息，然后对高校进行排名。在政府之外由社会公众成立第三方评价组织，可以对政府、产业和高校的学科治理权形成制约，提高高校学科治理和知识生产的社会公共属性。

通过上述分析，地方本科高校学科治理权的五类权力主体分别得以明确，为后续的权力配置研究奠定了基础，具体权力与相应主体之间的关系如图2-6所示。从图2-6中，我们可以看出，学科治理权分解为五个子权力，并识别相应的权力主体，实现了权力在主体间的划分，有利于实现权力主体间的分权制衡。需要说明的是，以上对学科治理具体权力与相应主体的分类并不是绝对的，某一具体主体也许会分属于不止一个权力类型，因为其所承担的功能是多样的，在知识生产活动中扮演着多样角色。比如政府一方面主要是学科指导权主体，指导、协调高校学科治理；另一方面，政府也代表国家对高校知识生产提出要求，应有学科参与权。但本书出于研究目的，将政府主要作为学科指导权的主体进行分析。对学科治理权主体进行排他性划分，某类主体仅归属于一个

---

① 从形式上来说，学科评估是学位中心以第三方形式开展的非行政性、服务型评估项目。但从实际运行来看，学位中心与教育部从经费、人员等各方面都有着千丝万缕的关系，还算不上非政府的、独立的第三方评价组织。

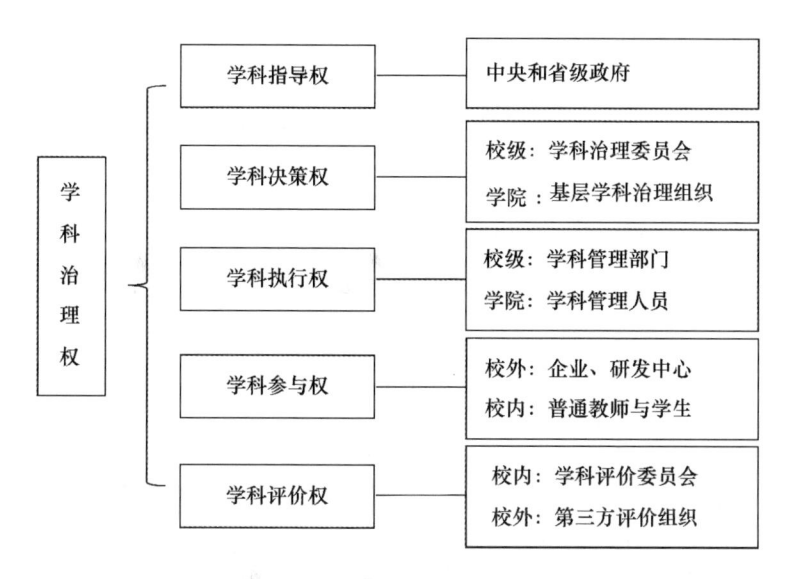

```
                    ┌─ 学科指导权 ── 中央和省级政府
                    │
                    │                ┌ 校级：学科治理委员会
                    ├─ 学科决策权 ──┤
                    │                └ 学院：基层学科治理组织
   学                │
   科                │                ┌ 校级：学科管理部门
   治  ──────────────┼─ 学科执行权 ──┤
   理                │                └ 学院：学科管理人员
   权                │
                    │                ┌ 校外：企业、研发中心
                    ├─ 学科参与权 ──┤
                    │                └ 校内：普通教师与学生
                    │
                    │                ┌ 校内：学科评价委员会
                    └─ 学科评价权 ──┤
                                     └ 校外：第三方评价组织
```

图 2-6 学科治理具体权力与相应主体关系示意图

具体权力，虽然个别主体有归属上的模糊性和些许瑕疵，但任何一种分类方法都不可能是完美无缺的。在实地调查过程中分析某一类权力配置困境时，除其对应的主要主体外，对其他主体也进行了分析，在一定程度上弥补了分类上的不足。总的来说，目前采取的分类方法以主体承担的主要功能为依据分类，满足了本书研究需要，为后续研究提供了适切的分析基础。

三 学科治理权配置的五权划分框架

分析框架是以叙述或图的形式，解释有待研究的主要事物，包括关键因素、概念、变量及变量间假定的关系，是开展研究的具体理论基础。分权制衡理论和知识生产模式理论相结合，为地方本科高校学科治理权分解提供了适切的理论基础；价值环模型和知识生产模式理论相结合，为学科治理权主体的识别提供了依据；网络治理理论为学科治理权（主体）之间的协调互动机制设计提供了支持。在上述对学科治理权进行分解、相应权力主体确立以及相互之间的协调互动关系建构的基础上，最终形成地方本科高校学科治理权配置框架，本书称之为"五权划分框架"，详见图2-7。

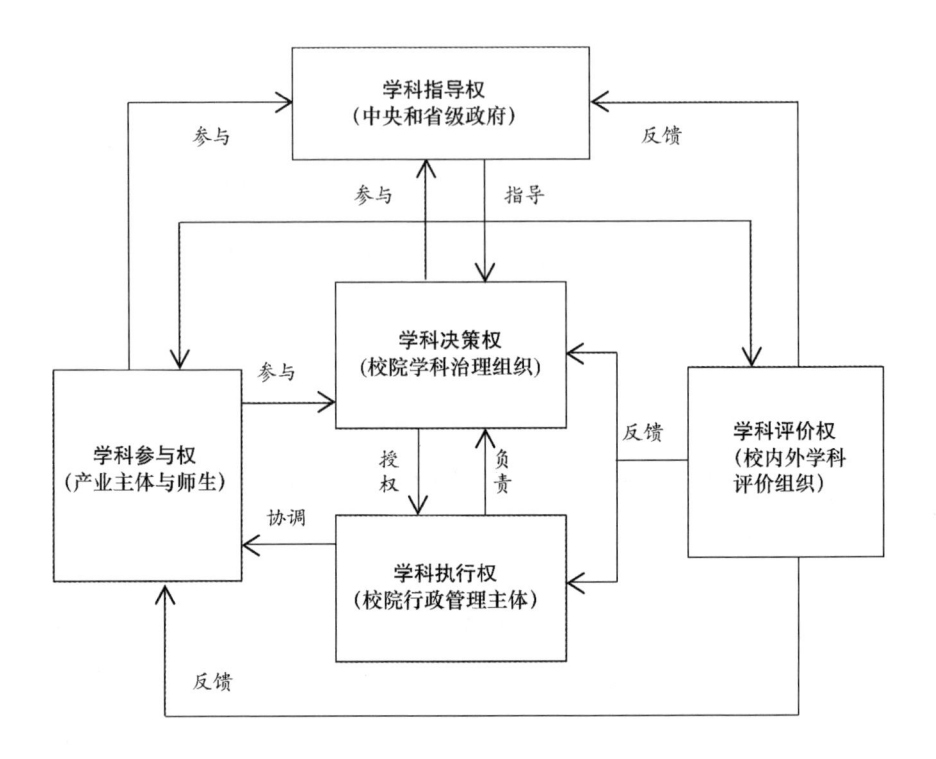

图2-7 地方本科高校学科治理权配置的五权划分框架

从图2-7中可以看出，地方本科高校学科治理权配置的五权划分框架呈现了多元权力（主体）之间既分权制衡又协调互促的双重关系和路线行程，最终在权力（主体）间的持续互动中实现学科治理权的合理配置，达至理想的权力均衡状态，也即最有利于知识产出的学科治理权配置状态。

在五权划分框架中，学科指导权发挥着政策引领作用，通过政策、规划、标准等规范性文件的制定和颁布对地方本科高校学科决策发挥指导及引领作用。政府的学科指导权受到学科决策权、参与权和评价权的节制，在这相关政策的制定过程中，政府应吸纳高校相关学科领域学者

第二章 地方本科高校学科治理权配置的价值遵循和框架建构

和产业行业人士代表参与，并认真审视和吸收学科评价主体反馈的评价结论，为政策的制定奠定良好民意基础。需要明确的是，在网络治理模式下，主体间建立信任机制很重要。高校是学科决策权的主体，政府发挥指导作用。那么，政府就应充分信任高校的学科决策能力，在行使学科指导权时保持克制，不因强势指导、过度指导而导致学科指导权异化为决策权，从而产生学科治理失败的风险。

学科决策权是学科治理权的核心，决策是否科学合理，对地方本科高校学科治理成效关系重大。决策权应遵循集体行使原则，实行委员会制，源于学科治理涉及多元利益主体，学者内部也因不同学科代表不同的学科利益。因此，高校学科决策应在政府的学科指导下，以学者为主体，吸纳相关校领导、职能部门人员，以及一定比例的普通教师和学生代表，同时根据要决策的学科事务性质邀请校外产业代表参加。在此基础上，共同组成校学科治理委员会就某项学科事务做出决策。学院的学科决策同样实行委员会模式，委员会以学院内部学科带头人、院长、普通教师和学生代表为主组成，必要时邀请与学科相关的校外产业人士参加。学科治理组织还应充分重视校内外学科评价结论，以此作为决策改进的部分依据。委员会制的决策模式，必然要求学科决策权主体在决策过程中要充分建构各类协调、学习机制，以有助于实现多元主体间的良性互动和共识的达成。

学科执行权在权力动态配置中发挥承上启下、左右联动的协调作用。学科执行权和决策权的分开设计也是本书的研究重点所在，在初步调研和实际工作中感受最深的就是地方本科高校的学科决策权和执行权均归属于行政系统主体，学者决策权弱位或缺位，执行者决策权强势。在五权划分框架中，执行权对决策权负责，同时决策者将会授权给执行者，由执行者负责决策权的顺利实施。执行者会接受学科评价主体的反馈，改进工作中的不足。执行者还负有协调产业主体参与高校内部事务的职能，通过搭建合作平台、建构参与机制等多路径切实保障学科参与权落到实处。

学科参与权是知识生产模式2和模式3下产业主体参与知识生产、实现知识生产主体多元化的重要保障。随着第四次工业革命的到来，科技、经济迅猛发展，对地方本科高校现有知识生产发起冲击，高校只有不断吸收外部信息并及时做出调整，高校学科治理及知识生产才能满足经济社会发展的需要。伯顿·克拉克认为，市场[①]和行政、学术主体不同的是，他们都有"正式的场所"，而市场协调时没有"上层的结构"[②]。因此，产业主体参与高校学科治理缺乏一个有机组织体系—协调，具有弥散性特点。弥散性是指分散化的产业力量参与高校学科治理的方方面面，从政府学科政策制定、高校学科规划和决策，到基层学科治理和具体知识生产活动等。基于这样的特点，构建体系化的产业参与机制至关重要。同时，普通教师、学生是学科发展的直接利益相关者，理应参与学科治理。

学科评价权的独立行使是制约指导权、决策权、执行权等其他权力不当使用的重要因素。校内设立单独的学科评价委员会，将目前分散在各职能部门的评价职能统筹整合，增强学科评价的专业性和学术属性，降低其管理导向影响。学科评价委员会以学科评价专家为主，吸纳相关职能部门人员、教师和学生代表组成。校内学科评价委员会定期将评价结果反馈给学校决策者和执行者，有助于其改进相关工作。在校外，社会公众参与知识生产活动是知识生产模式3的新要求，是对知识生产市场化、商品化的必要制约。社会公众组成第三方学科评价组织，通过该组织监督评价高校学科发展及知识生产状况。第三方评价组织通过公开发布等形式将结果反馈给政府部门、产业界及高校，为政府制定政策、产业界选拔人才和高校调整学科专业结构等提供参考。

综上所述，五权划分框架是分析地方本科高校学科治理权配置的一个适切框架，它遵循了"以权力制约权力"的分权制衡原则和知识生产

[①] 市场一般指买卖双方进行商品交换的场所，在指主体时侧重指产业行业及企业主体。
[②] [美]伯顿·克拉克：《高等教育系统——学术组织的跨国研究》，王承绪等译，杭州大学出版社1994年版，第177页。

第二章 地方本科高校学科治理权配置的价值遵循和框架建构

新模式下多元主体协调互促参与知识生产的理念。本书后续将围绕五权框架进行现状调研，并采用深度访谈等质性研究方法探究每个具体权力配置中存在的问题，进而对问题产生的原因进行分析及提出优化对策。

本书中的五权划分框架打破了以往权力配置中单一的"纵向—横向"的分析范式，构建了包含高校内外部、上下位权力的网络式权力配置的分析范式。下文在政策考察方面，主要依据"纵向—横向"的分析范式概括学科治理权配置的总体基本特征；在对个案高校实地调查方面，主要依据五权划分框架进行分析。从功能上来看，高校归属学术组织范畴，具有松散耦合特征；从组织结构上分析，高校属于准行政组织，具有科层制组织特征。已有研究成果在分析高校权力配置时多采用"纵向—横向"的分析范式，这比较符合当前高校的科层制组织特性，也有很多其他领域研究成果可以借鉴参考。但需要思考的是，组织结构的设计最终是为组织功能服务的，高校科层制组织结构设计的目的是更好地发展学术、促进知识生产。如果在分析时以工具性价值为本位，而遮蔽了目的性价值，终将忘却最终的价值归处。本书立足于高校作为学术组织的功能本位，认为网络式的五权划分框架更符合松散耦合、扁平式组织结构的要求，更有利于知识生产新模式下多元知识生产主体协调互动的合理安排。

第三章

地方本科高校学科治理权配置的基本特征与实践困境

本章在前文内容基础上,将总的采用质性研究法,具体通过个案研究法、深度访谈法、文献资料法和典型案例研究法的交叉使用,依靠多个资料来源,通过三角互证的方式,了解地方本科高校学科治理权配置的现状及存在的切实问题,以为后续地方本科高校学科治理权配置的优化提供现实基础。

第一节 地方本科高校学科治理权配置的调研过程

一 个案研究样本的选取

个案研究法广泛应用于社会科学,是研究者通过多种资料来源,对某一特定个体、单位、现象或主题所进行的一种深入而具体的探究方式,以形成对有关问题深入全面的认识和结论。一般说来,和量化研究不同,个案研究并不要求也做不到使样本具有"总体代表性",往往要求所选个案具有典型性。[①] 个案研究所具有的深入、详细和全面的特点有助于我们了解地方本科高校学科治理的复杂微观过程,并在实践研究基础上丰富地方本科高校学科治理理论。在个案研究中,对典型个案进行研究不是为了将结果推论到一般人群或组织,而是为了说明在此类现象中一

---

① 王宁:《个案研究的代表性问题与抽样逻辑》,《甘肃社会科学》2007年第5期。

第三章 地方本科高校学科治理权配置的基本特征与实践困境

个典型的个案是什么样子。这种研究的目的是展示和说明，而不是推论。

本书的研究对象和分析单位是地方本科高校，在此选取我国中部某省一所多科性地方本科高校为调研样本。为行文方便，下文中将案例高校所在省称为"H省"，案例高校称为"A高校"。选取H省A高校为本书的个案研究样本，基于这样几方面的原因。H省地处我国中部，人口近1亿，典型的人口大省，近几年经济发展迅速，GDP居全国前列。截至2022年6月，只有2所国家"双一流"建设高校，在当前的招生体制下，这与人口大省的现实需求是不相符的。在国家"双一流"政策背景和该省经济实力不断增强的背景下（H省2019—2023年GDP总量排名均居全国第5名），H省加大了投资高等教育发展、建设高质量高等教育的步伐，2020年H省立项9所省级"双一流"建设项目高校。① 2021年H省政府印发了《关于提升高校科技创新能力的实施意见》，首次提出"高等教育提质增能计划"，整合相关学科资源，吸引行业创新龙头企业和高端研究院所共同组建电子科技大学、航空航天大学等新型研究型工科大学，依托相关专业院校组建独立设置的美术学院、音乐学院、体育学院、外国语学院，填补本科高校类型空白。② 目前该规划已开始着手实施，至2035年之前完成。

由此可以看出，与国内大部分省份依托现有高校，以提高高等教育水平为主要目标不同，H省下决心借助日益强劲的经济实力"填补历史欠账"，在接下来数年内将整合已有高校、科研院所和行业代表性企业新组建一批高水平地方本科高校，并在现有地方本科高校基础上继续推进"双一流"学科建设。学科是高水平大学建设的支撑和目标，其水平如何关系着高校与省域高等教育的发展状况。无论是改革现有地方本科高校还是创建新的地方本科高校，加强学科治理都是今后一段时期内H省教育行政部门及各地方本科高校的重中之重。因此，本书对地方本科高

---

① 《H省省级"双一流"入选名单正式公布，哪些高校表现出色？》，2020年11月7日，腾讯网，https://new.qq.com/rain/a/20201107A09V4V00，2022年6月10日。
② 《H省人民政府办公厅：关于提升高校科技创新能力的实施意见》，2021年11月25日，https://www.henan.gov.cn/2021/11-25/2354635.html，2022年6月10日。

校学科治理进行探索，对H省和其所属地方本科高校发展来说都具有重要意义。

在具体调研对象选择上，选取具有研究生培养资格的地方"双一流"本科建设高校为研究对象。通常情况下，具有研究生培养资格的高校才会有学科建设的意愿和能力，这在实地访谈中也得到验证。在当前"双一流"建设背景下，能够入选省级"双一流"建设项目的地方本科高校一般有学科建设的外在压力和动力，是当前乃至今后地方高校中关注学科、建设学科的"主力军"。因此，选取具有研究生培养资格的地方"双一流"本科建设高校为调研对象具有适切性，基本可以了解地方本科高校学科治理权配置的现状及问题所在。

基于个案研究样本的典型性、可行性和满足研究需要等原则，本书选取H省所属的A高校为个案研究样本。在H省高等学校系统内，A高校是一所多科性的教学研究型大学，拥有理学、工学、经济学、管理学、法学、文学、艺术学、哲学等学科门类，入选省级"双一流"建设项目，在地方本科高校中具有很强的代表性。首先，就学校发展历程来说，该校属于传统地方本科高校。20世纪80年代初成立招收本科生，90年代初开始招收硕士研究生，学校现有全日制在校本科生近26000人，全日制在校硕士研究生近2200人。拥有一套较为规范的学科管理系统，2010年由两所地方高校合并实现更名大学，2021年被列为H省博士学位授予优先立项建设单位；其次，从学科发展来说，截至2022年3月，H省有本科院校57所，其中国家"双一流"建设高校2所，传统地方本科高校14所，新建本科院校（21世纪初专升本）及职业大学等41所。该校目前有12个硕士学位授权一级学科，18个硕士专业学位授权类别，67个本科专业，在H省院校、学科等有关评估中排名第8—10名，具有上升空间，对学科发展比较迫切；最后，就高考录取情况而言，该校多年来一直在省内排名第三，仅次于两所国家级"双一流"建设高校，在学生家长、用人部门等主体心目中比较知名，评价也比较好。对该高校文献资料的收集提纲见附录1。

从上述基本情况可知，该地方本科高校在学科治理方面具有一定的基础，属于传统地方本科高校（有别于21世纪初升本的一批更侧重应用和职业导向的新建本科高校），多年来深受学生家长、用人单位等社会主体好评。但受各种主客观因素影响，在学科排名上优势并不明显。在当前H省实施"双一流"高校建设背景下，已立项建设9所，该高校排在"双一流"建设高校的最后一位，压力比较大，对学科发展非常看重。一直希望能够在学科实力方面更进一步，以与该校社会美誉度相媲美。

在对个案高校调研过程中，除了主要采用访谈法和文献资料研究法外，因笔者长期在案例高校工作，对其学科治理过程有直观的观察和感受，因此，还使用了观察法作为补充。有计划地观察了解个案高校相关部门或组织的学科治理活动，并对过往工作中的观察以及有计划的观察撰写观察反思记录。从而在其他两种方法基础上，以更加直观的方式加深对学科治理权配置现状及存在问题的理解和认识，实现多种方法的相互补充、相互验证。

二 访谈设计与实施

本书采用非结构性访谈，访谈者可以根据访谈时的实际情况灵活做出调整，至于具体交谈的问题、提问的方式和顺序、访谈对象回答的方式、访谈记录的方式和访谈的时间、地点等没有具体的要求，由访谈者根据情况灵活处理。

（一）访谈提纲的设计

因为本书中的访谈法主要是非结构性访谈，因此一开始的访谈是开放式的，访谈时仅仅是围绕学科问题及被访者的工作内容展开交谈。研究者一开始最大范围邀请不同类别与学科治理相关的被访者参与访谈，根据与最初两个访谈对象的交谈记录形成一个粗略的访谈提纲，给后续被访者留有充足的空间，可以结合自己的工作、思考自由发表观点，希望通过这种开放式交谈获得更丰富、更生动以及意料之外的材料。随着后面访谈次数的增多、研究者对访谈问题的把握更为深入，访谈提纲越来越完善。因此，本书中访谈提纲的设计经过一个持续修改、完善的过程。附录中呈现的访谈提纲是最后修改完善后的提纲。

总的来说，访谈提纲大致围绕以下几方面展开：地方本科高校学科治理权分类、学科治理主体、学科治理权在多元主体间的划分、影响地方本科高校学科治理权配置的因素、优化学科治理权配置的意见和建议等。具体在面对不同的访谈对象时问题会稍作调整。因为学生、用人单位、产业行业协会代表等主体对学科治理及学科治理权等概念认识不是那么清晰，因此，对这两类主体的访谈提纲基本以专业、课程等他们熟悉的学科治理事务为主，具体访谈提纲见附录2。

（二）访谈对象的选择

访谈对象的选择在很大程度上决定了访谈的成本和效果，确定访谈对象需要采取适当的抽样方法。抽样方法一般可以分为概率抽样和非概率抽样两类方法。量化研究中，大多采用概率抽样，以便能应用统计方法得到客观的结果。而质性研究中常常使用非概率抽样中的目的性抽样，即按照研究目的抽取能够为研究问题提供最大信息量的研究对象。由于质性研究注重对研究对象获得比较深入细致的解释性理解，因此研究对象的数量一般都比较少，不可能也不必要采取概率抽样的方式。目的性抽样方法有很多具体的抽样策略，比如最大差异抽样、分层目的抽样和校标抽样等。[①]

本书的访谈亦根据研究目的需要采取目的性抽样方法。在聚焦研究问题后，有针对性地选择与研究问题相关的人员。首先选择熟悉学科治理问题并与研究者关系良好的1—3名人员，这样便于双方建立起信任关系，访谈对象可以没有顾忌地说出内心的真实看法；其次在对上述访谈内容整理、进一步修改完善访谈提纲的基础上，扩大访谈对象，以期获得更为全面、深入的材料。在目的性抽样方法下，对案例高校内外部与学科治理相关的对象进行分类，采取分层目的抽样。访谈对象主要包括：

---

① 陈向明：《质的研究方法与社会科学研究》，教育科学出版社2000年版，第103—104页。

第三章　地方本科高校学科治理权配置的基本特征与实践困境

案例高校校领导、校—院系两级学科管理人员、校—院系两级学术委员会委员、教师代表、学生代表，以及用人部门代表与学科研究专家等进行访谈，共计47人。这些访谈对象在高校学科治理过程中承担不同的角色和功能，为本书提供了丰富、富有启发性的资料。

本书的访谈分为个别访谈和焦点小组访谈两种。对校领导、学科管理部门负责人、学术委员会委员、学院院长及学科负责人等的访谈均采用一对一的个别访谈，和他们就访谈主题进行深入交流和对话。针对普通教师和学生代表，因群体数量庞大和对学科相关问题不太熟悉，需要进行简单培训，因此，对他们选择焦点小组访谈法，这样可以短时间内提高他们对学科问题的认识，从而有助于提升访谈质量。焦点小组访谈主要进行了三场，分别对6名普通教师代表、7名本科生代表和7名硕士研究生代表开展了小组访谈。普通教师代表主要是讲师职称和副教授职称，学生代表分为本科生和研究生两类，同时三组访谈的代表均兼顾A高校的大部分学科，体现一定的代表性。具体访谈对象编号及基本情况见附录3。

(三) 访谈过程与实施

基于研究需要，本书将访谈分为两个阶段实施。

第一阶段于2021年7—9月实施，即研究选题确定后在案例高校A进行分层目的抽样，共抽样40人（见附录3中编号为"202101"—"202140"的访谈对象）。访谈对象以校领导、校院两级学科管理人员、校院两级学术委员会委员、教师代表、学生代表、用人部门代表为主，具体访谈人数及其基本情况见附录3。第一和第二个访谈对象是A高校主管学科的副校长和某学院院长，和他们两位的访谈是完全开放式的。我介绍了我的研究主题，并告诉他们目前没有具体提纲，请他们围绕学科治理、学科治理权配置，结合他们的工作实践进行开放式访谈。和他们两位访谈的时间比较长，分别为1小时20分钟和2小时7分钟，获得非常多有价值的资料。通过对这些资料的整理，结合已有研究文献，拟定初步的访谈提纲，以此为粗略提纲对后续38位访谈对象进行访谈。当然这些访谈并非完全依据提纲，根据被访谈者身份角色的不同问法会有不同，访谈过程也依然保持开放性，访谈对象有充分的空间谈论提纲外的内容。在这个过程中，随着更多访谈记录的整理分析，访谈提纲也一直处在修改变化中。

第二阶段于2022年6—7月实施，在第一阶段访谈基础上，进行目的性抽样，共访谈7人（见附录3中编号为"202201"—"202207"的访谈对象）。对第一阶段访谈记录整理和分析完成后，本书根据这些实证材料并结合已有理论基础构建了地方本科高校学科治理权配置框架，在进一步的研究中，新增国内5名学科研究专家进行访谈，因为有必要了解研究者对高校学科治理权配置问题的看法，并倾听他们的意见和建议；同时新增一位民办高校教师进行访谈，以了解民办高校在学科治理方面的想法；另新增一个用人单位代表进行访谈，以获取更多关于社会主体参与高校学科治理的材料。

两个阶段中笔者共计与47名学科治理相关人员进行非结构性访谈。前期的访谈对象大部分与访谈者在工作中建立了良好的信任关系，访谈者对访谈对象的基本情况也比较了解。访谈进展顺利，双方互动较多，一些访谈对象采取完全开放式访谈，访谈时间大概60分钟到120分钟不等，较为充足。在前期访谈的基础上对提纲持续修改完善，后期的访谈相对围绕提纲展开，访谈时间大概30分钟到60分钟不等。访谈过程中用录音机记录，后转录成文字约15万字，获得了丰富且有价值的资料，对地方本科高校学科治理权配置状况有了比较深入的了解。部分访谈对象工作经验丰富，在工作中有很多感悟，为本书提供了宝贵的资料和富有启发性的见解，对本书研究工作的完成具有重要意义。

三 质性研究资料的编码分析

(一) 建构性扎根理论编码技术的运用

无论是通过访谈法还是文献法获得的资料，其形态基本以文字呈现为主，内容庞杂，需要对资料进行整理，从而为研究目的服务。针对访

第三章 地方本科高校学科治理权配置的基本特征与实践困境

谈后获得的录音资料,当天及时逐字逐句地进行文字转录,整理文本并撰写相应的备忘录;对获得的文献材料,根据研究目的和问题分门别类存放。对资料整理后,还必须对其进行分析。质性研究资料分析的基本思路是按照一定的标准将原始资料进行浓缩,将资料整理为一个有一定结构、条理和内在联系的意义系统,也即其最终目的是对数据进行意义解释。[①] 扎根理论的编码技术目前广泛运用于对质性资料的分析。

在长期的发展与历史沿革中,扎根理论形成了三大派别,即经典扎根理论、程序化扎根理论和建构主义扎根理论,相应的其编码技术也有差异。经典扎根理论编码过程包括实质性编码和理论性编码两个步骤,强调通过编码发现理论;程序化扎根理论编码过程包括开放性编码、主轴性编码和选择性编码三级编码程序;建构主义扎根编码过程包括初始编码和聚焦编码两个阶段,更加强调编码技术的灵魂使用,认为编码准则是启发性原则而非公式。[②] 编码技术的选择服务于解决问题的需要,根据研究需要,本书选择建构主义扎根理论的编码技术对访谈资料进行分析。

建构主义扎根理论编码过程一般包括两个阶段:一是初始阶段,包括为数据的每个词、句子或片段命名(具体命名规则根据数据的类型、抽象水平以及研究需要而定);二是聚焦和选择阶段,对初始概念进行分类、综合、整合和组织。[③] 在初始编码阶段,首先对与第一个受访者访谈所获得的资料进行微分析,根据访谈资料实际情况或逐句或逐段的规则对访谈资料进行编码并尝试初步概念化。在此基础上进一步抽样,运用同样的方法和程序对下一个访谈者的数据进行微分析,从而通过后来的数据整理丰富和修正前一个访谈数据,直至饱和。

---

① 陈向明:《质的研究方法与社会科学研究》,教育科学出版社2000年版,第273页。
② 吴毅、吴刚、马颂歌:《扎根理论的起源、流派与应用方法述评——基于工作场所学习的案例分析》,《远程教育杂志》2016年第3期。
③ [美]凯西·卡麦兹:《建构扎根理论:质性研究实践指南》,边国英译,重庆大学出版社2009年版,第59页。

需要明确的是，本研究并非使用扎根理论去建构理论，而是在已有分析框架基础上，借助扎根理论的编码分析技术对质性研究资料进行整理和分析，使这些原始数据经过处理更好地为研究目的服务。

在对各类型质性研究资料进行分析时，首先需要根据所确定的主要研究问题，形成一个编码系统。本书在访谈阶段，首先对 A 高校主管学科建设副校长（编号：202101）进行了访谈，[①] 向他说明研究主题是"地方本科高校的学科治理权配置问题研究"，想了解 A 校学科治理权配置现状、存在的问题及原因是什么。没有采用一问一答方式，而是在说明访谈主题后由他结合自己的工作实际和感悟进行谈论。该受访者为博士、教授、硕士生导师，具有长期的学科管理与党务管理经验，具有较强的代表性。对与第一个受访者访谈所获得的资料进行微分析，根据访谈资料实际情况，采取逐句或逐段的规则对访谈资料进行编码并尝试初步概念化。在此基础上进一步抽样，并运用同样的方法和程序对下一个访谈者的数据进行微分析，从而通过后来的数据整理丰富和修正前一个访谈数据，直至判断所得范畴达到饱和。具体编码过程包括两个阶段，一是初始阶段，为数据的每个词、句子或片段命名；二是聚焦和选择阶段，对初始概念进行分类、综合、整合和组织。建构主义扎根理论对编码层级没有严格要求，每一阶段编码分级由原始数据情况和研究需要而定。

访谈资料主要借助 NVivo12 版本分析软件进行初级编码，逐句编码后形成初始概念。而后辅助人工编码，旨在对初始概念进行分类、综合、整合和组织，通过反复筛选、比较和合并，并剔除一些出现次数很少或与其不适合的概念，从而实现范畴化，并给予恰当的命名。文献资料和案例资料因为每篇材料主题明确、集中，查阅时已做了初步筛选归类，分析阶段主要由研究者进行人工编码分析，逐段进行编码，初始概念和范畴化。这些资料与访谈资料相互验证，从而得出反映真实现状的结论。

[①] 因研究方便及学术伦理原因，文中涉及每个访谈对象时均用一个编号代替，具体编号见附录3。

（二）质性研究的信效度问题

量化研究对资料的信度、效度均有严格考验，且已有精确考验的方法和工具，可以用具体数据来衡量、解释。和量化研究方法相比，质性研究者更关心资料的准确性和可理解性，如果对于研究设计的每一步骤详加检验，仍然可达成预期目的。有学者提出，与其争论研究结果的可信性，还不如努力提升研究工具的准确性。在质性研究中，研究者作为研究工具，要严格记录下自己的研究手段和步骤，保存好研究资料，以保证资料获取的全面性和资料分析的准确性。由此可见，质性研究有其自身独特的评估标准，不能一味引用量化研究的评估方式，可以在参考量化研究精确标准的前提下，适当转化和调整，以提升质性研究的信效度。

在质性研究过程中，一般采用三角互证法以确保资料来源的真实性和分析的准确性，解决质性研究的效度问题。三角互证法可以分为四类：一是资料互证，在个案研究中运用不同资料来源，如访问持不同意见的被访者；二是方法互证，对单一问题采用多种方法研究，如访谈、观察、问卷及文献资料等；三是调查者互证，运用不同的教育工作者或社会学家；四是理论互证，对一套数据采用不同观点的理论作分析。[1] 本书主要通过资料互证和方法互证进行三角互证，如资料互证是针对同一个问题访谈校领导、学术委员会委员、学院院长及教师等不同身份人士进行互证；方法互证是运用深度访谈、各维度文献资料、观察及关键性典型案例进行互证，从而通过多来源的资料互相验证来提高研究效度。

质性研究认为，研究者自身就是研究的工具，强调研究者个人的背景以及他与被研究者之间的关系对研究结果的影响。因此，质性研究中，即使是在同一时间、同一地点面对同一组织、同一群体时，因

---

[1] 张兆芹：《中国大陆学校发展过程中学习型组织学校的研究——深圳市教师组织学习的视角》，博士学位论文，香港中文大学，2007年，第148页。

为研究者的不同很可能会得出不尽一致的结论。① 质性研究无法像量化研究那样用数字得出明确的信度，在质性研究中，研究者更倾向于关注收集到的资料与实际的研究场域两者之间的符合度，而不只是观察结果的一致性。

第二节 地方本科高校学科治理权配置的基本特征

新中国成立以来，我国地方本科高等教育的发展经历了一个发展—停滞—快速发展的过程。1949—1956 年，我国高等教育领导和管理以中央为主，基本没有真正意义上的地方高校；1957—1976 年，党的八大决定"适当扩大各省、自治权、直辖市的管理权限"，地方政府开始逐步拥有部分高校的领导权，通过中央部委高校下放和教育"大跃进"两种方式，使地方高校得到迅速发展。但随之而来的是对教育"大跃进"的整顿，地方本科高校也大为收缩。1977—1998 年，"文革"结束后，中央重新确立了对高等教育实行统一领导、分级管理的管理体制，恢复与新建地方高校随之展开，1978 年地方高校占全国高校总数的 57.4%。1999—2013 年，国家开启了高等教育大众化历程，进一步下放了地方政府在高等教育领域的部分权力，推动了地方高校发展高潮的到来。② 至此，我国地方本科高等教育初步形成。

2013 年以来，地方本科高校数量快速增长后进入转型发展阶段。政府和社会各界开始积极关注地方高校的发展目标及办学方向问题，地方高校转型发展的思潮逐渐形成，各省市纷纷成立应用技术大学联盟。在此背景下，2015 年教育部出台《关于引导部分地方普通本科高校向应用

---

① 范明林、吴军、马丹丹：《质性研究方法（第 2 版）》，格致出版社 2018 年版，第 17—18 页。

② 邓小泉：《1949 年以来我国地方高校的历史变迁》，《江苏高教》2015 年第 2 期。

型转变的指导意见》。① 目前为止,地方本科高校的分类定位、转型发展仍是理论和实践领域探索的难题所在。

A 高校成立于 1981 年,1982 年开始本科招生,是改革开放后急需培养大量社会主义经济建设人才这一背景下的产物。1979 年,教育部重新确立了我国高等学校统一领导、分级管理的高等教育管理体制。随之各地政府根据经济社会发展需要恢复和新建了一大批地方本科高校。A 高校学校成立后,校长带领一批老师、管理人员到中国人民大学"取经"。据当时的亲历者讲述,"取经"采取一对一的模式,每个小组对应一个学院或职能部门,从专业设置、教学计划、课程开设到院系设置,以及各项教学管理规章制度等展开全方位学习。从一个曾经的新建本科高校到 1995 年获得硕士学位授予权,2021 年被列为 H 省博士学位授予优先立项建设单位,在校本、硕士生达到 2.8 万余人,入选省"双一流"建设项目,经过 40 年的建设,学校已成长为省内有特色、有较大影响力的地方本科大学。

改革开放以来,为促进各类高校包括地方本科高校的健康蓬勃发展,国家对高等教育管理体制进行了深入改革,中共中央、国务院及教育行政部门出台了相关法律、法规及规范性文件,深刻影响着地方本科高校各类权力包括学科治理权配置格局的形成。这一时期对学科治理权配置影响比较大的规范性文件如表 3-1 所示。

表 3-1　　　　高校学科治理领域权力配置演变的相关文件示例

颁布部门	施行时间	文件名称
教育部	1979	《关于建议重新颁发〈关于加强高等学校统一领导、分级管理的决定〉的报告》
全国人大常委会	1980	《中华人民共和国学位条例》

---

① 杨聚鹏:《新中国 70 年地方院校发展政策的历史演进与变革趋势》,《法学教育研究》2020 年第 1 期。

续表

颁布部门	施行时间	文件名称
中共中央	1985	《关于教育体制改革的决定》
原国家教委①	1987	《关于评选高等学校重点学科的暂行规定》
原国家教委	1990	《普通高等学校教育评估暂行规定》
中共中央、国务院	1993	《中国教育改革和发展纲要》
全国人大常委会	1998	《中华人民共和国高等教育法》
国务院学位委员会	2009	《学位授予和人才培养学科目录设置与管理办法》
国家中长期教育改革和发展规划纲要工作小组办公室	2010	《国家中长期教育改革和发展规划纲要（2010—2020年)》
教育部	2011	《高等学校章程制定暂行办法》
国务院学位委员会	2014	《学位授权点合格评估办法》
国家教育体制改革领导小组办公室	2014	《关于进一步扩大省级政府教育统筹权的意见》
教育部	2014	《高等学校学术委员会规程》
中共中央办公厅	2014	《关于坚持和完善普通高等学校党委领导下的校长负责制的实施意见》
教育部	2014	《普通高等学校理事会规程（试行)》
国务院学位委员会	2015	《博士、硕士学位授权学科和专业学位授权类别动态调整办法》
国务院	2015	《关于印发统筹推进世界一流大学和一流学科建设总体方案的通知》
中共中央办公厅、国务院办公厅	2017	《关于深化教育体制机制改革的意见》
教育部	2017	《关于深化高等教育领域简政放权 放管结合优化服务改革的若干意见》
中共中央	2019	《关于坚持和完善中国特色社会主义制度 推进国家治理体系和治理能力现代化若干重大问题的决定》
中共中央、国务院	2020	《深化新时代教育评价改革总体方案》
国务院学位委员会	2021	《交叉学科设置与管理办法（试行)》

---

① 1949年后中央教育部行政部门名称几经易名，1979年时称为"教育部"，1985—1998年间称为"国家教育委员会"（简称"国家教委"），1998年改回"教育部"，两者发文效力等同。

第三章 地方本科高校学科治理权配置的基本特征与实践困境

梳理表 3-1 中有关教育法律、法规和政策性文件可以发现，从政策层面来说，地方本科高校管理体制和校内组织建设处于持续变革中，对其权力配置也在不断进行调整。而学科治理权配置内嵌于高校内部权力配置中，深受历次教育管理体制改革的影响，也经历了一个不断改革的过程。通过梳理上述政策性文件以及对 A 高校的考察，地方本科高校学科治理权配置大致从纵向和横向两个向度呈现出如下特征：简政放权和渐次收权并行；形式分权和实质分权偏离。

一 学科治理权纵向配置：简政放权和渐次收权并行

本书中的纵向分权主要是指政府的学科指导权和高校内部的决策权、执行权，以及学校内外部的参与权和评价权之间的分权改革，它们之间具有较为明显的上下级关系。自改革开放以来，体制改革一直是高等教育领域的改革重点，改革旨在回归政府的学科指导权属性，而扭转其控制属性。主要涉及政府和学校、学校和学院的权力分配问题，而地方本科高校的分权治理尤为迫切。我国高等教育属于后发外生类型，地方本科高校更是如此。20 世纪 80 年代，国家新建一批地方本科高校完全是在政府行政力量作用下建立起来的，完全由政府投资和管理，因而成立后政府和学校的关系呈现明显的集权特征，高校自主性有限，不利于高校作为学术组织进行知识创新。

就地方本科高校学科治理权纵向配置改革来说，从政策演变可以发现：20 世纪 80 年代至 21 世纪初，其主题是向下分权，激发高校自身的活力，同时鼓励区域产业行业和高校合作进行应用型科学研究和人才培养等，并有意推出一些评价工作交给教育中介组织去参与。但是，随着教育部于 2007 年启动了"高等学校本科教学质量工程"项目，国家开始通过项目制的方式强化了对高校学科治理的控制，表现出渐次收权的趋势。

呈现渐次收权特征，是因为在很多法律、法规及规章文件中依然强调高等教育要"简政放权"、高校"去行政化"且规定越来越细化和具有指向性。但另一方面，在一些政策性文件中却设置了越来越多的学科相关项目，中央教育部门设置后，各省级教育行政部门会随之设置同类型的省级项目，甚至在此基础上增加一些本省域的特色项目。因为工程项目的申请、获批将涉及资源分配、下一次项目的申报以及其他荣誉的获得，因此，地方本科高校内部从行政部门到普通教师都必须全力以赴争取项目立项。每年各种类型的"工程项目"以隐性的方式逐渐向上集权，成为高校学科专业发展的刚性"指挥棒"。表3-2和表3-3分别展示了政策上的放权表达和项目上的集权表达共存于地方本科高校学科治理空间。

从表3-2中可以看出，改革开放以来，国家出台了一系列自上而下放权的法律法规及相关政策性文件，主要涉及中央政府向省级政府放权，扩大省级政府统筹权；政府向高等学校放权，明确高等学校的多项自主权。国家也深刻认识到向省级政府、高等学校放权的重要性，从国家政策层面解决了自上而下放权的合法性问题。

表3-2　　　　　　　　高校学科治理简政放权的代表性制度

文件名称 （施行时间）	相关规定	权力配置特点
《关于建议重新颁发〈关于加强高等学校统一领导、分级管理的决定〉的报告》（1979）	实行中央统一领导，中央和省、自治区、直辖市两级管理的制度。教育部规定高等学校教学计划和教学大纲的制定原则并组织制订教学计划和教学大纲；省级教育行政部门督促检查高等学校贯彻执行中央方针政策、各项计划和规章制度；协助中央教育部门检查高等学校学科教学情况	高校学科治理权集中在教育部层级，省级主要承担协助落实、督促检查之责
《关于教育体制改革的决定》（1985）	政府有关部门对高等学校统得过死，使学校缺乏应有的活力。当前高等教育体制改革的关键是改变政府对高等学校统得过多的管理体制，扩大高等学校办学自主权	权力过度集中于政府，学校自主权受限
《中国教育改革和发展纲要》（1993）	在政府与学校的关系上，政府要由对学校的直接行政管理，转变为运用立法、拨款、规划等进行的宏观管理。学校要善于行使自己的权力 在中央与地方的关系上，进一步确立中央与省（自治区、直辖市）分级管理、分级负责的教育管理体制。对地方举办的高等教育的领导和管理，责任和权力都交给省（自治区、直辖市）	提出了高等教育领域要改革的两对权力关系。旨归仍是自上而下分权，往下分权也意味着学科治理权重心向下移动

第三章 地方本科高校学科治理权配置的基本特征与实践困境

续表

文件名称 （施行时间）	相关规定	权力配置特点
《中华人民共和国高等教育法》（1998）	高等学校依法自主设置和调整学科、专业。高等学校根据教学需要，自主制订教学计划、选编教材、组织实施教学活动。高等学校根据自身条件，自主开展科学研究、技术开发和社会服务	从法律上明确了高等学校的多项学科治理权
《国家中长期教育改革和发展规划纲要（2010—2020年）》	推进政校分开、管办分离，克服行政化倾向，取消实际存在的行政级别和行政化管理模式 充分发挥学术委员会在学科建设、学术评价、学术发展中的重要作用。探索建立高等学校理事会或董事会，健全社会支持和监督学校发展的长效机制	去"行政化"改革体现高校学术组织特征，加强学术治理组织作用，探索社会参与机制
《关于深化高等教育领域简政放权放管结合优化服务改革的若干意见》（2017）	进一步向地方和高校放权，给高校松绑减负、简除烦苛，让学校拥有更大办学自主权。深入推进学位授权点动态调整，给予省级学位委员会更大权力，国务院学位委员会负责授权监管和完善授权准入标准等。高校自主设置国家本科专业目录内的专业，报教育部备案	已认识到教育行政部门集权给高校带来的负担，影响基层积极性的发展
《关于进一步扩大省级政府教育统筹权的意见》（2018）	中央政府加强教育宏观指导和管理，确定教育方针政策，制定国家教育规划和国家教育标准，促进区域教育协调发展 扩大省级政府教育统筹权，国家有关部门下放更多权力，精减合并审批评估评价和检查事项，对于确需保留的要编制清单并予公开。把建立健全"权力清单"制度作为简政放权的切入点和突破口	此阶段中央和省级政府的教育管理权限问题仍是影响地方本科高校发展的重要因素

注：根据相关教育法律法规及规范性文件整理。

从表3-3可以看出，教育行政部门规划的高校本科教学质量工程项目，覆盖面广，从课程到专业、教学团队、实验教学中心、人才培养模式等，分别立项建设，并形成国家级、省级和校级三级申报、立项、中期考核、结项等完整的自上而下的控制体系。2015年后各省增加省级优势学科、特色学科或一流学科等建设项目。"项目"原指一种事本主义的动员或组织方式，在一定的约束条件下，利用特定的组织形式来完成一种具有明确预期目标的一次性任务。将以"项目"为核心形成的一系列制度安排称之为"项目制"，"项目制"是国家通过专项转移支付或专项补助在各领域进行资源配置的重要方式。① 有学者认为项目制已逐渐

---

① 渠敬东：《项目制：一种新的国家治理体制》，《中国社会科学》2012年第5期。

成为我国一种新的治理模式，它能够把中央、地方乃至基层等各层级政府统合起来，以这种模式治理国家被称为"项目治国"。[①] 地方本科高校和部属高校相比，还多了一个省级教育行政部门管理，因此，对地方本科高校来说，项目制涵盖三个层级，覆盖学科专业发展的方方面面，完全可以说目前地方本科高校学科专业治理可以称之为"项目治学"。

表3-3　　　　　高校学科治理渐次收权的代表性项目

文件名称 （施行时间）	相关内容	权力配置特点
《教育部、财政部关于实施"高等学校本科教学质量与教学改革工程"的意见》（2007）	通过质量工程的实施，使高等学校教学质量得到提高，人才培养模式改革取得突破，学生的实践能力和创新精神显著增强。择优选择和重点建设3000个左右特色专业点；遴选3000门左右国家精品课程，重点建设500个左右实验教学示范中心，支持15000个由优秀学生进行的创新性试验，择优选择500个左右人才培养模式创新实验区，每年评选100名高等学校教学名师奖获得者	构建一个自上而下垂直型的项目运作体系，基本覆盖了高等学校本科人才培养的重要事务
《教育部、财政部关于"十二五"期间实施"高等学校本科教学质量与教学改革工程"的意见》（2011）	重点建设1500个专业综合改革试点，在工程、医学等领域开展560个专业认证试点，建设1000门精品视频公开课和5000门精品资源共享课，建设100个实验教学示范中心、1000个国家大学生校外实践教育基地，实施46300个大学生创新创业训练项目，重点建设30个高等学校教师教学发展示范中心	
《H省教育厅、财政厅关于印发河南省优势特色学科建设工程实施方案的通知》（2015）	计划立项建设10个左右优势学科和20个左右特色学科。具体建设任务是：优化学科结构布局；强力引进学科领军人才和高水平创新团队；整合建设高水平的科技创新平台；加强学科、人才、科研与产业互动；推进学科建设机制和组织管理体制改革	依据建设任务设置一系列具体项目，比如一流本科专业、一流本科课程等

注：根据相关教育法律法规及规范性文件整理。

二　学科治理权横向配置：形式分权和实质分权偏离

本书中的横向分权主要是指学科决策权、执行权、参与权和评价权之间的分权改革，它们之间没有明显的上下级关系和科层制特征。新中国成立后，我国高等教育体系借鉴苏联模式，地方本科高校主要是以专

---

① 周飞舟：《财政资金的专项化及其问题——兼论"项目治国"》，《社会》2012年第32期。

业为依托,以培养区域经济社会发展需要的建设者为目标办学,对广义的学科关注甚少;主要是以学科管理部门管理为主,学科管理部门兼有决策与执行职能,体现多元权力合一的特点。直至改革开放前,这一阶段的政策性文件主要以调整纵向权力配置为主,对高校内部横向分权关注很少。改革开放以来,随着中西方教育交流的蓬勃开展,西方的学术自治、教授治学以及教育评估等理念传入,对我国高校包括地方本科高校的横向权力配置产生了一定影响。这些理念要求学术事务要由代表教授的评议会、教授会等组织作出决策,要由第三部门对高校办学进行监督评估。同时,随着中国高等教育大众化政策的实施,高等教育参与主体日益多元化,一些无权、弱权主体要求进行变革。基于上述背景,高校内部权力横向配置改革已提上日程。

我国先是从政策层面进行改革,推进应然的横向分权,首先从评价权开始。1985年,中共中央发布《关于教育体制改革的决定》,首次提出要择优扶植一批重点学科。1987年,国家教委发布《关于评选高等学校重点学科的暂行规定》,正式启动国家重点学科评选,这是学科评估在我国的最初试点和探索,由原国家教委统一组织领导,是在行政部门内部的一次分权。这次评估范围比较小,具有博士学位授予权的高等学校才可以申报,对地方本科高校学科建设影响比较小。1990年,我国第一个关于高等学校教育评估的专门性文件《普通高等学校教育评估暂行规定》颁布,其中规定"普通高等学校教育评估是国家对高等学校实行监督的重要形式,由各级人民政府及其教育行政部门组织实施"[1]。表明行政主导的高等教育评估获得了合法性基础。

进入21世纪,在原来重点学科评估和本科教学工作合格评估基础上,我国又相继出台了研究生教育领域的学科评估、学位点评估评审,以及本科教育领域的本科教学工作水平评估、审核评估等相关评估政策,

---

[1] 教育部:《普通高等学校教育评估暂行规定》,1990年10月31日,http://www.moe.gov.cn/srcsite/A02/s5911/moe_621/199010/t19901031_81932.html,2022年6月20日。

形成了研究生教育和本科教育全覆盖、专项评估和一般评估兼顾、合格评估和水平评估协同发展的中国特色的学科评估政策体系。① 有关学科评估的政策性内容如图 3-4 所示。

表 3-4　　高校学科治理评价权的相关代表性制度规定

文件名称 （施行时间）	相关规定	评价主体 特点
《关于评选高等学校重点学科的暂行规定》（1987）	重点学科评估由国家教委统一组织领导进行，由学校申报、主管部门推荐、同行专家评选、国家教委审核批准的办法择优确定	教育行政部门统一领导下的专家评选
《普通高等学校教育评估暂行规定》（1990）	普通高等学校教育评估是国家对高等学校实行监督的重要形式，由各级人民政府及其教育行政部门组织实施	教育行政部门
《国家中长期教育改革和发展规划纲要（2010—2020 年）》（2010）	鼓励专门机构和社会中介机构对高等学校学科、专业、课程等水平和质量进行评估。建立科学、规范的评估制度。探索与国际高水平教育评价机构合作，形成中国特色学校评价模式。建立高等学校质量年度报告发布制度	探索第三方组织开展评价
《普通高等学校理事会规程（试行）》（2014）	完善监督机制，健全社会对学校办学与管理活动的监督、评价机制，提升社会责任意识。参与评议学校办学质量，就学校办学特色与教育质量进行评估，提出合理化建议或者意见	完善社会对学校评价机制
《学位授权点合格评估办法》（2014）	博士学位授权点周期性合格评估由国务院学位委员会办公室组织实施，硕士学位授权点周期性合格评估由省级学位委员会组织实施。学科评估组、专业学位教指委和省级学位委员会设立的评议专家组，是开展学位授权点评议的主要力量	教育行政部门统一组织下的专家评审
《深化新时代教育评价改革总体方案》（2020）	构建政府、学校、社会等多元参与的评价体系，建立健全教育督导部门统一负责的教育评估监测机制，发挥专业机构和社会组织作用。严格控制教育评价活动数量和频次，减少多头评价、重复评价，切实减轻基层和学校负担	政府、学校、社会多元参与，统筹评价权

注：根据相关教育法律法规及规范性文件整理。

---

① 需要说明的是，本书中的学科评估是从广义上而言的，包括国务院学位委员会组织的学科评估和学位点评估，以及教育行政部门组织的重点学科评选；同时，还包括教育行政部门组织的本科教学评估以及社会第三方组织的各类有关学科评估。因此，与此相关的政策均归类为学科评估政策。

从表 3-4 中可以看出，虽然由国务院学位委员会组织的研究生教育领域的学科评估主要还是政府组织下的专家评审模式，但从总体上来说，随着高校学科评价政策的演变，教育评价主体变得多元化，从最早的教育行政部门到开始关注社会参与高校学科评价的作用，再到构建政府、学校、社会等多元参与的评价体系，强化评价权的系统整合。

学科决策权也逐渐和执行权分离，逐渐脱离学科管理部门，并由法律、法规规定设置专门的学科治理组织予以实施。这是第一次在法律上规定成立一个新的组织承担学科治理事务，也是学科治理权横向配置从相对集中走向形式分权的重要标志。从 1998 年颁布《中华人民共和国高等教育法》开始，一直到 2014 年教育部出台《高等学校学术委员会规程》，各地方本科高校才逐渐设置学术委员会，并初步形成学术治理组织体系。《高等学校章程制定暂行办法》中第一次提出学术委员会拥有"决策"职能；《高等学校学术委员会规程》首次提出学术委员会是校内最高学术机构的表述，并将"决策"列为学术委员会首要职责。其中规定，学校就学科专业规划与设置等事项决策前，应当提交学术委员会审议，或者交由学术委员会审议并直接做出决定。①

从上述法律、法规及规章文件可以看出，有关学术委员会决策的规定逐渐细化和具有操作性，其决策功能得到增强，地位不断得到提高，独立性得到制度保障。相关决策内容变化如表 3-5 所示。

表 3-5　　　　　**高校学科治理决策权的相关代表性制度规定**

文件名称	相关规定	职责定位
《中华人民共和国高等教育法》(1998)	高等学校设立学术委员会，履行下列职责：(1) 审议学科建设、专业设置，教学、科学研究计划方案；(2) 评定教学、科学研究成果；(3) 调查、处理学术纠纷；(4) 调查、认定学术不端行为；(5) 按照章程审议、决定有关学术发展、学术评价、学术规范的其他事项	审议、评定、调查、认定、决定

---

① 教育部：《高等学校学术委员会规程》，2014 年 1 月 29 日，http://old.moe.gov.cn/publicfiles/business/htmlfiles/moe/s7964/201402/xxgk_163994.html，2022 年 5 月 27 日。

续表

文件名称	相关规定	职责定位
《高等学校章程制定暂行办法》（2011）	章程应当明确规定学校学术委员会、学位评定委员会以及其他学术组织的组成原则、负责人产生机制、运行规则与监督机制，保障学术组织在学校的学科建设、专业设置、学术评价、学术发展、教学科研计划方案制订、教师队伍建设等方面充分发挥咨询、审议、决策作用，维护学术活动的独立性	咨询、审议、决策
《高等学校学术委员会规程》（2014）	高等学校应当依法设立学术委员会，健全以学术委员会为核心的学术管理体系与组织架构；并以学术委员会作为校内最高学术机构，统筹行使学术事务的决策、审议、评定和咨询等职权。尊重并支持学术委员会独立行使职权	决策、审议、评定和咨询

注：根据相关教育法律法规及规范性文件整理。

法律法规及规范性文件的规定为地方本科高校横向分权提供了依据，但真正在地方本科高校受到重视并落实到学校管理规章制度，进而将评价和决策功能分配到相关部门，则得益于2003—2008年教育部开展的本科教学工作水平评估。A高校自1981年成立后，在1996年接受教育部本科教学工作合格评估，2008年接受教育部本科教学工作水平评估。正如曾经参加两次迎接评估工作的访谈对象（编号：202104）所说："1996年那次合格评估，当时也成立了临时的教评办，挂靠教务处。学校为迎接评估做了大量工作，按照评估要求修改完善规章制度，收集整理专家要求的各项评估材料，但因为没有其他约束手段，评估结束除了一些规章制度保留，很多实际的工作都没有持续。但2008年的水平评估，对学校确实影响比较大，因为水平评估要评出等级，是否能评优秀对学校下一步发展至关重要。正是这一时期，大概从2005年准备迎评工作开始，对照评估指标要求逐一分解任务，修订完善一大批规章制度文件，并成立了一些新部门，对学校整个管理部门以及职能的调整影响还是比较大。"A高校于2013年印发《A高校学术委员会章程》，并成立学校和院系两级学术委员会，为学科决策权的多元主体参与提供了制度依据，学科决策权从行政部门单独控制到行政部门和学术委员会协同实施。

第三章 地方本科高校学科治理权配置的基本特征与实践困境

从上述制度变化以及实地调查发现，地方本科高校学科治理权横向配置的总体特征是：形式分权和实质分权偏离。原来决策权、执行权和评价权是合一的，没有刻意分权，共同由校领导和学科管理部门行使治理的整体性权力。当前从制度上实现了分权，这是检索学校规章制度和相关实施部门成立发展情况得出的结论。但从初步调查情况来看，实质分权还没有完全实现，和形式上的分权有一定偏离，将在后续通过访谈、具体案例进一步论证。比如《普通高等学校教育评估暂行规定》提出"学校应建立毕业生跟踪调查和与社会用人部门经常联系的制度"，这说明高校横向分配开始关注社会主体的作用，也有一些教育中介组织开始承担起学科评价权的职责，但配置效果如何还需要做进一步的调查。

从相关政策变迁可以看出，改革开放以来，地方本科高校学科治理权配置经历了一系列放权和分权改革，总体上取得了较大的进步。"简政放权"和横向分权已成为高校学科治理领域中的共识，并已出台多项有关放权和分权的法律法规和政策性文件，且成立了相应的组织机构。但不可否认，通过对学科治理相关政策性文件梳理和实践考察，发现仍然存在权力重心过高和分权不到位的问题。基本特征可以总结为：纵向上简政放权和渐次收权并行，横向上形式分权和实质分权偏离。纵向上，从法律法规上明确向下分权并持续强化，但在具体治理上借助"项目制"模式逐渐达成由学科基层到学校、省级到国家级的向上集权，政府的学科指导权悬置，更多地表现为直接管理权。横向上，从最初的学科治理权合一和法律法规上实现分权，并确定相应的决策与评价主体，但在实践中发现从形式分权到实质分权还有很长的一段路要走。学科治理权配置的这种政策变迁，一方面促进了地方本科高校学科治理的法治化、规范化发展，另一方面也产生了一些负面效应，出现制度和制度、制度和实践之间的悖论，改革依然道阻且长。下面将通过对现实中存在问题的调查分析，探寻原因，希望行则将至，能为问题的解决找到一条可行之路。

第三节　地方本科高校学科治理权配置的实践困境

地方本科高校学科治理权配置的一个重要目标就是实现分权制衡和协同治理，切实提高高校学科治理体系和治理能力现代化水平。本书在第二章构建了五权划分框架，将学科治理权分为学科指导权、决策权、执行权、参与权和评价权，其相应权力主体为政府、高校内部校院两级学科治理组织、学科管理部门、产业主体和校内普通教师及学生、校内外评价组织，并呈现了多元权力（主体）之间既分权制衡又协调互促的双重关系和路线行程。本节将根据五权划分框架，以地方本科高校 A 高校为案例研究样本，进行实地调查，通过对访谈资料、规范性文件、公开文本及典型案例总结等多途径材料进行整理，分析学科治理权配置存在的实践困境。

一　学科指导权配置：政府直接管理功能过度强化

学科指导权配置指的是学科指导权归属政府拥有及其动态配置状况。前文在构建五权划分框架时认为，地方本科高校学科治理中，政府主要承担学科指导权，通过政策制定、资源分配等手段达到对地方本科高校学科发展的指导，地方本科高校学科治理是在政府指导下的自主治理。以政府为主导的高校外部学科治理权配置重点是处理政府和学校、产业以及社会公众的指导权配置状况。改革开放以来我国高等学校学科治理权纵向配置的演变特征是简政放权和渐次收权并行。国家在持续出台政策要求简政放权，扩大高等学校自主权和激发基层活力的同时，高校学科治理权却从另一个侧面逐渐向上集权，在引导高校发展方向的同时，钩织了另一套新的"制度牢笼"，消解了简政放权、"去行政化"改革的预期成效。

不可否认，当前国务院学位办、教育部等政府部门在一定范围内对高校学科发展享有决策权，这也是政府直接管理功能过度强化的表现。

第三章 地方本科高校学科治理权配置的基本特征与实践困境

譬如国务院学位办制定了一系列有关高校学科发展的规章制度，其成立的学科评议组对高校学科设置具有最终决策权。但需明确的是，地方本科高校对其自身学科发展应具有学科决策权，这也是高校办学自主权的体现。

目前向下分权和渐次收权的变革趋势仍在相向进行中。行政管理体制改革既要落实放权的责任，也要落实监管的责任，既防止放不到位，又防止出现监管真空。但在这个过程中，容易出现向下分权和向上收权相向而行的问题。地方本科高校学科治理权配置改革亦深受其影响，在改革中艰难前行，其在实践中表现出的主要问题是政府学科指导功能淡化而直接管理和控制功能过度强化。

通过研究发现，21世纪以来，我国高等教育重点建设战略逐渐从"单位制"转向"项目制"。"单位制"主要是指国家在高等教育重点建设时，以高校整体为"单位"，采用非竞争性、指令性、封闭性的方式，选择部分高校进行全面重点建设；而"项目制"不是以一所高校作为一个单位或一个整体进行全面建设，而是国家通过非均衡性干预政策引导与资金投入形成的一种高等教育重点建设的新的结构形态，具有开放性、竞争性、临时性、动态性等特征。[①] 在"单位制"时代，教育行政部门对地方本科高校的管理主要是通过法律法规、规范性文件或指令性、指导性计划等手段进行，强调标准编制和入门把关，如国家有统一编制的学科专业目录、教学计划，新增学科专业要报教育行政部门审批。而进入"项目制"时代，教育行政部门在逐渐放开入门关，给高等学校放权的同时，强调过程管理和碎片化管理，设置多种类型的项目施加于高等学校各个层级。进而用获得立项项目的数量作为高校评选各类其他名目的依据，高校其他方面成果又会进一步作为评选项目的依据，形成"螺旋印证"的"项目治学"新特点。

---

① 李福华：《从单位制到项目制：我国高等教育重点建设的战略转型》，《高等教育研究》2014年第2期。

需要说明的是，学科有狭义和广义之分。我国政策文本中一般将研究生教育领域人才培养及科学研究的基本单位称为学科，即狭义的学科。狭义的学科包含博士学位授权学科和硕士学位授权学科，也可称之为学科点。国务院学位委员会开展的学科评估、学科点评估等都指研究生教育领域。将本科教育领域人才培养的基本单位称为专业，其相关评估一般由教育行政部门组织，如本科教学工作合格评估、水平评估和审核评估，还有专业评估、课程评估等各类专项评估。在学科研究领域，一般指广义的学科，将专业、课程等包括进学科的范畴，都是知识体系的组成部分。从学科建设实践来看，也越来越多地把学科专业课程联系在一起，作为学科建设的内容，而非过去的割裂状态。本书主要从广义上理解学科，在对A高校进行现状调查时，所调查的项目包括研究生和本科生教育领域，涵盖学科、专业、课程等事务，统称为学科事务。

本书以A高校为例，梳理国家实施"本科教学工程"项目①以来所设立的具体项目类别。自2007年以来，A高校共实施15类"本科教学工程"项目，如果再加上前述由教育行政部门推动的一系列学科专业评价项目，地方本科高校自身能设计实施的学科专业改革举措很少，仅每年完成各类项目的书面整理、视频、上传系统等各种形式的申报工作，再到上一年立项项目的接受中期考核及建设期满项目的结项鉴定工作，以及完成各类评估准备工作，已占据了行政管理部门和二级学院大量时间。具体项目信息详见图3-1。从图3-1中可以看出，自2007年至今，A高校仅本科教学方面的立项项目种类繁多，基本覆盖了本科教学的重要方面。每年都有繁多的申报立项工作，申报项目还经常会有调整，对高校本科教学工作带来了困扰。"项目制"本具有临时性特征，现在

---

① 教育部、财政部于2007年开始实施高等学校本科教学质量与教学改革工程项目，2007—2011年简称为"质量工程"项目，2012—2021年简称为"本科教学工程"项目，A高校参与了历年项目申报活动。2019年在国家"双一流"建设背景下开始在本科阶段实施"一流本科专业、一流本科课程"项目。因这些项目都是本科教学方面的，在此统一用"本科教学工程"项目指代。

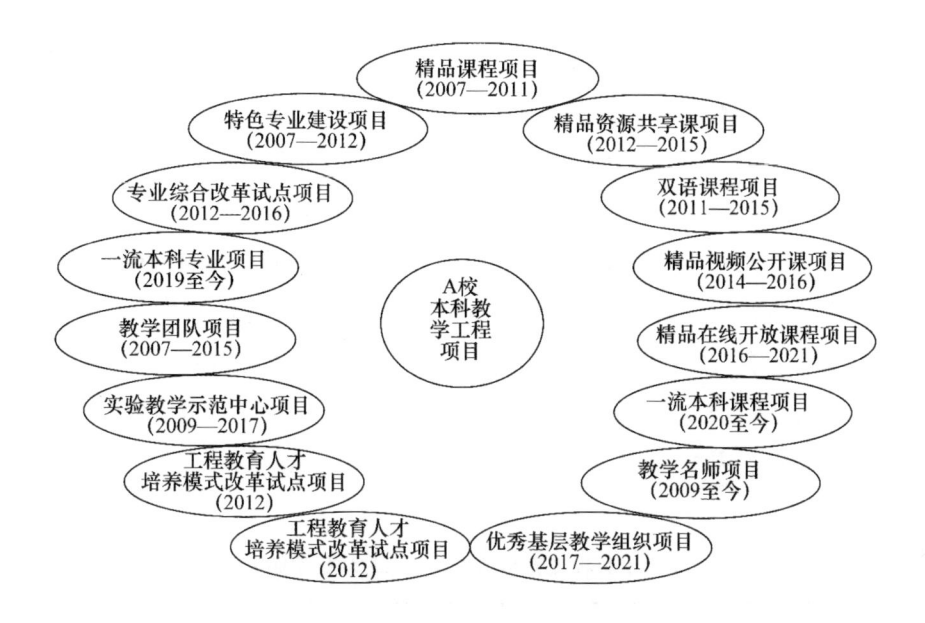

第三章 地方本科高校学科治理权配置的基本特征与实践困境

```
                   精品课程项目
                   (2007—2011)
      特色专业建设项目         精品资源共享课项目
      (2007—2012)            (2012—2015)
 专业综合改革试点项目              双语课程项目
   (2012—2016)                 (2011—2015)
  一流本科专业项目                精品视频公开课项目
   (2019至今)          A校      (2014—2016)
                     本科教
   教学团队项目       学工程   精品在线开放课程项目
   (2007—2015)       项目      (2016—2021)
 实验教学示范中心项目             一流本科课程项目
    (2009—2017)                (2020至今)
    工程教育人才                  教学名师项目
  培养模式改革试点项目             (2009至今)
        (2012)
    工程教育人才             优秀基层教学组织项目
  培养模式改革试点项目            (2017—2021)
        (2012)
```

图 3-1 A 高校 2007 年以来立项建设的本科教学工程项目统计

注：括号内时间指项目立项年份，比如"2007—2015"，表示该项目 2007 年启动，每年进行申报和立项，直至 2015 年该项目停止运行。年份后加"至今"表示该项目目前正常运行。

成了地方本科高校的一项常态化工作，且持续时间长，从原来集中在一个学期申报到现在可能一学年两个学期都要申报。这么多项目并非以一个文件的形式统一印发布置任务，而是有时候几个项目合在一起印发，有时候一个项目一个文件印发。

令人困扰的是，这种"项目制"还有重复建设形式主义之嫌。对于一所地方本科高校来说，一般学科专业建设重点是有限的几个，一切具体项目均围绕该校主干学科进行选拔申报。在一定程度上更加剧了校内学科专业之间建设水平的差距。如 A 高校 2007—2012 年立项省级及以上"特色专业"项目 13 项；2012—2016 年立项省级及以上"专业综合改革试点"项目 11 项与 2019 年至今的省级以上"一流本科专业"项目 33 项，三个类别的立项项目重合度非常高。"特色专业"项目和"专业综合改革试点"项目共重合 8 个项目，两个类别除去 1 个专业外其余全部入选"一流本科专业"项目,其中4个入选国家级"特色专业"建设项目的专业全部入选国家级"一流本科专业"建设项目。也就是说,十几年来,A高校一直围绕着几个相对固定的学科专业投入资源进行重点建设,加剧了校内学科专业间的不平等竞争,而从学科评估结果看,主干学科排名并没有实质进步。因此,学科排名受多种因素影响,特别是地方本科高校,仅仅重复性的高投入个别学科并不见得是最优的办法。

地方本科高校学科治理的多元主体对政府通过"项目制"方式过度介入高校学科治理以及产生的弊端也有深刻的认识,具体访谈资料及初始编码情况如表3-6和表3-7所示。

表3-6　　　学科指导权配置相关原始数据与初始编码1

原始数据	初始概念
202205:我认为政府部门可以参与学科治理,特别是一些新兴学科,政府参与可以发挥方向引领和资源投入功能。但是,方式上可以多探索,其实你把钱给学校,总体指导高校学科治理就可以了。现在好像政府就是要一个一个项目手把手拉着高校走,过一段时间他弄一个项目,不停变化,好处是你可以从政府那里得到一些经费,也是学科评估的重要支撑材料,所以地方高校没有自己的选择,必须抓住一切机会申报。国外如美国政府也会设置一些项目,引领新兴学科发展,但没有我们这么多项目,立项数量如此之多。美国私立大学多,他的钱不完全依赖政府,会根据学校需要申报	1. 政府参与高校学科治理方式要探索 2. 项目类别设置过多 3. 高校通过项目制方式获得建设经费 4. 地方高校会抓住一切机会申报各类项目 5. 地方高校依赖政府经费
202110:政府设置项目太多,老师们陷入整理材料中,没有时间真正思考学科、教学的东西,这个我们深有体会。上级部门跟你说的这种那种项目,多了之后,你看现在各种各样的名称都有。确实有时候影响了我们做该做的东西。国家有"双一流"、一流学科、一流专业、一流课程等,做那么多申报之后,那到底做的效果咋样?达到那个初衷没有。比如我听说有些学校拿到"双一流"之后,拿了那么多钱。那么大家都在为国家教育做出贡献,没有拿到就不给你相应的资金。这明显就是说富有的更富有,差的更差。学校内部也是这样,主干学科一轮又一轮地给钱,边缘学科一次也轮不到	6. 政府设置项目太多 7. 教师们深陷于项目资料整理 8. 项目太多影响做真正的学科 9. 项目制实施加剧了学校之间的不公平竞争 10. 项目制实施加剧了学科专业之间的不公平竞争
202112:我感觉现在就是让你天天不停地在做这些申报,时间都浪费在申报上面,要报很多材料。特别是这种地方高校,你在这里面主动权、话语权还是差一些,人家更多的是这种"985"、"211"的学校,参与度更大一点吧,我们这么积极参与效果我不好说	11. 申报各类项目浪费很多时间 12. 地方本科高校参加很多项目效果不好说

第三章 地方本科高校学科治理权配置的基本特征与实践困境

续表

原始数据	初始概念
202118：现在政府介入这个高校学科治理，肯定是有点强势。反正教育厅这一块，要建哪些特色学校，要求各个高校学科如何发展，这个投资的经济指挥棒和这个目标指挥棒都是比较强一点	13. 政府介入高校学科治理有点强势

表 3-7　　学科指导权配置相关原始数据与初始编码 2

原始数据	初始概念
202203：咱们政府的色彩过于浓厚，参与高校学科治理有促进，但也有弊端。它的资源集中在政府手里，因为我国的这种体制化，会出现人为腐败、资源分配不均、过度倾斜重点等问题。它会带来一种遮蔽，很多东西被遮蔽了。遮蔽之后，头脑都抓什么？抓重点、抓品牌、抓特色、抓亮点？带有自上而下的指示，使得配置出现了不均衡和不科学。会给学科带来很多的问题，导致支撑不足。怎样在立足于我们国家教育管理体制的基础上来突破学科创新，需要深入思考	14. 政府参与高校学科治理有利弊两面性 15. 造成人为腐败、资源分配不均、过度倾斜重点等问题。 16. 政府掌握资源遮蔽了学科真正的内涵 17. 政治资源配置不均衡和不科学
202201：教育管理部门通过项目制的方式深度参与现在高校的学科建设、专业建设。在高校"放管服"改革背景下，一方面似乎给你放权了，高校有了一些自主权，政府主要监管，但是它又通过另外一种方式，项目制方式，各种各样的项目，一流本科专业、精品在线开放课、精品视频课等等，其实是又紧紧地把这个权抓在手里边，引导着高校的学科发展方向	18. 教育管理部门深度参与高校学科建设 19. 政府简政放权的同时通过项目制收权
202204：第一点是知道政府、社会需要什么，引导着高校的学科发展；第二点，政府的确手里控制的资源比较多，他可以为你提供一定的资源配置；第三点他能够扶持优势的学科发展，因为他评选项目都选好的，有它的好处 不好的地方在于：一是不太注重每一个学校的具体的情况；所以这里面就导致第二个问题，地方院校自主权、办学权受到制约、遏制；第三个是导致一个社会效应，好的越好，不好的越不好；第四个就是他们的判断也会有失误的地方	20. 政府引导高校学科发展 21. 政府手里有较多资源 22. 政府能够扶持优势学科 23. 政府过度参与不能照顾每个高校学科具体情况 24. 地方院校自主权受到制约 25. 学科间差距加大 26. 政府判断也会有失误
202113：它所带来的弊端也很明显，围绕那个指挥棒转，那个指挥棒并没有考虑到各个学校的各自情况。因为培养一个学科进步往往是长期的积累，甚至是一代人两代人的积累，而它这个杠杆啊太短。我觉得学校应该利用这种指挥棒带来的一点财务自由，可以利用这个机会，用点外部资源去博点利益，用这个利益去滋养我们该干的学科	27. 政府实施项目制弊端是没考虑每个学校各自情况 28. 优势是可以争取学科建设经费

对表 3-6 和表 3-7 中的原始数据进行编码处理，在初始编码阶段，共提炼出 28 个初始概念。通过对 28 个概念进行反复筛选、比较和合并，

· 155 ·

获得 22 个有效概念。在聚焦编码阶段，进一步尝试对 22 个初始概念进行分析和归类，对有效初始概念进行范畴化并命名，最终得到 3 个核心概念，分别为：政府项目制方式特点、项目制积极的方面和项目制弊端。本书正是通过受访者对政府项目制的看法和意见探寻学科指导权配置现状，通过这三方面的归纳可以认为：政府当前的学科指导权并没有得到恰当落实，而是通过项目制加强了对地方本科高校的直接管理，政府权力过度介入地方本科高校学科治理。因而，通过对核心概念进一步提炼可生成核心范畴——政府直接管理功能过度强化。由思维导图软件 Mindmaster 呈现聚焦编码的结果，详见图 3-2。

政府直接管理功能过度强化

- **政府项目制方式特点**
  - 政府参与高校学科治理方式要探索
  - 地方本科高校参加很多项目效果不好说
  - 政府设置学科建设项目过多
  - 地方高校会抓住一切机会申报各类项目
  - 地方高校依赖政府经费
  - 政府简政放权的同时通过项目制收权
  - 政府参与高校学科治理有利弊两面性
  - 政府介入高校学科治理有点强势

- **项目制积极的方面**
  - 政府引导高校学科发展
  - 政府为高校提供学科建设经费
  - 政府能够扶持优势学科

- **项目制弊端**
  - 造成人为腐败、资源分配不均、过度倾斜重点等问题
  - 政府掌握资源遮蔽了学科真正的内涵
  - 政治资源配置不均衡和不科学
  - 项目制实施加剧了学科专业之间的不公平竞争
  - 项目制实施加剧了学校之间的不公平竞争
  - 政府过度参与不能照顾每个高校学科具体情况
  - 地方院校自主权受到制约
  - 学科间差距加大
  - 政府判断也会有失误
  - 教师们深陷于项目资料整理浪费太多时间
  - 项目太多影响做真正的学科

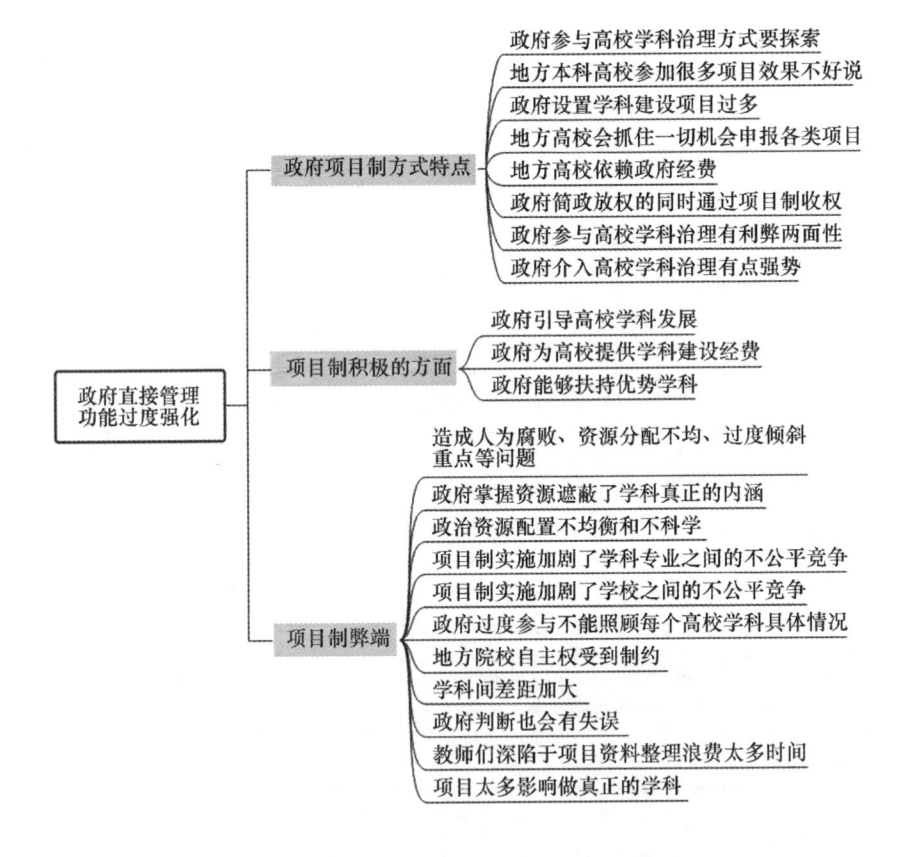

图 3-2 学科指导权配置相关数据聚焦编码所得范畴和核心范畴

从图 3-2 可以看出，政府目前对地方本科高校学科治理的过度参与主要通过"项目制"方式实施，受访者对"项目制"有比较客观的认识。既看到其引领、扶持地方本科高校发展的一面，也认识到了其负面效应，认为"项目制"反而可能会以另一种方式影响、干扰高校学科的发展。政府通过以政策性文件的方式实施"项目制"，直接管理地方本科高校内部学科发展，也反映了其本应具有的学科指导权悬置而对地方本科高校学科发展的直接管理功能过度强化。

二 学科决策权配置：学术主体决策空间被多向挤压

学科决策权是地方本科高校学科治理权的核心，无论从已有研究还是实地调研来看，高校内部的学科治理权配置问题主要是学科决策权的配置问题。在过去，学科治理权并没有做明确分解，以整体性权力的形式统一由行政组织系统实施。行政组织以行政管理思维替代学术思维处理学科发展问题，挤压学术自主空间，而作为知识直接生产者的学术主体却在学科决策中发挥作用甚微，在一定程度上这是导致我国长期以来高校知识创新不足的制约因素。通过实地调查，可将学科决策权配置问题归纳为：学术主体决策空间被多向挤压。具体表现在三个方面：学校层面的学科决策权配置呈现行政主体越权和学术主体弱权的特征；学院层面的学科决策权配置呈现模糊分权和行政主导下的共同治理特征；校院间的学科决策权配置呈现权力重心亟须下沉的特征。

（一）校级学科决策权配置：行政主体越权和学术主体弱权

自20世纪80年代以来，我国《高等教育法》《高等学校学术委员会规程》等一系列法律法规规章逐渐明确了高校学术委员会的学科参与权，但实践中落实不到位。从各主体在知识生产活动的功能来说，高等学校教师是知识供给主体，而学术委员会是其参与学科治理的组织载体。本书通过深度访谈了解到 A 高校学校层面学科决策权存在的主要问题是：学科决策权配置过程中学科管理部门越权和学术主体弱权。具体体现为学科决策权仍然由行政组织系统控制；代表学术主体的学术委员会职权受限；学术委员会人员构成不合理。

  支持该结论的原始数据和概念多次出现在对校长、学科管理部门人员、学术委员会成员、学院院长等的访谈中。A 高校主管学科建设的副校长（编号：202101）谈了许多学科决策权相关的问题，很具有代表性。他承认从制度层面上学术委员会应该独立，也确实依法依规设置了这样的组织，从法定、组织层面有相应的职权。但在学校层面，他认为学科决策权目前仍是由行政部门拥有，无论是从宏观管理体制还是自身问题，学术委员会很难脱离行政而独立实施职权，他将其归因于高校当前的管理体制。在这种管理体制下，学术委员会是一个被动型组织，学术委员缺乏积极性，需要行政部门给他安排工作去做，而且仅限于学术水平评定、学术道德建设等工作。具体访谈资料及初始编码情况如表 3-8 所示。

表 3-8   校级学科决策权配置相关原始数据与初始编码 1

原始数据	初始概念
202101：学术委员会应该按章程办事，应该是独立的，但实际上在我国公办高校体制下，它很难独立。因为我们是党委领导校长负责，一切都在这个机制中运转，所以说我们这个最高领导机关是党委，最高执行机构是校长。学术委员有提出建议的权利，但他做了没有？他也没这个积极性。而且学术委员会成员们，本身都是兼职的，他很多时候不愿意开会，现在他为啥被动？我和学术委员会接触很多，因为在人事上有很多评审，需要的话找它，如果我不给它安排它更没事了。我评某个项目，我可以交给它，但没有说我必须交给学术委员会，因为上级行文时是对着我人事啊，所以我对着我的上级，对上级负责。学术委员会是学术水平的最高决策机关和学术道德的裁判机关，所以只有在需要判断学术水平的时候才需要它。评职称或者推荐各种人才项目，才可能去想到这个组织。	1. 学术委员会很难独立 2. 学术委员会受制于党委领导下的校长负责制 3. 学术委员会没有积极性 4. 学术委员兼职 5. 学术委员会是被动型组织 6. 学术委员会履行职称评审职能 7. 行政领导给学术委员会安排工作 8. 校领导对上级主管部门负责 9. 学术委员会职能是判断学术水平和学术道德

  其他一些学术委员会、职能部门或学院负责人等受访者也表达了相似的看法。如研究生处负责人（编号：201202）认为，行政管理人员才是最专业的学科治理决策者，学术委员会的专任教授不懂学科。而校学

第三章　地方本科高校学科治理权配置的基本特征与实践困境

术委员会主任也是前校长（编号：202106），在谈到当前学术委员会没有参与学科事务决策时，他坚持认为学术委员会应该只做纯学术性事务治理工作，即职称评审①和学术规范建设工作，如果学术委员会参与过多学科决策，它会演变成另一套官僚系统，而学院院长也认为学术委员会处于被动地位。具体访谈资料及初始编码情况如表3-9所示。

表3-9　　校级学科决策权配置相关原始数据与初始编码2

原始数据	初始概念
202102：地方高校行政管理是学科治理真正的专业人员，我认为行政人员是更专业的力量，割裂开来也有问题	10. 行政管理人员是学科治理的专业力量
202116：学术委员会应参与学科治理的相关事项，但实际上并非如此，没有按章程执行，学术委员会仅仅是一个专家咨询性组织。行政上有什么工作，交给你来评审投票一下，可能就是一个投票职能，有关学校的学科布局怎么设置，学术委员会没有决策权，基本以行政部门为主导	11. 依章程治学科不到位 12. 学术委员会是专家咨询性组织 13. 学科治理依然是行政主导 14. 学术委员会仅有投票职能
202106：把学科事务中偏学术性的事务交由学术委员会来做决策，其他事务还是由行政部门来决定，否则学术委员会就会演变成另一套官僚系统，失去了它存在的意义	15. 偏学术性事务交由学术委员会决策 16. 大多数学科事务交由行政部门决定 17. 避免学术委员会演变为官僚系统
202110：设置学科专业等好多事项，一般不经过学术委员会，他们主要负责学术道德，另外就是投票推荐及评选项目。涉及学科事务决策，还是行政部门在做怎么调动学术委员会的积极性，得经常让它参与，学科建设你有没有想法？就像人大代表，你得提出一些想法，这些委员有没有思考学院乃至学校的学科发展？他们应该在这方面做得更好一点，目前属于一个被动的机构	18. 学术委员会功能发挥不充分 19. 学科事务决策权主要还在行政部门 20. 学术委员参与学科事务不够 21. 学术委员关心和思考学科不够 22. 学术委员会属于被动机构
202109：我校学术委员会章程规定：校学术委员会是由专家学者组成的校内最高学术机构，对学科建设规划、学科专业的设置调整等事项有决策权。但实际上没有	23. 学术委员会是校内最高学术机构 24. 制度规定和实践落实有偏差
202113：我们学校表面上是学术委员会说了算，但实际上它又让权，不想自己说了算。所以它的工作主要就是简单投票。但事实上下面做的事儿并不关于学科，它几乎没有制定出来任何规则，除了学术委员会的组织章程。学术委员会根本不关心学科发展的事	25. 学术委员会职权受限 26. 进行简单投票 27. 基本无学科规则制定权 28. 参与职称评审 29. 不关心学科发展事务

---

① 就现实来看，职称评审很难说是纯学术性工作，职能部门根据论文所发刊物等级与项目成果等级等打分数，专家主要根据这些分数进行评审，而不是进行实质评价。

续表

原始数据	初始概念
202112：学校学术治理组织是碎片化的，教务处的本科教学指导委员会和学术委员会是没有关系的，教务处还有时单独从外边请专家参与他们工作	30. 学术委员会地位被弱化

　　A 高校学术委员会的人员构成可以分为两个阶段。2013 年，A 高校制定了《学术委员会章程》，规定学术委员会委员由 29—35 人组成。每个院系一般有一个校学术委员会委员席位，这一阶段的委员有部分专任教授，也包括校长、两名副校长和部分职能部门负责人。2014 年，教育部颁布了《高等学校学术委员会规程》①，其中规定专任教授要占总人数的 1/2 以上。据此要求，2017 年，学校对《学术委员会章程》进行修订，有关学术委员会人员构成方面改为：现任的校级领导成员不担任校学术委员会委员，校职能部门负责人和各院系领导成员一般不担任校学术委员会委员。在此情况下，校领导和各学院负责人均退出了学术委员会，学术委员会主任为退休的校领导，其他委员均为专任教授。

　　在访谈中发现，从校领导到职能部门、学院院长均对校学术委员会人员构成提出了质疑和不满。认为目前校学术委员会委员均为专任教授，大大超过教育部规定的比例，这是不合理的，并提出了种种理由，比如专任教授精于某个研究领域，对全校学科治理认识不那么全面；专任教授兼职参与学科治理，一般积极性不高；专任教授没有行政的支持很难开展工作等。具体访谈资料及初始编码情况如表 3 - 10、表 3 - 11 所示。

---

　　① 教育部《高等学校学术委员会规程》第六条规定：学术委员会人数应当与学校的学科、专业设置相匹配，并不低于 15 人的单数。其中，担任学校及职能部门党政领导职务的委员，不超过委员总人数的 1/4；不担任党政领导职务及院系主要负责人的专任教授，不少于委员总人数的 1/2。

第三章　地方本科高校学科治理权配置的基本特征与实践困境

表3-10　校级学科决策权配置原始数据与初始编码3

原始数据	初始概念
202113：我们学术委员会人员组成彻底排除行政人员，形式上与行政部门保持距离，很独立。专职教授他关心学科吗？他懂学科吗？他不关心也不懂。学科跟他利益毫无纠葛，这样的学术委员会有名无实	31. 学术委员会由专职教授组成不利于工作开展 32. 专任教授对学科的认识与关注都不够
202101：我们学校学术委员会改革比较彻底，学术和行政在人员组成上彻底分开，因此它有时候没工作干。它提出的东西得不到执行	33. 学术委员会排除行政人员 34. 学术委员会决策权很难实现
202111：我们学术委员会组成有问题。规定院长不能进入学术委员会，学院里这个学科由我来领导，但是到学校我没有空间了。避免行政权力和学术权力重合是很好，但是这造成一个问题，也可能你派上去的人不了解学院学科发展，他提建议的时候，可能不一定有针对性。一般教授也没有积极性去关心学科。校长不在校学术委员会我也不理解，导致校长不知道学术委员会在干什么，学术委员会也不了解学校学科发展。所以学术委员会慢慢地就流于形式了。各类主体占一定比例是比较符合地方院校实际。"985"高校也许可以，因为学校都有院士，那校长得听他们意见，地方院校没有这么高的水平	35. 学院院长不能进入学术委员会 36. 避免行政权力和学术权力重合 37. 专任教授对学科治理不了解也没积极性 38. 校长不在学术委员会 39. 学术委员会不了解学校学科发展状况 40. 学术委员会治理流于形式 41. 各主体按比例参加是合适的 42. 地方高校学科治理要求行政人员参加

表3-11　校级学科决策权配置原始数据与初始编码4

原始数据	初始概念
202110：学校学术委员会全部是不担行政职务的专职教授，《中国教育报》都宣传了，但是现在看并没有按预期发展。专职教授都是精于某研究领域，对总体的把握和形势的判断等还是不够的，有些决策权还是不在他们那的	43. 学术委员会全部是专职教授不合理 44. 专任教授对学科把握不全面 45. 学术委员会权力有限
202102：学术委员会发挥作用不足，委员都是专职教师，对有关工作认识不够，对学校工作关心不够，运转有问题。专职委员是立足于"点"上，而我们学科事务是面、立体的	46. 学术委员会发挥作用不足 47. 专任教授对学科认识和关心不够 48. 专任教授思考学科的高度不够

在初始编码阶段，共获得48个初始概念，对这些初始概念进行分析、归类和合并，通过使用不断比较的方法对多个数据进行比较，发现相同和差异，去掉一些重复或者不适合的概念，最终提炼出32个有效概念，具体如表3-12所示。

· 161 ·

表 3-12　　校级学科决策权配置初始编码所得有效概念

学术委员会很难独立	学术委员会受制于党委领导下的校长负责制
学术委员会没有积极性	学术委员会是被动型组织
行政领导给学术委员会安排工作	校领导对上级主管部门负责
行政管理人员是学科治理的专业力量	学术委员会职能是判断学术水平和学术道德
依章程治学科不到位	学术委员会是专家咨询性组织
偏学术性事务交由学术委员会决策	学术委员会仅有投票职能
学科治理依然是行政主导	避免学术委员会演变为官僚系统
学科事务决策权主要还在行政部门	学术委员会功能发挥不充分
学术委员会参与学科事务不够	学术委员会由专职教授组成不利于工作开展
基本无学科规则制定权	避免行政权力和学术权力重合
学术委员会地位被弱化	地方高校学科治理要求行政人员参加
学术委员会决策权很难实现	专任教授思考学科的高度不够
学术委员会治理流于形式	学术委员会排除校长、行政人员和学院院长
学术委员会职权受限	专任教授对学科的认识与关注都不够
学术委员会参与职称评审	各主体按比例参加是合适的
学术委员会不了解学校学科发展状况	专任教授对学科把握不全面

在聚焦编码阶段，通过分析与归类，尝试对 32 个初始概念进行范畴化，并为范畴进行命名。[①] 最终归纳出 3 个范畴：学科决策权仍然由行政组织系统控制、学术委员会职权受限和学术委员会人员构成不合理。在此基础上进一步提炼并生成核心范畴——校级学科决策权配置：行政主体越权和学术主体弱权。核心范畴由本书使用思维导图软件 Mindmaster 呈现聚焦编码的结果，详见图 3-3。

从以上研究可以发现，行政主体越权和学术主体的弱权是地方本科高校学校层面学科决策权配置过程中的最大问题，学术主体法定决策权不断扩大而现实中却无权力获得感。通过初始编码和聚焦编码过程可知问题具体表现为以下几个方面。

---

① 其中"学术委员会职权受限"范畴命名直接来自初始概念，因此，右侧减去 1 个初始概念，还剩 31 个初始概念。

第三章　地方本科高校学科治理权配置的基本特征与实践困境

```
                          ┌─ 学术委员会很难独立
                          ├─ 学术委员会受制于党委领导下的校长负责制
              学科决策权仍然由 ├─ 校领导对上级主管部门负责
              行政组织系统控制 ├─ 学科事务决策权还在行政部门
                          ├─ 行政管理人员是学科治理的专业力量
                          ├─ 学科治理依然是行政主导
                          └─ 学术委员会是被动型组织　行政领导给学术委员会安排工作

                          ┌─ 基本无学科规则制定权
                          ├─ 依章程治学科不到位
                          ├─ 学术委员会是专家咨询性组织
                          │                      ┌─ 学术委员会仅有投票职能
校级学科决策                ├─ 偏学术性事务交由     ├─ 职能是判断学术水平和学术道德
权配置：行政   学术委员会职权 │  学术委员会决策       ├─ 避免学术委员会演变为官僚系统
主体越权和学 ─ 受限          │                      └─ 学术委员会参与职称评审
术主体弱权                  ├─ 学术委员会功能发挥不充分
                          ├─ 学术委员会参与学科事务不够
                          ├─ 学术委员会没有积极性
                          ├─ 学术委员会地位被弱化
                          ├─ 学术委员会决策很难实现
                          └─ 学术委员会治理流于形式

                          ┌─ 由专职教授组成     ┌─ 专任教授对学科的认识与关注不够
                          │  不利于工作开展     ├─ 专任教授思考学科的高度不够
                          │                   ├─ 专任教育对学科把握不全面
              学术委员会人  │                   └─ 学术委员会不了解学校学科发展状况
              员构成不合理 ├─ 学术委员会排除校长、
                          │  行政人员和学院院长 ── 避免行政权力和学术权力重合
                          ├─ 各主体按比例参加是合适的
                          └─ 地方高校学科治理要求行政人员参加
```

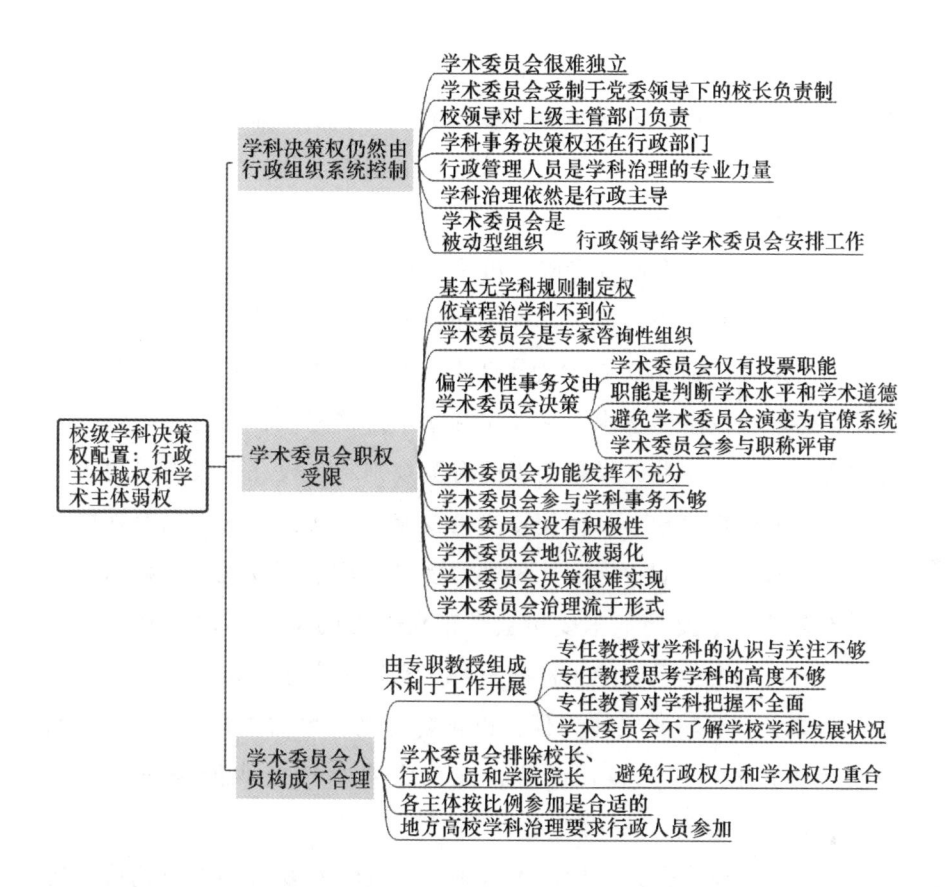

图 3-3　校级学科决策权配置相关数据聚焦编码所得范畴和核心范畴

一是学科决策权仍然由行政系统控制。校领导、职能部门负责人和学院院长大部分认为学科事务决策关乎学校发展大局，应由行政组织系统实施，学术委员会只能根据行政组织系统的安排参与学术性工作，这是由我国目前的高等教育管理体制决定的。实践中也确实如此，本应承担知识生产协调功能的组织几乎控制所有学科决策权，从管理角度做出决策；而代表知识供给主体的专任教授也没有积极性去争取参与决策权，消极听从校领导和职能部门安排行事。校学术委员会副主任（编号：202107）学术成绩斐然，之前是专任教授。他的看法是："行政组织和学术治理组织，这两个的配合也是很关键的，你要是纯粹

· 163 ·

学术的，你没有行政资源，做事就很难落地；但是要发挥学术组织的作用，也要给他提供充分的空间。但是又不能像我们有些项目评审，虽然请的是一些专家，但是结果是行政上给确定的，实际上这样这个学术就成了一个摆设。"

二是学术委员会职权受限。虽然国家法律法规和学校制度都规定了学术委员会有决策、审议、评定和咨询职能。涉及学科专业设置等多项学科事务，但在A校治理实践中，并不能做到依章程治学科，学术委员会职权仅限于学术水平评定和学术道德建设，而且是审议、评定和咨询功能多一些，学科治理的有关规则制定权几乎没有，更多的是具体事务的投票权，从而使得决策权流于形式，学术委员会功能受阻。在学术委员会职权方面，校学术委员会副主任认为："目前我们学术治理机构主要是学术委员会，正在处理的学术不端调查是一个事，下一步一个很重要的工作就是要落实这个学术规范，遵守学术规范，严防学术不端的主体责任，以预防为主，事后处理为辅。"他和担任行政职务的其他教授一样，建议学术委员会职能偏重学术性事务。

三是学术委员会人员构成不合理。A校学术委员会人员构成经历两个阶段，第一个阶段是校长、职能部门等占一定比例，当时校领导认为这导致学术委员会仍然由行政人员控制，影响专任教授的积极性。因此，在第二阶段，为平衡行政和学术的关系，将所有承担行政职务的教授排除在外，以为这样可以真正发挥学术委员会职能，促进学术发展。

事实上，专任教授组成的学术委员会和之前的学术委员会相差无几，依然存在同样的问题，没有积极性，学科决策由行政系统控制。这些教授们很少参与管理实务，他们更多的是从自己的科研和教学看问题，缺乏学术治理经验，但这也许是行政管理留下来的学术空间。专职教授做学术委员缺乏学科治理经验，可以避免一些管理思维的弊端。学术委员会加强学科治理素养培养。没有管理工作经验，可以加强培养。学术委员会采取措施激励委员做点有关教学研究及学科研究,或者说关于高等教育规律、一般性教育规律的研究也好,应该具备这方面学科治理的一般素养。由此我们可以思考:学术委员会人员构成结构对学术委员会积极性、职能发挥不充分影响不大,重要的是目前的行政管理体制决定了这一状态。目前有一些高校也建立了学科治理委员会,但访谈中了解到仍然是学科管理部门的委员较有话语权,学科治理委员会中的其他成员处于被动且弱权状态。

(二) 学院学科决策权配置:模糊分权与行政主导下的共同治理

学院层面学科决策权配置和学校层面有所不同。学校是多个学科的集合体,有各类学科利益部门或群体,部门众多、人员众多,有必要进行适当的分权,使多元主体的利益得到关照。在学院层面,一般1个学院包含1个学科,在地方本科高校普遍1个学科设置几个学院。在这种情况下,学院内部人员基本有共同的学科素养和价值观,加之地方本科高校的学院层面一般高职称教师比例低,有的学院教授人数低于5人。学院领导和学术委员会委员重合度比较高。因此,学院学科决策权配置呈现行政主导下的共同治理特征。

通过深度访谈及相关资料的整理,可以把学院层面学科决策权配置特征概括为:模糊分权与行政主导下的共同治理。意思是学院依据学校制度要求设立学术委员会,并制定相关分权制度,在形式上实现了分权,但实践中更多地体现为一种学院领导主导下的共同治理的特征,有行政职务的学者具有决策权,学院普通教师学科决策权仍然缺乏。具体访谈资料及初始编码情况如表3-13所示。

表3-13　　学院学科决策权配置相关原始数据与初始编码

原始数据	初始概念
202111:学术委员会既代表着学术,也代表着学院,任务也很重。所以这也是地方院校的特色,学术和行政重合,学术委员会组建时要考虑	1. 学院学术委员会和领导班子人员重合

续表

原始数据	初始概念
202110：我们学院领导班子和学术委员会没有完全重合，相对分权。我们的学术委员会，一方面就是原来院长退二线后，他是学术委员会领头，然后我们有一大批教授，我们那个副院长，还有肯定在这里面，还有一些能力比较强的教研室主任，所以说学术委员会要兼顾到各个方面。涉及学科的决策，我也会征求他们的意见 在学院，比如说研究生推免、毕业论文相关事务，可能我要依赖于学术委员会，这是它的一些基本职能定位。但是像学科发展规划及布局等比较大的决策，我肯定在上班子会讨论前，和一些有想法的教研室主任、学术委员会委员先沟通，基本达成一致再正式上会讨论通过 比较理想的状态下，学术委员会如果能多考虑一些学科的发展，我们肯定也接受意见和建议。这些学术委员会委员肯定要科研做得好，还得有想法 说到这个分权，学院我们感觉不牵涉这个。学校层面和学院肯定不一样，毕竟学校人多，校领导和学术委员会可以适当分权。有些东西要出台的话，有些想法你是不是再提交给相关部门来分类审议，走一个过程，毕竟学校层面复杂。而我们地方高校，学院里面就那几个人，院长副院长都在学术委员会里面呢，他们有想法直接提。学院层面不需要太分权，就是一种共同治理，大家都在这里面	2. 学院领导班子和学术委员会成员相对分权 3. 退休院长任学术委员会主任 4. 所在学院教授多 5. 学院领导班子多数在学术委员会 6. 学术委员会组建兼顾各方面主体 7. 学科决策会征求专任学术委员意见 8. 学术委员会定位主要是决策学术性事务 9. 学科决策由学院领导班子讨论作出 10. 学科决策事前会征求学术委员会成员意见 11. 学术委员会思考学科发展不够 12. 学术委员会委员学科治理能力欠缺 13. 学院不太牵涉到分权 14. 有好的建议会合理采纳 15. 学院层面是一种共同治理
202114：我们法学的学术委员会好一些，我们职责主要是涉及学术这一块，学生论文评优、硕士生推免、进人等，院领导一般尊重我们这个结果，这个我们确实有决策权。招聘比如法学一年招多少人的指标是学校定的，在这个指标内学院需要什么人报到人事处，公布了之后进人，试讲是由学院学术委员会组织的 学术委员会现在还是比较被动，院里交代什么事情就来做。与教学和学术有关的问题，让学术委员会来做，这些东西它是接受上面一个任务来做的。自己并没有主动去思考这个事情	16. 学院学术委员会职责偏学术性事务 17. 学院领导尊重学术委员会的学术性事务决策 18. 学科事务由行政和学术主体分工合作 19. 学院学术委员会比较被动 20. 被动接受行政安排的任务 21. 学术委员会没有主动性

在初始编码阶段，共提炼出 21 个初始概念，采用同样的方法，对这些初始概念进行分析，从而获得 18 个有效概念（这里不再单独介绍有效概念的析出过程，方法同本节第一部分展示）。在聚焦编码阶段，通过分析与归类，尝试对 18 个初始概念进行范畴化，并为范畴进行命名。最终归纳出 3 个范畴：模糊分权、学科指导下的共同治理和学院学术委员会比较被动。在此基础上进一步提炼并生成核心范畴——学院学科决策权配置呈现模糊分权与行政主导下的共同治理特征。聚焦编码结果详见图 3-4。

```
                          ┌ 学院领导班子和学术委员会成员重合
                          │ 退休院长任学术委员会主任
                   模糊分权 ┤ 学科决策由学院领导班子讨论作出
                          │ 学院学术委员会职责偏学术性事务
                          │ 学院领导尊重学术委员会的学术性事务决策
                          └ 学科事务由行政和学术主体分工合作

学院学科决策权配               ┌ 学院领导班子和学术委员会成员相对分权
置：模糊分权与行政             │ 学院领导班子多数在学术委员会
主导下的共同治理    行政主导下的 │ 学术委员会组建兼顾各方面主体
                  共同治理   ┤ 学科决策会征求专任学术委员意见
                            │ 学院不太牵涉到分权
                            │ 有好的建议会合理采纳
                            └ 学院层面更多是一种共同治理

                   学院学术委员  ┌ 学术委员会思考学科发展不够
                   会比较被动    │ 学术委员会委员学科治理能力欠缺
                              ┤ 被动接受行政安排的任务
                              └ 学术委员会没有主动性
```

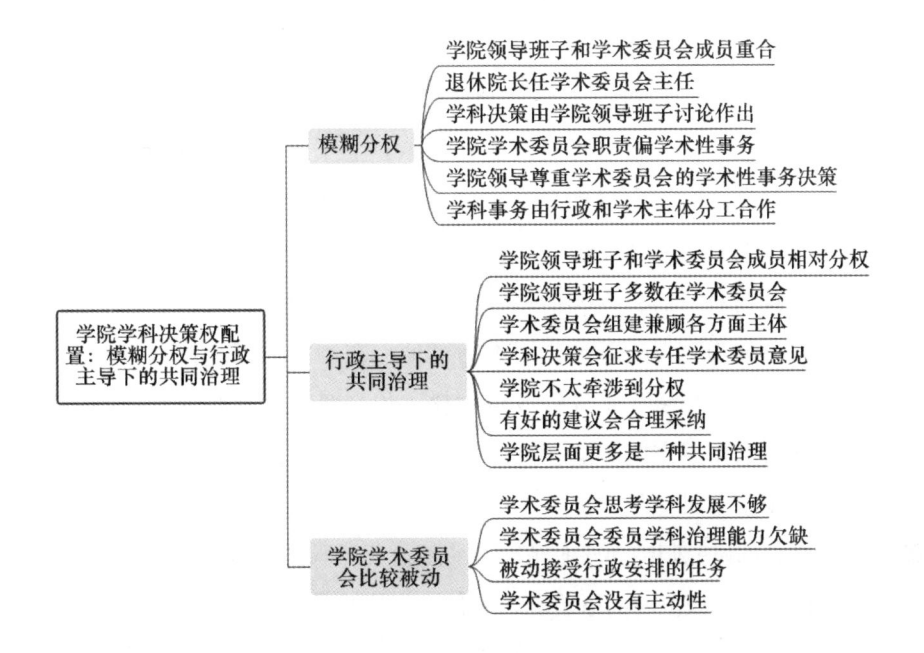

图3-4 学院学科决策权配置相关数据聚焦编码所得范畴和核心范畴

从图3-4可以看出，学院层面学科决策权配置主要体现了形式上模糊分权和实质上行政主导下的共同治理特征。模糊分权体现在形式上有学院学术委员会的职能与设置，和学院行政领导班子有相对分工。但在配置实践中，学院领导班子多数也在学术委员会，学术委员会的意见很大程度上也体现着行政领导的意见。和学校层面学术委员会相似，学院学术委员会委员在工作中也表现得比较被动，对学科思考不够，有关学科治理的能力有待提升，总体上仍然表现为行政主体和学术主体之间的权力失衡特征。

（三）校院间学科决策权配置：权力重心亟须下沉

校院间配置指的是学科决策权在学校和学院间的划分。在新中国成立后，百废待兴，必须国家强力推进才能快速落地，国家主导体制在那个年代对促进高校基层组织的建设发挥了积极作用。但随着我国高等教育的发展，国家主导体制的弊端也逐渐显现出来，主要表现在权力重心过高,层层控制,导致高校基层组织僵化、缺乏活力,工作敷衍应付,组织成员主动性、积极性不够,严重影响了高校基层组织的有效运转。这是一种许多年来的行政管理的尴尬处境,上至国家政府,下至地方部门,执行政策之时,太过严厉,抓得紧了,下面就只会照搬条条框框,毫无创造性,整个局面死水一潭;如果上面说可以把政策放开,下面就会随意性地为我所需,为我所用,结果变得无法可依,无章可循,乱来一气。这就使为政者处于十分困难的境地,在制定政策和执行时左右为难。抓得太紧,怕毫无生气;放得太松,怕一盘散沙。在现实访谈中发现,受访者大多以空间隐喻权力,认为学校给学院组织的空间不够,学院学科决策权不足。

本部分的研究归纳为核心范畴——校院间学科决策权配置:权力重心亟须下沉。支持该范畴的原始资料和概念多次出现在对校长、学术委员会人员、学院院长及基层学术组织负责人等的访谈中。他们普遍认为目前校院间权力配置重心过高,学院自主权非常有限,无论是规划、资源还是相关学科发展决策方面均受控于学校,结果导致基层失去活力,非常不利于知识生产。原始数据及初始编码情况如表3-14和表3-15所示。

表3-14 校院间学科决策权配置相关原始数据与初始编码1

原始数据	初始概念
202116:学院最熟悉学科,了解自己学科发展强和弱。但学院目前没有主导权,资源掌握在学校手里,应该把这个权力交给学院最合理。目前来讲,让你上(学科专业)、不让你上不是取决于学院,学科决策权在学校,学校如果不批准,不给经费,就不可能建起来。学院和学科在很多方面目标一致。如何把它建强两者都要发力,老师们不努力就不出科研成果,学院不支持,上项目及发文章也困难	1. 学院最熟悉学科 2. 学院没有学科建设主导权 3. 资源权应适当配置给学院 4. 学院没有学科设置自主权 5. 学院要激发老师积极性
202111:校院间分权还很不够,院系学科自主权比较少,每个学院学科应该怎么做,学校没有针对性的学科规划,虽然有学科规划处,但是他们好像是负责省里重点学科行政上的一些东西。我就觉得规划处做规划统筹,到底下还是得依靠学科带头人。我们跟"985"不一样,"985"有名的教授有一定的资源动员能力,我们不行,资源掌握在学校领导和管理人员手里。我作为学科群带头人一直跟学校要资源,经常要不来,应该给学术机构一定的资源配置权	6. 学院自主权较少 7. 学科规划权在学校 8. 学科规划部门担起责任 9. 学科资源分配权在学校 10. 基层学科组织没有资源配置权

第三章 地方本科高校学科治理权配置的基本特征与实践困境

表3-15 校院间学科决策权配置相关原始数据与初始编码2

原始数据	初始概念
202107：地方高校一定要给这个干事的人平台和机会，地方高校越往下越靠裙带关系。我们学科管理，要给干事的人机会、空间，给它松绑。现在行政职能部门、学院基层的人事权全部在学校领导手里，很多是因人设庙，它不是从业务发展需要出发，把位子看作一种资源，资源错配	11. 地方高校用人方面裙带关系普遍 12. 要给愿意干事的人机会和空间 13. 学科用人权应适当下移
202106：我们学校整个的学科建设现在还没有很大的活力，这是很关键的。学科建设重点在学院，但是好像学院没有很大的动力去组织，或者他也做着很困难。地方院校学科建设可能学校层面考虑得多一些 真正好的学校，学科重心是在学院。学院他最了解这个学科，怎么发展，新的增长点在哪儿，他都很清楚。怎么发挥他们的积极性是关键。要权责对应，给学科负责人放权，同时他就有责任，就得有真正把学科搞上去的担当精神	14. 学校学科建设缺乏活力 15. 学院缺乏学科建设动力和助力 16. 学科建设重心在学院 17. 发挥学院积极性是学科建设的关键 18. 学科负责人要负责，有担当精神
202116：教研室主任很苦恼，很多工作安排在教研室做，但是教研室没钱，教师不愿意干。你怎样调动积极性，没有钱支持是不行的，我认为权力和财务要下沉。全校基层大部分处于被安排状态。地方高校体制化严重，层层管辖	19. 学院自主权亟须落实 20. 学校层面治理工作不专业、不深入 21. 基层处于被安排状态 22. 地方高校体制化严重

在聚焦编码阶段，通过分析与归类，对22个初始概念进行合并、归类，共提炼出19个有效概念。对有效概念进行范畴化，并为范畴进行命名。最终归纳出3个范畴：学院是学科建设的主体、学院学科决策权不足、学院缺乏活力及积极性。在此基础上进一步提炼并生成核心范畴——校院间学科决策权配置：权力重心亟须下沉。具体聚焦编码的结果详见图3-5。从图3-5可以看出，不同类别的受访者均认同学院是学科建设的主体，学校主要是发挥统筹协调作用。学校和学院分权协同共同对学科事项进行决策。现状是，学校在学科事务决策中权力过大，学院处于弱权或无权状态。这种状态在一定程度上抑制了学院发展学科的积极性和动力，他们对"总是被安排"的状态并不满意，以一种消极的态度应对学校的强权。学科发展的最高价值准则是促进知识生产，学科发展的活力在学院。因此，校院间学科决策权配置权力重心亟须下沉，权责相当，激发学院知识创新的无限活力。

· 169 ·

```
                                    ┌─ 学院最熟悉学科
                    ┌─ 学院是学科建设的主体 ─┼─ 学科建设重心在学院
                    │                   └─ 发挥学院积极性是学科建设的关键
                    │
                    │                   ┌─ 学院没有学科建设主导权
                    │                   ├─ 学院没有学科设置自主权
                    │                   ├─ 地方高校用人方面裙带关系普遍
                    │                   ├─ 学科用人权应适当下移
校院间学科决策        │                   ├─ 学院自主权较少
权配置：权力重 ──────┼─ 学院学科决策权不足 ┼─ 学院自主权亟须落实
心亟须下沉           │                   ├─ 学科资源分配权在学校
                    │                   ├─ 基层没有资源配置权
                    │                   ├─ 基层处于被安排状态
                    │                   └─ 学科规划权在学校
                    │
                    │                   ┌─ 学院学科建设缺乏活力
                    │                   ├─ 学院缺乏学科建设动力和助力
                    └─ 学院缺乏活力及积极性 ┼─ 学校治理工作不专业、不深入
                                        ├─ 学院要激发老师积极性
                                        ├─ 地方高校体制化严重
                                        └─ 要给愿意干事的人机会和空间
```

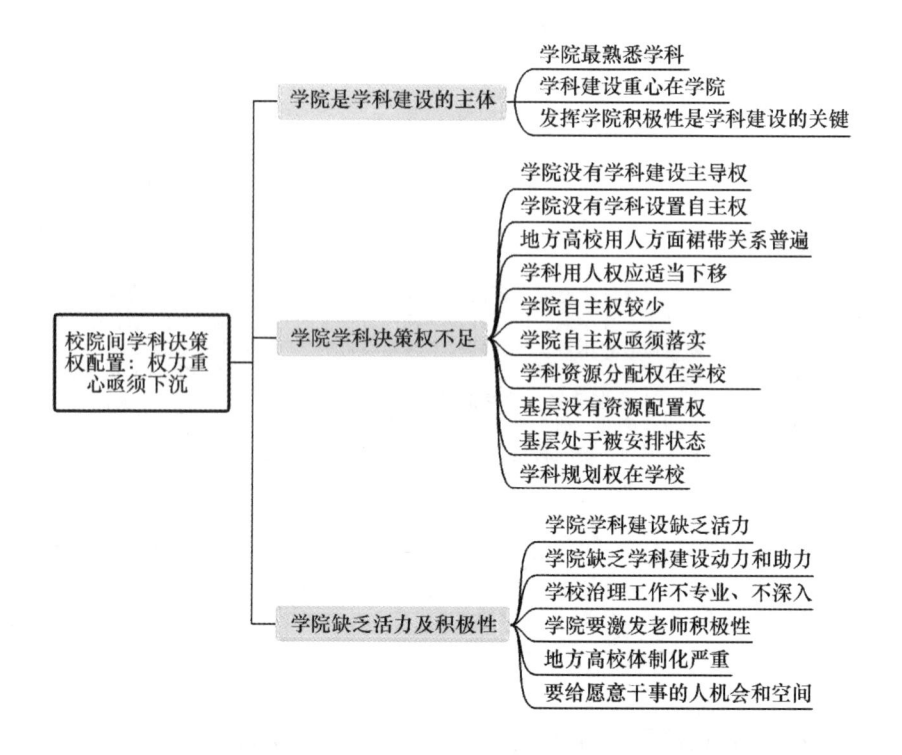

图 3-5　校院间学科决策权配置相关数据聚焦编码所得范畴和核心范畴

从图 3-3、图 3-4 和图 3-5 可以看出，学科决策权配置问题主要表现在三个方面：校级学科决策权配置呈现行政主体越权和学术主体弱权的问题；学院学科决策权配置呈现模糊分权的问题；校院间学科决策权配置呈现权力重心亟须下沉的问题。由此可将学科决策权配置问题归纳为学术主体决策空间被多向挤压。

三　学科执行权配置：学科管理部门协调服务不力

地方本科高校学科治理中的执行权问题可以概括为：学科管理部门协调服务不力。高校学科管理部门在知识生产活动中承担协调服务功能，因此，高校的学科决策权实施后，要有学科管理部门去执行推动决策权的落实。当前学科管理部门统筹与服务能力有待增强，要加强学科管理

第三章 地方本科高校学科治理权配置的基本特征与实践困境

部门之间的协调联动,提高学科协调部门支持、服务学科发展的能力,进而提高学科执行的有效性。

在访谈中多位受访者谈到学科执行的协调性及服务性问题。地方本科高校大多为多科性大学,不如综合性大学学科齐全。但在实际运行中为彰显大学地位以及安排干部需要,部门设置、学院设置数量却并不比综合性大学少,为此需要拆分学科,将一个学科分布在多个学院,职能部门设置也是越分越细。与此同时相应的统筹服务机制没有建立起来,就出现了条块分割与协同不力、学科资源整合困难、学科执行碎片化及执行效果不佳等问题。原始数据及初始编码情况如表3-16所示。

表3-16　　学科执行权配置相关原始数据与初始编码

原始数据	初始概念
202102:目前学校正在申报博士点,从学校层面整合学科资源,如经管法分布在多个学院,学科资源碎片化,不容易形成一个合力。学科建设的重点应该是学位点,尤其是博士点,但我们申报工作大部分都耗在各单位之间的协调上	1. 研究生处负责申报学位点 2. 学科资源碎片化 3. 部门协调有难度
202103:地方高校学科设置最大的问题是一个学科分布在几个学院里,写申报材料时不好协调,学科负责人认为自己是学院的,没办法协调其他学院,都是让我来协调。一到学科评估时,我好像是他们的秘书,要协调的事情特别多,琐碎	4. 一个学科分布在多个学院不利于整合资源 5. 学科负责人难以有效协调 6. 学科规划办疲于协调
202113:研究生处、学科规划办和学术委员会都是正处级单位,之间的关系,捋顺了吗?他们合作了吗?再加上人事处。他们功能先捋顺,他们应该共同去做一件事,都在学科建设下面做。他们现在各自有各自的标的,他们之间权力分工也不清晰,也不见得他们有一个统一的任务	7. 学科管理部门间关系有待捋顺 8. 职能部门之间权力分工不清晰 9. 学科管理部门间分工有余整合不足
202116:学科与发展规划处目前主要工作是对省级重点学科建设经费进行分配,协调提交学科评估材料,并未参与学科结构调整等重大学科管理。需要职能部门之间的功能整合、优化,既然有学科与发展规划处了,就应该由他们宏观上做一个顶层设计,其他职能部门各自承担其中一部分职能 作为学科顶层设计的部门,它和其他职能部门的分工,宏观上和整体学校布局是否无缝对接,还是各自为战。学科建设的各职能部门是否可兼顾到全校整体布局问题。主要的宏观部门应该是学科规划来统筹比较好	10. 学科办统筹职能有限 11. 职能部门之间功能要整合优化 12. 学科办应做好顶层设计 13. 职能部门各自为战 14. 职能部门间统筹性不够 15. 学科办应承担统筹职能

· 171 ·

续表

原始数据	初始概念
202110：目前学科事务基本同时由研究生处、教务处、学科办等在做，涉及本科的是教务处在管理，申报这个硕士点，是研究生处在管，重点学科是学科办在管，还有人事处、学术委员会是不是也有参与？他们好像各干各的，没有整体的一个学科发展机制	16. 学科管理部门之间缺乏统筹机制
202115：所以说来说去说咱们学校上层，咱们好多业务上层部门不专业、持久性不强。抓基层教研室的学校教务部门，抓教学的教务上经常不断地变化，有没有自己的理念，有没有自己校级一套管理措施？教务处或者说要具体部门这些人们不断地变化这些方面，怎样把某一项工作抓实抓细的，都是检查了过去了。你就抓一项工作，抓优秀团队校级团队，抓优秀基层，抓典型给予支持。学校这个层面始终处于涣散的状态，就是说不专业，不深入，更没成效	17. 学科管理部门工作不专业 18. 学科管理部门工作持久性不强 19. 学科管理部门没有自己的一套理念和管理措施 20. 疲于应付上级检查 21. 对学院工作支持不够 22. 工作涣散、不专业、不深入，成效甚微

在初始编码阶段，共提炼出 22 个初始概念，采用和前面学科指导权、决策权问题分析同样的方法，对这些初始概念进行分析、归类和合并等，从而获得 20 个有效概念。在聚焦编码阶段，通过分析与归类，尝试对 20 个初始概念进行范畴化，并为范畴进行命名。[①] 最终归纳出 2 个范畴：学科管理部门统筹协调不够和学科管理部门服务能力不足。在此基础上进一步提炼并生成核心范畴——学科执行权配置：学科管理部门协调服务不力。由思维导图软件 Mindmaster 呈现聚焦编码的结果，详见图 3-6。

通过深度访谈和实地观察发现，地方本科高校学科执行权存在的主要问题是学科管理部门在学科执行过程中自上而下的控制力有余，而协调与服务能力不足。在访谈中某受访者（编号：202205）任职省内高校某学科管理部门负责人，是省内高等教育教研领域知名学者，他谈到，学科治理和学校的层次有关，我想地方本科高校的学科治理分量要少一些，大学到底是"政府"还是"学府"，如果是"学府"的话就要重视

---

① 其中"学术委员会职权受限"范畴命名直接来自初始概念，因此，右侧减去 1 个初始概念，还剩 31 个初始概念。

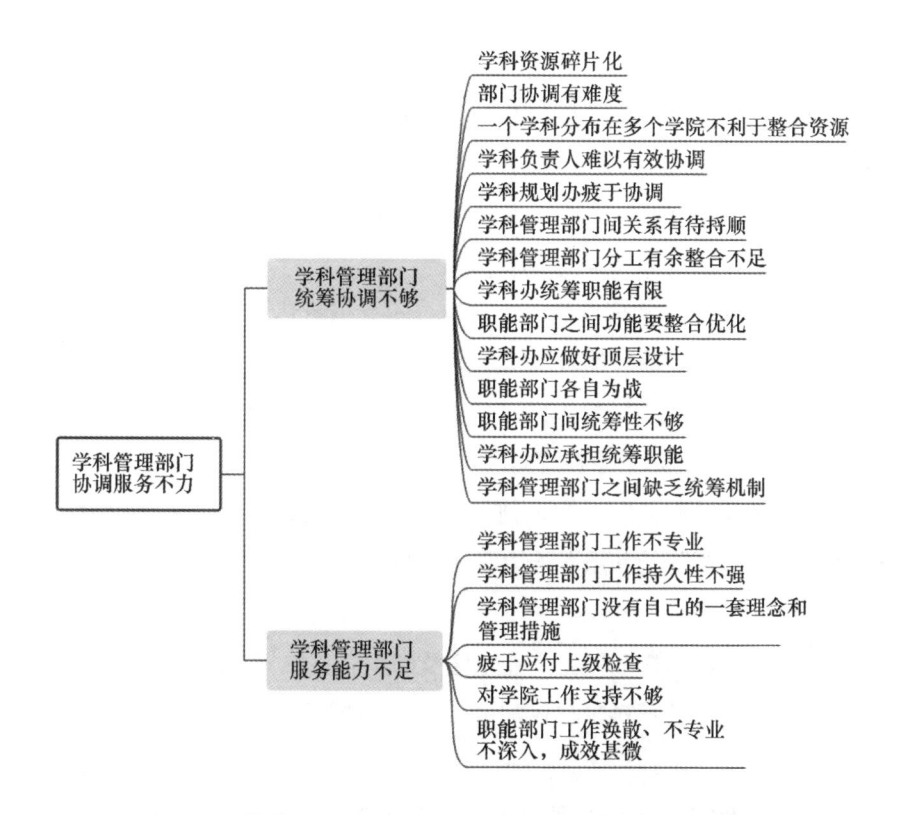

第三章　地方本科高校学科治理权配置的基本特征与实践困境

```
                             ┌── 学科资源碎片化
                             ├── 部门协调有难度
                             ├── 一个学科分布在多个学院不利于整合资源
                             ├── 学科负责人难以有效协调
                             ├── 学科规划办疲于协调
              ┌─学科管理部门──┼── 学科管理部门间关系有待捋顺
              │ 统筹协调不够  ├── 学科管理部门分工有余整合不足
              │              ├── 学科办统筹职能有限
              │              ├── 职能部门之间功能要整合优化
              │              ├── 学科办应做好顶层设计
学科管理部门───┤              ├── 职能部门各自为战
协调服务不力   │              ├── 职能部门间统筹性不够
              │              ├── 学科办应承担统筹职能
              │              └── 学科管理部门之间缺乏统筹机制
              │
              │              ┌── 学科管理部门工作不专业
              │              ├── 学科管理部门工作持久性不强
              └─学科管理部门──┼── 学科管理部门没有自己的一套理念和
                服务能力不足 │    管理措施
                             ├── 疲于应付上级检查
                             ├── 对学院工作支持不够
                             └── 职能部门工作涣散、不专业
                                 不深入，成效甚微
```

图 3-6　学科执行权相关数据聚焦编码所得范畴和核心范畴

学科，重视学术，行政职能部门主要是服务者，为学术服务，为学校学科发展服务，而非其他。实践中，地方本科高校行政组织系统仍然掌握学科综合治理权，包括决策、执行和评估等多项权力。

行政管理部门间的协调机制还需健全。相关职能部门主要有学科规划部门、学科团队管理部门、学科经费分配部门、人才培养部门和校社合作部门等。当前各部门职能更多的是一种自上而下的执行安排，横向之间的协调不是那么顺畅，正所谓"分工有余整合不足"。A 高校近年来存在的一个很大问题就是学科管理部门越来越多，为满足国家各类政策和评估要求，设置了新的部门，但原有的部门并没有合并或撤销。以致随着学科管理部门的增加，一道道无形的藩篱也随之竖起。近年来仅新增的与学科相关的正处级部门有教师教学发展中心、通识教育中心、学科与发展规划处、学术委员会、教育督导委员会、教学质量评价中心等。原有的学科治理部门加上这些新的部门,横向间的联系是随机的、偶然的,联系源于国家各类统计信息、评估活动等。如果没有这些自上而下的行政事务,横向间基本不需要联系,也没有明确的、制度化的部门间统筹机制。

学科管理部门服务能力有待提高。随着学科执行职能越分越细,部门越来越多,每个部门的管理人员只负责职责范围内的具体工作,而这种工作越来越行政化、教条化,与学科要求自主空间旨在推动知识创新的要求存在偏差。在很多时候,学科管理部门人员的学科素养和能力已不能很好地满足服务学校知识创新的需要。因此,学科管理部门对校院两级学科治理的支持和服务能力亟待提高。

四 学科参与权配置:产业主体及师生学科参与乏力

地方本科高校学科参与权配置主要是指校外的产业主体和校内的普通师生参与学科治理事务。产业主体应当有机会有意愿参与政府的学科政策、规划及资源分配方案的制订,以及参与高校内部学科相关事务;师生主体应有积极性参与高校内部学校及学院层面的学科相关工作。

(一)产业主体学科参与乏力

这里的产业主体主要是指以企业、产业行业部门为代表的知识需求主体。访谈中发现目前地方本科高校有意愿与企业组织、产业行业部门建立密切联系,多次提到校企合作的重要性,如要做到"无缝对接",做好就业市场的捕捉,社会需求是学科专业设置的依据等。在学科领域加强合作,实践中确实进行了多样化的合作探索,在很多情况下挂的有象征合作的牌子,有各种各样的应用联盟、平台等机制。某律师事务所和 A 高校有合作关系,其负责人(编号:202207)在接受访谈时将这种合作的成效总结为:"合而不实、合而不深、合而不强",主要是指校企合作浮于表面,不够深入,部分合作停留在建立教学实践基地等浅层次,合作流于形式,双方合作仅限于一纸文书,没有真

第三章 地方本科高校学科治理权配置的基本特征与实践困境

正实现知识共创和相互促进，校企合作形式和内容难以突破。受访者认为就业市场和高校之间壁垒严重，如何突破校企之间的种种壁垒是个难题。这些问题在学科参与权配置方面就体现为产业学科参与权配置不足，处于"弱位"状态。

通过深度访谈发现，受访者大部分认为产业参与地方本科高校学科治理很有必要，但目前产业参与权的配置还不是很顺畅，存在一些障碍。也有学者提出产业参与学科治理不能"一刀切"，要因学科而异，这对我们思考产业主体参与学科治理也很有启发。具体原始访谈资料及初始编码情况如表3-17和表3-18所示。

表3-17 产业主体学科参与权配置相关原始数据与初始编码1

原始数据	初始概念
202102：政府鼓励社会参与高校学科治理，关键是实践中如何配置到位，需要政府、高校、学院思考。比如提倡双导师制；现在大力发展的产业学院，双方或者多方共办产业学院，这也是社会参与；注重发挥校友的作用，校友回馈学校，这也是社会参与；共办一些实习实训基地、人才培养基地	1. 政府鼓励社会参与高校学科治理 2. 社会参与权配置成效是问题所在 3. 社会参与有多种形式
202116：高校打开围墙和产业行业合作是时代趋势，但是实践中应该怎么落实，存在问题。我们培养的学生跟市场需求不对接的话，你肯定是培养失败，在高科技领域里边大家看得更清楚，也是最直观。来自学生就业的情况和用人单位的信息反馈，是我们进行专业更新、改造和建设的重要基础	4. 校企合作是趋势 5. 校企合作存在不少障碍 6. 人才培养与市场对接不够 7. 市场主体的反馈对学科治理改进至关重要
202113：现在高校学科也愿意让企业参与。因为现在企业专家跟过去不一样，现在企业的博士多，对学科有感觉。我认为绝对要鼓励，国外基本上学科是靠企业撑着的，而不是靠国家。我国因为急需建成一批一流学科，国家用重金引导高校学科建设，一定程度上不利于社会主体、企业等参与进来	8. 高校欢迎企业参与学科治理 9. 企业有一定的人才储备 10. 高校学科靠企业支撑 11. 项目制不利于社会主体参与学科治理
202116：学科和社会对接的意识和渠道还不够畅通，不少专业学生社会实践流于形式。高校进行人才培养，如果培养的学生不能与市场对接，那么就失去了培养的价值。学科怎样与这个社会对接，恐怕是一个持续要思考的问题	12. 学科与社会对接的渠道不够畅通 13. 人才培养须与市场对接
202115：我们和社区的联系方面还很薄弱。要视野开阔，吸纳校外主体参与，而且校外主体参与一定要在人才培养体系下去拓展进行、科学进行，让学生真正有收获	14. 和社区联系还比较薄弱 15. 校企合作要科学进行，重实效

表3-18　产业主体学科参与权配置相关原始数据与初始编码2

原始数据	初始概念
202112：工程认证需要我们与企业在多方面加强合作，我们这两年一直在准备工程认证，但是还没有启动，因为学校它从上到下没有一个机制，你有些东西得学校层面来做才行，不是光我们学院。工程认证对学科的发展很重要，对一流学科的建设很重要，但学校领导、相关职能部门在认识、理念上还没有重视起来	16. 工程认证要求加强校企合作 17. 校企合作缺乏学校层面的协调机制 18. 学校行政人员的认识、理念不到位
202111：地方高校设置学科，一定要跟地方经济发展的现状相联系，请一些地方行政部门的人参与学科专业认证。你的学科是不是具有生命力，不是我们在屋里拍着脑袋想的，所以有时候我们找发改委、商务厅及研究所的人参与进来，听听他们的意见和建议 我有时候比较注重跟企业做一些联合，看看企业和行业他们的需求是什么。我觉得一个学科的发展，你不仅跟企业联系，还要和一些协会、政府联系。比如说我经常联系的：电子商务协会、物流协会、商务厅、省发展改革委，还有工信厅等	19. 学科设置要与地方紧密联系 20. 学科设置要听取地方政府、企业、行业、市场协会等校外相关主体的意见
202110：对于有些专业可能确实需要一些行业的参与，但是像我们数学的，它就是一个基础的这样一个学科，我把我的学生数学素养数学基础给他打好，能让他进一步地去发展就行。你想哪些机构能参与到我们教学教研，参与到人才培养里面？他参与不进来。学校应根据学科特点合理考虑与校外单位的合作政策，不能"一刀切"非要要求我这样做	21. 学科治理是否邀请企业参与因学科而异 22. 学校校社合作政策不能"一刀切"

在初始编码阶段，共提炼出22个初始概念，对这些初始概念进行分析、归类和合并等，从而获得20个有效概念。在聚焦编码阶段，通过分析与归类，对20个初始概念进行范畴化并命名，其中1个初始概念被归纳为范畴，最终得到19个初始概念，3个核心概念。3个范畴分别为：产业主体参与学科治理很有必要，产业主体参与学科治理存在一些障碍，产业主体参与学科治理切忌"一刀切"。在此基础上进一步提炼并生成核心范畴——学科参与权：产业主体学科参与乏力。由思维导图软件Mindmaster呈现聚焦编码的结果，详见图3-7。

从图3-7可以看出，产业主体参与地方本科高校学科治理是很有必要的，是人才培养、科学研究和社会服务的需要。但也存在多方面的障碍，需要具体分析原因提出对策。另外，在访谈中也了解到，不同学科对产业主体参与权的认识是不一样的，依据学科与产业行业的接近程度安排产业主体参与权是恰当的。

第三章 地方本科高校学科治理权配置的基本特征与实践困境

```
产业主体学科参与乏力
├── 产业主体参与学科治理很有必要
│   ├── 政府鼓励社会参与高校学科治理
│   ├── 校社合作是趋势
│   ├── 市场主体的反馈对学科治理改进至关重要
│   ├── 高校欢迎企业参与学科治理
│   ├── 高校学科靠企业支撑
│   ├── 人才培养须与市场对接
│   ├── 工程认证要求加强校企合作
│   ├── 学科设置要与地方紧密联系
│   └── 学科设置要听取地方政府、企业、行业、市场协会等校外相关主体的意见
├── 产业主体参与学科治理存在一些障碍
│   ├── 社会参与权配置成效是问题所在
│   ├── 校社合作存在不少障碍
│   ├── 人才培养与市场对接不够
│   ├── 学科与社会对接的渠道不够畅通
│   ├── 校企合作缺乏学校层面的协调机制
│   ├── 学校行政人员的认识、理念不到位
│   ├── 和社区联系还比较薄弱
│   └── 项目制不利于社会主体参与学科治理
└── 产业主体参与学科治理切忌"一刀切"
    ├── 学科治理是否邀请企业参与因学科而异
    └── 校舍合作要科学进行，重实效
```

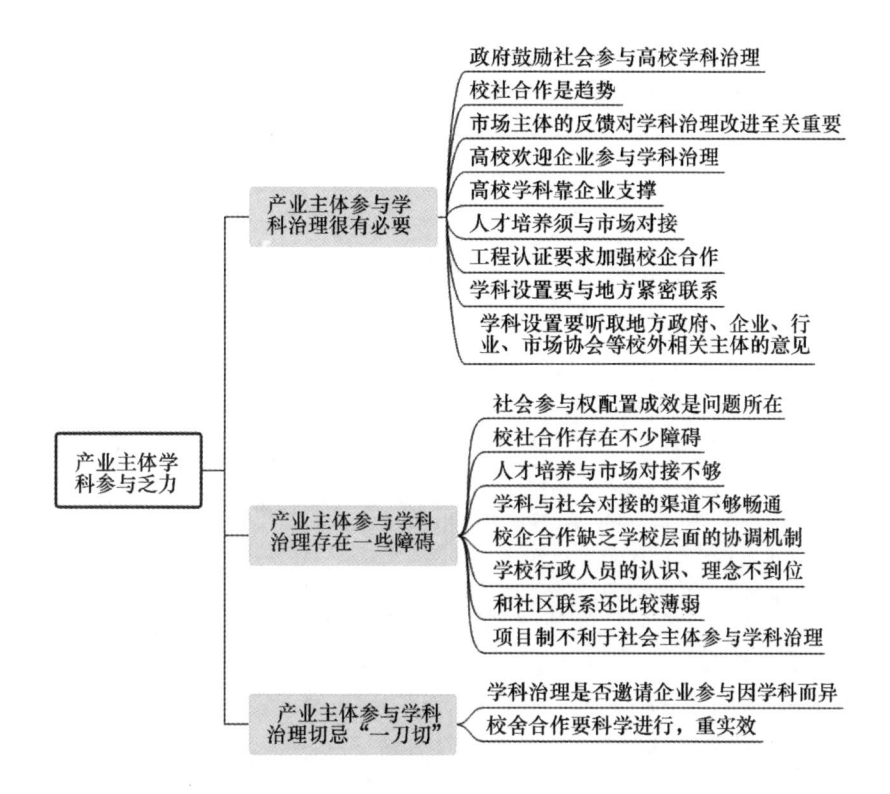

图 3-7 产业主体学科参与权相关数据聚焦编码所得范畴和核心范畴

（二）普通教师和学生学科参与乏力

地方本科高校内部的学科参与权主要是指学院普通教师、学生对学院、学校学科决策由提出意见和建议的参与权，在某些与普通教师、学生利益切实相关的学科事务上有一定的投票权。目前高校章程中普遍有关于学生参与权的内容，但比较笼统。如 A 高校章程规定，学生有权对教学活动及管理、校园文化、后勤服务、校园安全等工作提出意见和建议，但对参与路径、程序等并没有特别说明。在实地调查中，通过对个别访谈和对普通教师代表的焦点访谈了解到，普通教师很难参与到学院学科治理中。普通教师和学生参与学院学科治理的权力被虚化，参与权不能配置到位的结果就是学科基层组织缺乏活力，失去创新动力，被动接受校领导、学院领导的安排，知识创新无从谈起。访谈数据及初始编码情况如表 3-19 所示。

· 177 ·

表 3-19　　师生学科参与权配置相关原始数据与初始编码

原始数据	初始概念
202116：普通老师我觉得如果对学生负责的话，你肯定要有这个参与学科建设的意识，现在很多老师没有这个意识，也缺乏常态化的参与机制	1. 教师学科参与意识不足 2. 教师学科参与的常态化机制缺乏
202109：普通教师和学生在学科治理中参与较少。普通教师主要承担个人的教学与科研工作，一般不愿参与学科事务，或因视野不够，或缺乏对学科整体发展的认识等，使其缺乏参与学科治理的能力	3. 普通教师学科参与意愿、认识不足 4. 普通教师学科参与能力有待提高
202114：有一些学院院长做得好些，在于他作为院长动脑筋了。基层学院也好，学科也好，你用心了就能发展。你像我们这一块，这几年来的年轻人多，我在负责学科的时候，我就比较注重他们这个上课，博士得要有课上，经常去听、督他们的课，科研嘛就是慢慢一个积淀，现在我们几个人形成了内部的一个核心团队。想办法鼓励这个内生性，大家要从制度上、情怀上关心学科发展	5. 基层学院和学科带头人负责很重要 6. 组建学科团队很重要 7. 激发团队成员积极性
202113：普通师生很难谈参与学科治理。我们统计学还好，每年院里会有一些学术活动，请他们讲学科。教研室会议上，我会给他们讲一些学科。讲学科发展，关心学科进步，尤其是基于学科来管理人才培养，让就业更具有社会适应性。所以我们是非常关心学科的，但是老师层次还没有一个高度	8. 普通师生很难参与学科治理 9. 老师对学科的关心不够
202114：在教学科研方面，我们缺乏一个自下而上的一个内驱力。我们基层没什么决策，可以说是学校的职能部门决策。我们没有学科发展的动力，地方院校普遍如此。老师动力不大之后，他就没有一个明确的目标和方向。就是上面推动改革了，也有经费，我就改，纯粹是自上而下推动。学科建设，内在驱动力和干劲是靠基层的，至少应该要发挥基层的民主，然后这民主再到学院和学校集中，我觉得这很重要	10. 学科治理缺乏自下而上的内驱力 11. 基层自主权受限 12. 教师动力不强 13. 学科改革自上而下推动 14. 发扬基层民主很重要
202111：学生吧一般来讲就课程、人才培养方案征求意见会让他们参与进来	15. 课程设置等与人才培养密切相关的事项会吸纳学生参与
202110：在这个学科建设方面，会选择邀请普通老师参与。比如在我们申报这个硕士点的时候，其中一个老师什么职务也没有，但是他科研做得好，熟悉这个学科的前沿，在我们申报过程中全程参与。学生倒是不会参与，他们这方面还是了解得太少，数学这个专业性比较强。但我们会通过与往届的学生交流，对他们的反馈意见，认为合理的都会吸收	16. 学院会邀请合适的普通老师参与学科管理工作 17. 学生参与情况与学科的性质有关

在初始编码阶段，共提炼出 17 个初始概念，对这些初始概念进行整理、分析，获得 15 个有效概念。在聚焦编码阶段，通过分析与归类，对有效初始概念进行范畴化并命名，最终得到 2 个核心概念，分别为：普通教师和学生学科参与受限、普通教师和学生参与意识和能力有待提升，

第三章 地方本科高校学科治理权配置的基本特征与实践困境

进一步提炼并生成核心范畴——普通教师和学生学科参与乏力。由思维导图软件 Mindmaster 呈现聚焦编码的结果，详见图 3-8。

```
                           ┌── 普通师生很难参与学科治理
                           ├── 基层自主权受限
                           ├── 组建学科团队很重要
              普通教师和学生 ├── 激发团队成员积极性
              学科参与受限  ├── 学科改革自上而下推动
           ┌─             ├── 发扬基层民主很重要
           │               ├── 课程设置等与人才培养密切
           │               │   相关的事项会吸纳学生参与
普通教师和学生│               └── 学院会邀请合适的普通老师
学科参与乏力─┤                   参与学科管理工作
           │               ┌── 教师学科参与意识不足
           │               ├── 教师学科参与的常态化机制缺乏
           │  普通教师和学生 ├── 普通教师学科参与意愿、认识不足
           └─ 参与意识和能力├── 普通教师学科参与能力有待提高
              有待提升     ├── 老师对学科的关心不够
                           ├── 学科治理缺乏自下而上的内驱力
                           └── 教师动力不大
```

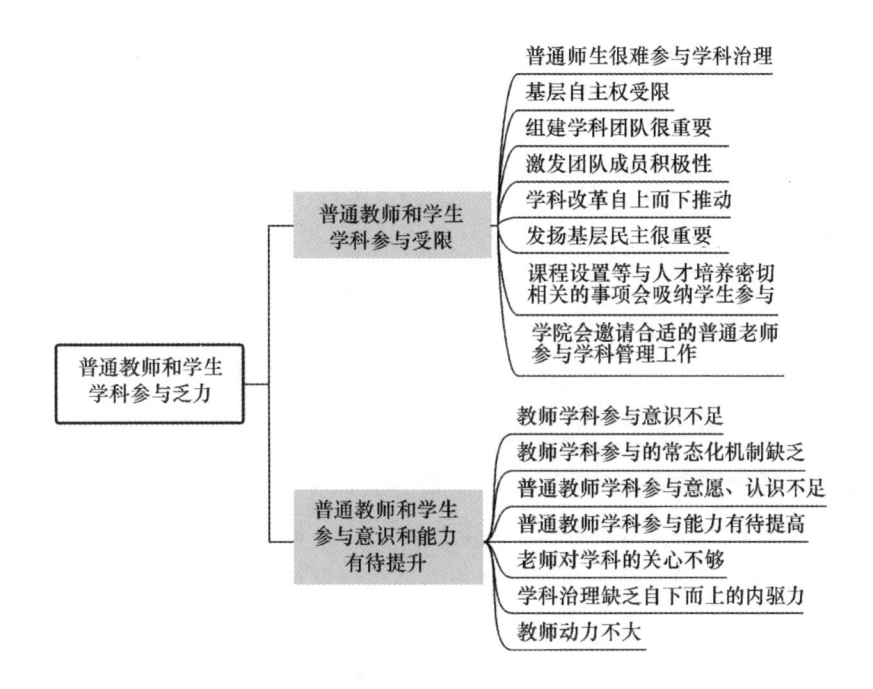

图 3-8　师生学科参与权配置相关数据聚焦编码所得范畴和核心范畴

普通教师是直接的知识生产者和学科治理的利益相关者，是学科发展的基础性力量。但在当前的学科治理模式下，无论是学校层面还是学院层面的学科治理，普通教师学科参与受限，其参与意识和能力不足，这严重制约了基层学科的发展，最终影响学校整体学科发展的活力。受访教师基本是副教授或讲师职称，以青年教师为主，他们认为无论是学校还是学院学科事务，基本都是教授参与得多些，他们职称低，只是学院有时候征求意见时参与一下。学校有时候开教职工民主大会派代表参与，但这些活动与学科发展关系不太大。总的来说，学科治理相关的决策教授参与多些，普通教师参与比较少。

学生作为知识生产的直接需求者，知识生产状况如何对他们未来影

· 179 ·

响巨大，但在目前的学科治理中表达空间有限。通过焦点小组访谈了解到，本科生相对参与多一些，会通过期中教学检查的座谈会、毕业生座谈会等反映对课程设置、教师教学以及专业发展等问题的意见和建议。硕士研究生和本科生相比，他们参与所在学校学科治理的机会更少，他们因为要参与一些研究工作，更多时间关注到自身的学习和科研中，而对参与学校或学院学科治理工作意愿不足。

五 学科评价权配置：评价组织专业性独立性欠缺

随着新公共管理主义在高校治理中的盛行，借助新公共管理主义理念改革高校学科治理已成为学科建设中的一个重要策略，学科监督、评价、问责制度随之确立，成为组织生产过程的重要组成部分。各类学科评价越来越受到重视，以效率为价值追求设计各种各样的学科评价指标，通过评价知识生产成效不断改革学科治理手段。目前高校学科评价主要包括校内和校外两部分，和学科决策一样，学科评价是专业性活动，应由学科评价专业人士主导。

通过实地调查发现，地方本科高校学科治理中的评价权问题可以概括为：评价组织专业性独立性欠缺。当前学科治理权配置的"碎片化"进一步加剧了校内学科评价组织的非专业性，这里的权力配置"碎片化"是指在学科评价过程中，由于各种类型、各个层次学科评价活动由政府不同部门发起和分散实施，加之缺少顶层设计和统一规划，导致高校内部各评价机构分散在行政系统的各个部门，使一个本应完整、连贯的学科评价体系支离破碎。由于评价组织的零散分布，部门之间沟通不足，且由行政管理人员实施学科评价，缺少评价专家的指导，致使学科评价依循管理性价值，而淡化了其促进学科发展的专业价值，最终降低了学科评价成效。

学科评价组织的独立性也亟待增强。评价权作为一个专门权力从教育行政部门的"大一统"权力中分解出来，进而传导到被评价学校，在高校内部也开始逐步从行政职能部门掌握的权力中分解出来，但很多学校没有单独设立评价部门，仍然由高校职能部门现有科室负责，或临时成立评价机构，评价活动结束机构也解散。因此，这个阶段的评价权虽然完成了从总体性权力中分解出来的任务，但对评价权的配置还处于探索阶段。随着评价类别的增多和活动的频繁，一些专事评价的部门开始相继成立。进入21世纪，特别是高等教育大众化后，为保障高等教育质量，越来越多的评价项目开始实施，各类大学排行榜、学科评估结果、本科教学工作评估及各种专门项目评选等开始成为高等学校办学的"指挥棒"。在职能部门内部设立承担评价功能的科室已不能满足评估需求，逐渐发展到成立单独的评价部门，再后来随着评价项目的进一步增多，评价权进一步分散到多个职能部门，呈现碎片化特征，其独立性也受到损害。

A 高校当前的学科评价权同样呈现了学科评价组织设置零散、评价功能分散在多个职能部门的特征。自 2006 年以来，共新增 7 项学科评价事务，[①] 分别由 6 个部门组织实施。这些学科评估事务彼此互相关联，有许多评价指标或统计指标是重复的，只是因为部门藩篱统计口径稍有不同，造成重复劳动，徒增部门工作量等问题，具体如表 3-20 所示。

表 3-20　　A 高校学科评价组织设置及其职责示例

牵头部门	学科评价事务	评价指标维度
学科与发展规划处	学科评估	人才培养质量、师资队伍与资源、科学研究水平、社会服务与学科声誉
研究生处	学位点评估	思想政治教育、人才培养、导师队伍、科学研究、社会服务
教学质量评价中心	本科教学评估	学校的定位与目标、师资队伍、教学资源、培养过程、学生发展、质量保障
	本科教学质量年度报告	师资与教学条件、教学建设与改革、专业培养能力、质量保障体系、学生学习效果

---

① 20 世纪 90 年代，我国开始开展本科教学评估。在我国本科教学评估政策文件中，本科教学评估包括合格评估、水平评估和社会评估三个类型，每类评估对高校要求不同，影响也不同。A 高校于 1996 年通过合格评估，2008 年接受水平评估。因此，这里新增本科教学评估指的是审核评估。

续表

牵头部门	学科评价事务	评价指标维度
教务处	专业评估	专业规划、师资队伍、学生、课程建设、教学管理、教学资源、教学效果、特色项目
教学督导委员会	教学督导	课堂教学、实践教学、教学管理、专项督导
校长办公室	本科教学状态数据库	师资队伍、学科专业、学科经费、科研情况、学生情况、校企合作

注：学科评估、本科教学评估、本科教学状态数据库评价指标来自国家相关评估文件；专业评估指标根据系统填报数据仅分类整理学科相关的指标；其他来自 A 高校相关文件。

从表 3-20 可以看出，学科评价事务之间有不少的重合之处，被分散在不同的职门。出现这种情况的原因是多方面的，一个重要原因是单项依赖的依附性权力结构，即权力多头供给和下级部门的对上配合。① 学科评价工作由政府部门内多个不同的职能部门做出，学校内的职能部门配合上级要求而忽视横向间多个评价事项的沟通和协同，使得学术性特征更强的学科评价完全变成了例行汇报数据的行政管理工作。学科评价的专业性大打折扣。比如某受访者（编号：202108）谈道，自己原来在教务处从事教学质量监控与评价工作，后来随着这部分工作调整到教学质量评价中心而到这边工作。之前评价工作较少的时候，还能做些研究，理论和实践结合，随着这几年教育部门布置的评价任务越来越重，没时间去看些书或文章，只能上网查查其他学校如何做的，跟着就开展工作了，感觉就是上面布置什么，就布置下去收集数据、写报告。自己感觉理论上没有进步，也很少思考了。

通过对高校外部的学科评价组织进行研究认为，目前主要由政府组织开展的学科评估和社会第三方组织开展的各类大学排行榜等评价项目。政府组织的学科评估具体由同行专家进行评价，但由于由中央政府统一组织，受政府制定的管理性目标管控，评价结果作为政府分配各类经费的依据，因此，政府组织的各类学科评估更多地从管理性价值出发，而

---

① 刘升：《基层治理中的"权力执行碎片化"研究——以城管执法为研究对象》，《云南大学学报（社会科学版）》2020 年第 2 期。

第三章 地方本科高校学科治理权配置的基本特征与实践困境

非学术性价值。因此，其专业性有待进一步提升。社会第三方组织开展的各类相关学科评价项目看似脱离政府而独立，但实践中深受政府管理性价值偏好和相关政策影响，自身的专业素养和实质独立性有待提升。

本章从政策和个案研究两方面对地方本科高校学科治理权配置现状进行了考察。通过学科相关政策文本和个案高校实际配置现状的分析，提出地方本科高校学科治理权配置在纵向上的特征是简政放权和渐次收权并行，在横向上的特征是形式分权和实质分权偏离。在此基础上，通过实地访谈和各类规范性文件与资料的整理，探寻地方本科高校学科治理配置存在的问题。通过分析这些问题，本书认为地方本科高校学科治理权配置存在的问题可以归纳为权力失衡且是系统性失衡。

在对政策考察后，本书根据五权划分框架对个案高校进行了深入实地考察后发现：地方本科高校学科治理权失衡不是存在于个别主体间的偶尔失衡，而是存在于学科治理权各类别主体、各层级主体之间的普遍性失衡。如政府学科指导权悬置而学科直接管理功能过度强化。学科决策权配置在学校层面、学院层面以及校院之间呈现出学术主体和行政主体间权力失衡的特征，即学术主题决策空间被多向挤压。学科执行权、参与权和评价权也存在同样的失衡问题。权力失衡并不仅仅存在于地方本科高校学科治理领域，在我国行政及准行政系统也较为普遍，是我国当前行政体制改革的"痛点"和"难点"。权力失衡导致弱势主体一方的利益没有得到保护和尊重，强势主体一方的权力"越位"和乱作为，造成主体间的对立、不信任感增强，从而导致治理失败。

高校学科治理权的失衡问题和政府部门相比又有它的独特性，行政部门处理的一般是行政事务，而学科治理的事务是学科事务，他们的治理目的不同、参与主体也不完全不同，因而在治理过程中呈现的权力失衡也有差异，不能完全套用行政治理权失衡的分析方法和原因探寻。有必要以学科治理的特殊性为出发点分析地方本科高校学科治理权失衡的原因，并提出有针对性的对策。

第四章

地方本科高校学科治理权配置困境的原因分析

在了解地方本科高校学科治理权配置现状及困境的基础上，本章将透过问题表象进行溯源，继续深入探讨地方本科高校学科治理权配置困境产生的原因。结合实地调查认为：地方本科高校学科治理权主要是在一定的价值体系指导下，通过各类制度进行配置的。价值因素和各类制度深刻地影响着学科治理权的配置成效。

价值的合目的性是地方本科高校学科治理权配置的核心要件，价值作为一种理念因素，对学科治理权的配置过程发挥价值指引作用，也从总体上影响着学科治理权的配置成效。本书绪论部分在对学科制度进行梳理时，对制度概念也进行了整理。在此基础上，本书将制度定义为：被个体接受的调整主体之间以及社会关系的规则、规范和策略。制度有广义和狭义之分，从广义上来说，一切调整主体之间以及社会关系的规则、规范和策略都可以称之为制度，制度、体制、模式和机制等都属于制度范畴；从狭义上来说，制度是指位于社会体系的宏观层面和基础层面并侧重于社会结构的规则。和狭义的制度相比，体制位于社会中观层面，侧重社会形式；机制位于社会的微观层面，侧重于社会运行；模式主要指主体行为的一般方式，具有一般性、稳定性等特征。本部分是从广义上分析制度方面的原因，因此，体制、机制、模式都属于制度的范畴。

制度因素从多方面以多种形式影响学科治理权的配置。学科管理体

第四章　地方本科高校学科治理权配置困境的原因分析

制对政府学科指导权、学校学科决策权的配置产生影响；部门间协调机制主要影响学科治理权（主体）间的协同治理成效；学科参与机制主要影响产业行业主体和普通教师、学生的学科参与成效；学科评价制度影响学科评价权的配置状况。基于此，本章从上述五方面因素入手探寻地方本科高校学科治理权配置困境产生的原因。

第一节　地方本科高校学科治理权配置价值失序

本书在第二章构建了地方本科高校学科治理权配置的价值环模型，并在此基础上确立了学科治理权配置的应然价值秩序，即知识生产之最高价值准则优先于学术性价值和社会性价值，学术性价值和社会性价值优先于管理性价值。通过实地调查发现，受访者在谈到当前学科治理权配置问题产生的原因时，学科治理权配置的价值失序被认为是一个重要原因。从政府到学校的行政管理主体普遍秉持管理性价值取向，并在学科治理权配置中占据主导地位，知识生产之最高价值准则旁落，学术性价值和应用性价值服从于管理性价值的需要。在管理性价值内部，效率价值主导下法治价值彰显不足。受价值失序的影响，学科治理权主体的学科治理多维素养普遍欠缺。

一　工具性价值取向遮蔽目的性价值取向

价值取向是价值主体在进行价值活动时指向价值目标的活动过程，反映价值观念变化的总体趋向和发展方向。[1] 价值取向的突出作用是决策、支配主体的价值选择，因而对主体自身、主体间关系以及其他主体均有重大的影响。任何权力一定是在特定的价值取向基础上进行建立和配置，学科治理权配置亦是如此。20世纪80年代以来，学科治理权配置改革一直在进行。国家持续出台自上而下分权的改革文件，但就是成

---

[1] 阮青：《价值取向：概念、形成与社会功能》，《中共天津市委党校学报》2010年第5期。

效甚微。归根结底，不是教育行政部门或高校行政领导不愿意改革放权，其中有利益的原因，但更重要的是主体的价值取向在作梗。当前，地方本科高校学科治理权配置长期存在的行政主导化倾向，源于从教育主管部门到高校所秉持的效率或绩效等管理性价值取向，而忽视了学科治理的最终旨归是发展学术，促进知识生产。

在实地访谈中发现，政府和学校领导、行政部门人员等学科治理权主体的价值取向失之偏颇。根据前述价值理论和对价值环模型的分析，价值取向可以分为目的性价值取向和工具性价值取向，学科治理权配置的学术性价值取向和应用性价值取向属于目的性价值取向，管理性价值取向则属于工具性价值取向。受访者认为，工具性价值取向在学科治理主体的行为中展露无遗，管理性价值取向明显遮蔽了学术性和社会性价值取向。某受访者（编号：202201）谈道："现在大学的学科治理，权力主要由校领导和行政部门掌握，说是要多元主体参与，但很难做到。有很多人提出加强法律法规建设，严格按制度执行很重要。但我觉得这些不重要，法律法规也是人定的，重要的是从政府到大学，这些主体的价值取向出了问题。你看看政府组织的学科评估、教学评估等各类评估，以及这些年来设置的越来越多的各类学科、专业、课程、教材等工程类项目，无一不是以追求效率、绩效、数量为目标，有没有人静下心去考虑这样是否真的有利于学科发展和知识创新？"

研究型大学如此，地方本科高校更不必说，学科治理更多的是追求一种行政效率和绩效结果。这种看法也得到了 A 高校某学院院长（编号：202110）的印证，作为学院院长每年要组织申报很多个项目，她有切实的感受，她认为："政府设置项目太多，老师们陷入整理材料中，没有时间真正思考学科、教学的东西，这个我们深有体会。上级部门跟你说的这种项目、那种项目，多了之后，你看现在各种各样的名称都有，但这个效果真不好说，确实有时候影响了我们该做的东西。"各种类型的工程项目、评价项目让学校应接不暇，给地方本科高校基层人员留下比较深刻的印象是"数字+材料游戏"，各个指标能提供数字的都要提供，能转化的都要转化，不能转化的要提供尽可能繁杂的原始材料支撑，在这个追求管理价值的过程中，学术价值和应用价值已经旁落，成为管理价值的注脚。

一些地方本科高校的学科人才引进和学科团队建设也充斥着短视的管理性价值取向，以追求短期效率为目的，不惜以牺牲学科的长远健康发展为代价。以 A 高校近年来人才引进政策为例。A 高校自 2010 年开始启动博士点的申报，最终于 2021 年被列为 H 省博士学位授予优先立项建设单位，离最终的结果近了一步。某受访者（编号：202107）以前担任学院院长，目前是学术委员会副主任，他这样说道："说实话，我对我们学校未来的发展是有担忧的，前几年为了申博，满足所谓的博士学位教师占比要求，短期内引入那么多人，且结构严重不合理。如 2015 年、2016 年那两年，每年引进博士 200 人左右，学院不缺人学校硬下指标，你这个学院今年指标多少个。据我所知，真正急需的金融、审计、应用数学及艺术类等紧缺人才招不到，这些学科博士好就业，人家不愿意来。最后真正招进来的有一半都是哲学、文学、法学、社会学，我们这些专业本身不缺人，一下子来这么多安排上课、到时候评职称、申报项目扎堆都是问题，最后相当一部分安排到各个职能部门去了，我想这是人才的浪费。"在人才引进名额和学科专业结构布局方面，学校有一定程度的自主权。可为了实现早日申博成功的目标，学校采取管理性价值取向，追求功利性，在短时间内引进大量人才，且不考虑学科专业布局，只要是博士就好。从一定程度上破坏了学科人才的长期发展生态，即使申博成功也会有长期的后遗症，从长期来看并不利于学科发展，知识生产之最高价值准则已经旁落。

无独有偶，2022 年 7 月，湖南某地方本科高校一次性引进 23 名博士（其中 22 人原本为该校教师，为学校统一选拔送国外攻读博士学位），且全部毕业自菲律宾同一大学，就读两年半，均获得哲学（教育学）学位。这则消息一出，立刻引发社会热议。也有学者认为，像该校这样把教师集中派往东南亚国家读博的现象并非孤例，背后的根源就是管理性价值取向在作怪。把管理目标凌驾于学术价值和应用价值之上，把学术简单变为追求管理效率的功利行为。事实上，有很多学校跟国（境）外，特别是东南亚的一些学校签订协议，支付部分经费，利用这些经费派本校的教职工去拿学位。其实，也就是用经济杠杆催生高学位、高学历甚至洋学籍、洋学位。① 背后的原因也很明确，就是满足教育部考核硬指标的要求。当前无论是学科评估、院校评估、高校专升本或学院升大学等各类评估，对师资的学历水平都有硬性要求。这种管理性的价值评价取向决定了高校特别是地方高校的管理行为。

由此可以看出，这种不考虑学科专业建设需要，而是优先关注引进博士数量的现象在地方本科高校并不鲜见。他们是为了满足专升本、申硕、申博需要而突击加大博士学位教师占比，目的是获得和高一层级学校相同的资源。当前学科治理权配置管理性价值取向主要表现为：效率导向、绩效导向、竞争优先取向，而学术性价值和社会性价值准则被遮蔽，由此导致学科治理权主体之间的权力"失衡现象"。政府的学科指导权被悬置而直接控制权加大，社会参与权不足，高校内部管理人员决策权依然强劲，学术人员决策权不足，等等。学科治理的本质是什么，本质其实就是学术。而现在多元主体恰恰有意忽略了学科治理权配置的学术性和社会性价值，从而影响了学科治理权在主体间的配置态势。

由此可见，在学科治理权配置过程中，多元权力主体为迎合管理性效率价值的需要，弱化基于知识理性的学术性价值和由此发展的社会性价值，知识生产之最高价值准则旁落。多元主体在基于管理性价值的学科评价指挥棒下为了追求短期的效率价值而淡漠了自己的使命。因此，教育价值秩序的颠倒在一定程度上是学科治理权配置失衡的思想根源。

---

① 任梦岩：《邵阳学院花1800余万引进23名菲律宾高校博士，学校为何这么做?》，2022年7月19日，https://www.thecover.cn/news/9464868，2022年7月19日。本材料为摘录的其中一部分。

第四章 地方本科高校学科治理权配置困境的原因分析

二 效率价值主导下法治价值彰显不足

在第二章确立的应然价值秩序中，管理性价值向度包括效率和法治两个具体价值。上文所说的管理性价值取向遮蔽其他价值，主要是指效率价值遮蔽其他价值。在效率价值和法治价值之间，存在同样的问题。法治价值是效率价值发生正向作用的规则保障，当效率价值发生正向作用时，效率价值优先于法治价值。当效率价值被扭曲，遮蔽目的性价值时，法治价值应与效率价值同等重要，发挥纠偏作用。现状是，在效率价值的强势主导下，法治价值彰显不足，其纠偏、定向作用发挥甚微。

法治价值彰显不足突出表现在学科治理权主体法治思维普遍不足，规则意识和权责意识亟待培育。法治思维就是将法治的诸种要求运用于认识、分析、处理问题的思维方式，是一种以法律规范为基准的逻辑化的理性思考方式。前文在对有关政策文件梳理后发现，无论从哪个维度看，国家都出台了相应的法律法规或规范性文件进行法定分权。但实践中，地方本科高校学科治理权主体的法治思维普遍不足，权力主体的互动过程在很大程度上没有养成依法治理学科的思维模式，导致法治价值作用不彰。

在访谈中感受比较深的是多元主体并没有觉得必须按法律法规进行学科治理权配置，而是重政令轻法规、重权力轻责任，各主体的法治思维均有待培育。教育行政部门在出台一系列简政放权、扩大地方高校学科自主权的法律法规及规范性文件的同时，却以项目制、各类学科评估的文件形式重新往上集权。如果对两类规范性文件进行仔细审查就会发现其中的放权和集权悖论。学校层面和学院基层也都有意见，但还没有从法治的角度去分析这种悖论。

A高校主管学科建设的副校长（编号：202101）对学科治理有比较深入的思考，但在谈到学术委员会职能时，他这样说："学术委员会应该按章程办事，应该是独立的，但实际上在我们中国公办高校这种体制下，实际上很难独立。我和学术委员会接触很多，因为人事上有很多评审，有需要的话找它，如果我不给它安排它更没事了。我评某个项目，我可以交给它，但没有说我必须交给学术委员会，因为上级行文时是对着我人事啊，所以我对着我的上级，我对它要负责。"在实际工作中，A 高校学术委员会做的主要工作就是职称评审和学术道德建设，而教育部《高等学校学术委员会规程》和学校章程都明确规定了学术委员会的若干职责。但作为主管校长，他并没有觉得需要依据规章制度工作，而是认为教育行政部门布置的工作是给校领导的，因此，学术委员会该做哪些工作应由校领导安排。

在访谈学院基层教师时，他们也同样没有依据规章制度享有自主建设权的法治思维习惯，而认为听学校安排就行。某受访者（编号：202122）是一名普通教师，他认为："我们一般教师是没什么学科治理权的，我们任务就是上课、做科研，完成学校规定的工作量，自己也把职称评上去就行了。至于学科事务都是学校、学院在做决定，有什么工作安排我们去做，我们主要是配合学院工作。"由此可以看出，普通教师一般很少关注国家及学校有什么学科治理制度，没有去查询法律法规以及争取自身权益的思维习惯，只是习惯性地以为配合学校、学院工作即可，对自身的学科权力认识不足。

综上所述，正是由于学科治理权主体法治思维的普遍缺失，在学科治理链条上的每一个主体都没能从法治的角度去分析自己在学科治理中的权责，缺失了规则意识和权责意识。中央和地方政府认为自己有权管理地方本科高校，引导其开展学科治理，哪怕一些权力可能法律并没有赋予，也没有深刻反思自己在行使权力时是否承担了促进知识生产的责任。学术治理组织和学院基层主体习惯了执行被安排的任务，不曾去查阅自己在承担完成上级任务和进行知识生产责任的同时是否有相应的自主权。因此，各主体法治思维的普遍不足也是导致地方本科高校学科治理权配置失衡的一个重要因素。

三 价值失序下主体多维学科治理素养欠缺

根据前文确立的价值环模型和价值秩序，地方本科高校学科治理权配置应在知识生产的最高价值准则指导下兼顾多维多层的价值要求，并遵循已确立的价值秩序，达到多维价值间的均衡状态，从而引领学科治理权配置的均衡。而非仅仅遵循单一价值准则，忽略其他价值要求。在此逻辑下，多元主体应以价值秩序为指导，培育相应的多维学科治理素养。否则，多元主体的学科治理素养将被认为是欠缺的、不全面的。

本书中的学科治理素养指的学科治理权主体在学科治理实践中养成并在学科治理活动中体现出来的，有效开展学科治理活动必须具备的心理品质的总和。学科治理权配置须兼顾学术性、社会性和管理性三维价值，因此，学科治理权主体必须具备这三方面的素养方能有效参与学科治理，缺一不可，否则会严重影响学科治理权的均衡配置和学科治理成效。

实践中发现具备这种多维素养的主体还比较缺乏。如某受访者（编号：202102）是 A 高校研究生处处长，他认为："在地方高校，行政管理人员是学科治理真正的专业人员，是更专业的力量。普通教授只是专注于自己的研究领域，熟悉本学科学术事务，不能从管理的角度出发，而实际工作中学科事务的处理通常涉及行政要求。学生最多参与对所学专业课程、人才培养方案提意见和建议，其他的他们做不了。"某学院院长（编号：202113）也持同样的观点，认为以校领导为首的行政人员学科治理素养更高，他说："我们这类学校决策权应该是校长的多，校长他懂得多，站的位置高，资源也相对丰厚；还因为他的专家身份，从业务上来说也不错，他对学科的地位，学科的重要的认识比谁都知道。校长的层次不一样，校长肯定认为学科地位决定学校地位，学校只能用学科来决定地位，其他决定不了。"

曾担任校长的受访者（编号：202106）也谈到这个问题："如果从纯学术来讲，我就不考虑各种各样的经费，假设经费是无限的，但作为大学校长，我很清楚经费是有限的，特别是我们地方高校，经费非常紧张，在开展学科的有关工作时，我必须考虑经费问题。申请博士学位授权点、本科专业，除了学术方面的考量，我都要考虑这个学科专业可能花费多少，学生出来就业怎么样？必须综合考虑。一般老师、学生有时候考虑不到这一点。"由此可见，大部分受访者认为行政管理人员特别是校领导更适合做学科决策，他们具备这方面的素养，而普通老师、学生接触得少，缺乏学科治理的知识和体验，学科治理素养还比较缺乏，不适合参与学科事务决策。但需要明确的是，此类观点只是认为学科治理主体最重要的是应具备管理性素养，学术性素养和社会性素养是次要的，这与本书确立的价值秩序是不相符的。其结果是学科治理权配置过程中，管理主体在各类权力中发挥主导作用，因为他们具备管理性素养，而其他主体因为学科管理性素养欠缺而处于弱势地位。

也有受访者（编号：202115）认为学校的行政管理人员因为缺少学术素养而学科治理工作做得不到位。他认为："学校管理人员的理念和素质有问题，很多地方高校管理人员学科理念是有欠缺的，学校层面始终处于涣散的状态，工作不专业、不深入、没成效。全校基层大部分处于被安排状态。地方高校体制化严重，层层管辖，管理压倒一切。"

在访谈时也有受访者提出，普通教授虽然缺乏学科治理的管理经验，但他们学术素养具备，也应该参加学科决策，以纠正行政部门人员只从行政需要治理学科的偏差，没有经验可以多学习。该受访者（编号：202107）曾担任某学院院长，目前是专职学术委员会副主任，他谈道："学科事务的决策完全由行政部门决策也是不合理的，容易损害学科的学术本质。当然，教授们因为很少参与管理活动，会不自觉从自己的科研和教学出发看问题，在管理性上可能是缺乏的。但我觉得这一点恰恰是行政部门人员不具有的优势，他们的参与会避免学科治理全部由行政人员作出决策造成的行政化误区。教授们也应加强自身管理性素养的提高，开阔眼界。"

因此，学科决策由行政部门人员作出只会从行政管理角度出发，有时候抹杀了学科的学术性特征，致使作出的决策影响学科发展布局，从长远来看并不利于学校发展。学术委员会委员、普通教师与学生应通过学习研究提高学科治理的管理性素养，才有机会和能力参与学科治理决策，从而有利于学科治理权均衡配置。

第二节 地方本科高校学科管理体制不尽合理

从实地调研和文献梳理发现，学科乃至整个高等教育管理体制被认为是不尽合理的，是学科治理权配置失衡的重要影响因素。在访谈中部分受访者认为必须切实改革管理体制，其他改革才能顺利推进，否则，其他改革的推进都将举步维艰。学科管理体制不合理表现在体制总体上的"泛行政化"和学科资源配置模式的单一化。

一 学科管理体制"泛行政化"

学科治理并非独立运行的系统，而是内嵌于高等学校治理并深受高等教育管理体制的制约和影响。我国地方本科高校的举办主体主要是地方政府，受地方政府直接领导和管理，虽然地方本科高校从功能上可归为学术组织，但从管理上可将其归为准行政组织。在访谈中发现，各学科治理主体并不否定学科治理中行政特性的存在，大家反对的是学科治理中的"泛行政化"倾向。学科治理离不开行政主体的参与和行政管理体制的支持，但如果"泛行政化"就会导致行政部门和行政管理人员控制学科治理的一切。最终形成政府权力过度进入学校、学校层面权力过度集中、学院缺乏自主权等权力失衡的系统性问题，从而直接阻碍学科的良性发展。

《国家中长期教育改革和发展规划纲要（2010—2020年）》更明确提出要"取消实际存在的行政级别和行政化管理模式"。泛行政化积弊在我国高等教育中已经成为迫切需要解决的改革重点之一。在行政化管理体制影响下，行政组织机构以满足行政效率、秩序需要为主要任务，遮蔽了高等学校学术性本质的彰显，从而使得高等学校内部管理也与政府机构高度趋同。笔者在一所地方本科高校教学管理部门工作多年，对此深有感触。在地方本科高校，学校和职能部门权力太大（说是要服务，但目前教学职能部门还是管理做得多些），面面俱到，把很多属于学院应该做的事都揽了下来。其结果是一方面职能部门人员天天疲于奔命，关键很多时候还做不好，因为有些涉及专业的、学术的事务并非职能部门人员能够胜任的，造成外行领导内行；另一方面学院的积极性调动不起来，滋生惰性，等着职能部门下指令，结果内行也不深入去做该做的事。

通过访谈对此有了更深入的了解，一位受访者（编号：202204）谈道："学科治理有它的复杂性，它既不完全是行政事务，也不完全是学术事务，要综合行政和学术两方面的要求管理学科。但现在其实主要是受我国集权型的高等教育管理体制影响，其他因素都没这么重要，这个是最主要的制约因素，它影响大学管理的方方面面，自然也包括你所说的学科治理。因此，解决学科治理问题必须从高等教育管理体制这个根上入手，这是一个系统问题。"另一位受访者（编号：202119）作为基层学科负责人，提出："体制、观念是最大制约因素，在教育理念和管理模式上是否会有所突破呢？现在的管理体制很僵化，行政管理人员控制着学科权力，单纯用行政眼光、行政思维看待学科，用处理行政事务的手段对待高校学科事务，不从学科发展规律出发，对我们基层主要是给我们布置各种任务，而不是给我们分权。"

由此可见，高等教育管理体制的"泛行政化"是造成学科治理权配置失衡的根本性制度因素，导致学科治理过程中政府、校行政管理人员占据主导地位，其他主体权力被边缘化，形成一种"单向依赖的依附性权力结构"。僵硬而昂贵的科层制带来的管理成本的激增，传统管理思维之下的政府行政越发显得力不从心。地方公立高校是由政府举办和管理的，但不应该是政府的附属物，它是通过学科发展和知识创新服务于国家，要给高校松绑，给高校学科治理松绑。

二 学科资源配置模式单一化

学科资源从广义上讲可以分为三类：人力资源、物力资源、财力资源；从狭义上讲，一般将学科资源理解为财力资源。在此根据本书需要采用狭义的学科资源概念。学科资源配置模式和我国高等教育管理体制是一致的，高等教育管理体制的"泛行政化"最主要的是通过学科资源配置模式传达到高校各个层级，对地方本科高校的权力配置影响尤甚。当前，那些部属的研究型大学往往经费较为充足，名校招牌还能使他们从市场或其他社会组织接收到不少资金支持，随着对国家经费投入的依赖减小，学校和学院自主权也进一步加大。而地方本科高校不同，除了国家和地方财政投入的学科资源，他们从其他渠道获取的经费有限，还是比较典型的单一化财政投入配置模式。

在访谈中了解到，学校管理主体悬置自己应秉持的学术价值而迎合管理性价值，根源在于对学科资源的依赖问题。高等学校，特别是地方本科高校是更为明显的资源依赖型组织。现在学科资源的来源、分配等掌握在地方政府手中，学校是为了获得最大的资源以发展学科，在资源面前，学术自由价值、社会公共价值等黯然失色。为了工具性价值而牺牲目的性价值，这也是当前学科治理权配置中存在的严重问题。[1] 由此可见，自中央教育管理部门、地方教育管理部门至学校的管理人员，在资源依赖链条之下，管理性价值取向也自上而下施加影响。明白这个问题就可以解释我们认识上的许多困惑，也对地方本科高校学科治理权配置的改进有所裨益。

从访谈中听到最多的抱怨就是学科资源紧张，这固然和 A 高校前些年举债建设新校区有关，但从文献查阅和其他途径获得的信息显示，经费紧张在一般地方本科高校是常态。一位受访者（编号：202104）说道："影响 A 校学科发展的最大影响因素，就是没有钱，因为建设新校区欠

---

[1] 刘庆昌：《教育价值的秩序》，《教育科学》2009 年第 5 期。

了很多债还不上，要想解决学科建设就是要解决资金问题，学科建设就是砸钱的。教育部不给你钱，省里也不给你钱，你又负债怎么做学科建设？学科建设就成了无源之水。没有资源我们自己培养的人才也留不住，评上教授、拿上国家基金，就跑掉了。"另一位受访者（编号：202111）是学院院长，同时目前是某省级"双一流"学科群的总负责人，他说道："作为一个学科带头人，能是院长或者有一定行政职务会更好，在中国你脱离行政职务的话，就动用不来资源。但是你也不能全是行政领导，他也不行，全是领导他不干活也不行。"地方高校在确定学科带头人时，除了老师本身的学术能力，还很看重他是否有行政职务。还有一位受访者（编号：202202）认为："学科就是资源，学科是资源的分配体现，而且是越好的大学越尖端的学科，学科权就是资源分配权，谁掌握资源分配谁在学科治理中权力就大。"可见，掌握资源分配的人在学科治理中话语权很大，政府部门、校领导和行政管理人员通过掌握资源分配权控制着学科治理权的分配。

也有受访者（编号：202117）对学科资源单一由政府配置可能带来学校自主权减少表达了担忧："学科资源集中在政府手里，那学校的主动权相应就少了。资源过度集中在政府手里的时候，你会发现产生很多体制化问题，如人为的因素腐败、积极性的堕落、资源分配不均及过度倾斜重点等。作为自上而下的资源分配，它会带来一种遮蔽，很多东西被遮蔽了，会给学科带来很多的问题。"目前正在高等教育领域进行的"双一流"等工程项目带来的一个负面效应就是：学校对资源的关注超过了对教学科研本身发展规律的关注。专项资金的投入与管理方式，让学校内部处于项目的申请、执行、评估等事务性工作中，见财不见事，财事"两张皮"现象特别突出。不少受访者也谈到了这种现象，大量时间投入各种项目的事务性工作中，但真正促进学科发展的成效他们没有给出肯定的答案。因此，学科治理主体必须认识到，只有打破学科资源配置的单一化财政模式，向多维模式发展，才有可能改变学科治理权配置失衡的局面。

第四章 地方本科高校学科治理权配置困境的原因分析

第三节 地方本科高校学科部门间协调机制不健全

如果说政府和高校之间的学科治理权配置注重权责厘清、各负其责，那么，高校内部各主体之间以及高校和社会主体之间的学科治理权配置则侧重于在分权制衡的基础上实现协同治理。学科部门间协调机制不健全主要指学科决策和执行主体间协调机制以及学科执行部门间协调机制的不健全。协调机制的不健全不利于学科的网络式治理和统筹发展，也是学术治理组织弱权、学科职能部门协调服务不力和学科发展之间被人为割裂等问题的直接原因。

一 学科决策和执行主体间协调机制扭曲

学科决策权主体和执行权主体之间的协调机制亟须重构。由于目前学科决策权仍然没有完全配置到位，由校领导和行政职能部门主导学科决策事务。在地方本科高校，以学者为主体的学术委员会在学科决策中的作用尚未发挥出来，决策权主体和执行权主体常常是合一的，这不符合应然的决策权和执行权分权制衡原则。学术委员会往往成了行政职能部门的"附属组织"，根据行政职能部门的工作需要进行投票，而非以学者为主组建的多元主体进行决策。学术治理组织和行政组织系统之间功能失调，他们之间的协调机制也是扭曲的，是以行政组织系统为主导的上下级的科层制机制，而不是以学术主体为主导的网络式的协调机制，这种扭曲的协调机制是造成学术主体弱权和行政主体越权的推手。

在实地调查中发现，学术委员会的决策程序常常并非学术委员会自主启动，而是由行政职能部门根据自己工作需要予以启动并安排会议时间、地点、会议内容等，且所谓的"决策意见"相关职能部门也早就事先设计好了，只不过通过这个貌似严格的程序用"学术委员会"的名义表达出来，职能部门的决策意见在这个过程中被"合法化了"。各级学术治理机构在这个过程中发挥作用十分有限，不少时候委员到了会场才知道会议内容，根本没有时间深入思考决策方案是否合理，于是在部门的"解释说明"过程中稀里糊涂地投了赞成票。委员们在这种被安排的会议中丧失了独立判断能力。① 由此可见，目前有关学科决策主体和执行主体之间的功能倒置，学科决策主体和执行主体之间的协调机制还有待完善。

二 学科执行部门间协调机制梗阻

这里的学科执行部门主要包括执行学科决策的行政职能部门和承担跨学院学科协调的基层执行组织。学科执行部门间协调机制梗阻包括行政职能部门间协调机制松散和跨学院学科协调机制低效两方面。

一是行政职能部门间协调机制松散。在地方本科高校，随着近年来为达到学科评估、本科教学评估等的要求，学校设置了一些新的与学科执行相关的行政职能部门。这种根据评估要求不断新设部门的做法致使行政职能部门划分过细，学科治理职能在行政职能部门间的分布呈现"碎片化"的松散特征，主要行使执行权的行政职能部门之间也没有及时建立完善的协调沟通机制。每个部门只对自己的上级负责，根据自上而下的指令行事，缺乏横向部门之间协调沟通的动力，导致学科管理部门协调服务松散，影响学科治理成效。

学科管理部门一般根据承担的学科事务进行设置，有明确的上级主管机关，遵循对上级负责的原则，上下级的科层制运行顺畅，而横向的协调机制如何构建不被关注。某受访者（编号：202120）根据自己在 A 高校的工作感受认为："相关的职能部门特别是学科与发展规划处，他得负起一个更大的职责。现在你没感觉到他的存在。实际上这个部门是领导的智囊，对学校学科发展影响很大，你不能光靠研究生处，教务处，教务处就那个本科专业。学科规划、布局调整这些大事在规划处呀。他们一直就在那做一些具体事务的事，小细节的事，能不能往大局考虑考

---

① 黄明东、蔺全丽：《高等学校学术治理的逻辑》，《教育研究》2022 年第 8 期。

虑？得有几个专业人员、有想法的人。对于地方本科高校来说，本科专业设置很重要，目前一般是教务处做这个事情，学科办不参与、学术委员会不讨论不参与，教授治校到底体现在哪儿？学科办和教务处、研究生处什么关系，最多有时候学科评估要材料给他们提供材料，其他事情参与不多。"行政职能部门之间的各自为政及协调机制松散化特征，使得学科执行权在各个部门之间的配置也不合理，行政职能部门整体协调服务水平有待提升。

二是跨学院学科协调机制梗阻。地方本科高校一般为多科性大学，和综合性大学相比，一个显著特点是学科专业设置过细，被分散在若干个学院设置，学科被学院建制人为割裂，跨学院学科协调遭遇梗阻、不顺畅，影响学科发展整体水平。地方本科高校在学科总量有限的情况下，为了追赶综合性大学学院、专业设置数量，使其从体量上和综合性大学相当，会倾向于将一个二级学科分设在多个学院，往往是出于行政利益考量并由行政力量推动，导致某个二级学科下的具体学科专业分散在多个学院，学科事务在学院之间的协调不顺畅。

A 高校作为一所多科性大学，存在同样的问题。如 A 高校应用经济学一级学科被肢解而分到 6 个学院，工商管理一级学科被分设到 5 个学院，法学二级学科被分设到 3 个学院。担任学科发展规划处副处长的受访者（编号：202103）谈道："我们地方高校学科设置最大的问题是一个学科分布在几个学院里，而学科数据填报、学科评估是按一级学科统一组织，导致申报材料时不好协调，学科负责人认为自己是学院的，没办法协调其他学院，都是让我来协调。一到学科评估时，我好像是他们的秘书，要协调的事情特别多，琐碎。"地方本科高校在学科有限的情况下，要使学校显得像"大学"，就只能将某个二级学科分设在多个学院，从而达到多设置学院和部门的目的，人为地利用学院的行政身份设置学科藩篱，造成日益严重的"知识的分割"和"领域的分离"，而相应的协调机制缺失，从而人为地设置了学科发展的障碍。

从调查中了解到，一般学校会要求一个学科设置跨学院的学科负责人，负责协调学科内部事务，包括跨学院的学科事务。但事实是，在进行各类学科事务协调时，一些管理性资源的协调离不开学院行政负责人。因此，当学科负责人和学院负责人不是同一人时，跨学院学科协调会更加微妙，而最后往往由学校学科管理部门安排跨学院的学科事务协调，这会在一定程度上消解学科治理的学术性特征。因此，涉及跨学院学科协调时，因为协调机制的缺失经常会遭遇协调不顺畅，从而导致学科内部的跨学院协调梗阻问题。

第四节 地方本科高校学科参与机制不完善

地方本科高校学科参与权包括高校外部产业主体和高校内部师生参与学科治理的权力。在访谈中大部分受访者认为地方本科高校亟须和区域经济社会建立密切的学科合作关系，吸收产业主体参与高校学科治理，以了解相关产业行业发展现状，吸收产业行业最新知识，促进相应学科的发展。应制定相应的参与机制保障产业主体和校内普通教师及学生代表参与学校和学院层面的学科治理。学科参与机制不完善是产业主体和校内师生参与高校学科治理乏力的重要原因。

一 产业主体学科参与机制体系化不够

高校和产业两种组织的性质、价值追求、运行机制不同，以及中国特有的"行政化"管理体制，使得高校与产业主体间有不同的利益指向，彼此间的利益聚合不够，导致产业主体的学科参与乏力和低效。产业主体有效参与不仅需要地方本科高校有意愿、有热情，还需要产业主体同样有热情，有动力去加强合作，实现双赢才是社会产业参与的正解。如何通过产业参与机制的创新突破这些障碍是个复杂的问题。某用人部门代表是一个省内知名财务管理公司的创始人和总裁，她的公司目前和一所地方本科高校会计学院有校企合作项目，公司选拔优秀人员担任高校实践导师，为学生提供实践方面的指导和帮助，并根据人才培养方案每个学期给学生讲授一定课时的实践课程,她在校企合作方面积累了丰富的经验。

结合她自己的工作感悟和了解的其他校企合作情况,她在受访时谈到了产业主体参与高校学科治理遇到的一些问题。她(编号:202140)认为:"校企合作是个很复杂的问题,大家都认为有必要,言必称校企合作。但实践中,校企合作一定要分学科、分行业分析,切不可一概而论。高校一般对校企合作是热情的,可以就应用研究、人才培养方面进行合作从而弥补学校自身的短板。但怎么合作、建立什么样的合作机制要在实践中探索。除了高校的热情,也要考虑企业有没有动力去做。从当前社会发展来看,一些高新行业、新兴产业、制造业等创新性的行业适合开展校企合作,这些产业行业和高校合作,从科研到学生培养都有动力,他们希望从高校教师或学生那里得到创新想法、思路、设计方案等,通过合作为企业创造价值,实现双赢。一些动手实操型的行业比如会计、财务管理这些,企业其实是没有动力和学校合作的,合作会使学生熟悉业务,对企业没有什么利益。"合作一定是双赢的,当前很多高校开展校企合作可能考虑比较多的是让自己的老师、学生得到实践锻炼,一般通过设立实训基地、开设实践课程、横向课题等形式开展,很多到最后都流于形式。

持久有效的产业参与机制还没有建立起来。高校和产业主体间没有进行充分的了解,在没有掌握必要信息的情况下,双方难以进行有效的沟通,容易出现学校输送的人才与产业实际需求不符的现象。产业主体不愿意为没有社会经验的学生付出培训本钱,企业合作意愿不强烈。缺乏政府引导和政策、法律法规的支持。目前,我国产业参与缺乏完善的法律框架,虽然国家对产业主体参与地方本科高校学科治理高度重视,但至今仍未建立权威、完善的产业参与指导手册。没有相关机构监督和协调,高校和产业主体双方责任和义务不明确。产业参与机制不能有效建立。还有一个障碍就是社会的"弥散性"特征。伯顿·克拉克认为,市场和行政管理权力、学术权力不同的是,他们都有"正式的场所",

而市场协调时没有"上层的结构"①。因此，产业主体参与学科治理的工作缺乏一个有机组织体系—协调，具有弥散性特点。弥散性是指产业力量参与高校学科治理是多学科、多层级的，这就要求产业参与机制是一个体系化的机制，实际操作起来较为困难。

二　校内师生学科参与机制运行不畅

目前高校内部普通教师和学生代表参与学科治理乏力的主要原因也在于普通师生参与学科治理的机制不完善，不够通畅。通过对普通教师和学生代表开展焦点小组访谈了解到，普通教师一般通过教研室会议、学院会议了解国家和学校有关学科政策，学校或学院在制定有关学科文件时会通过征求意见的方式邀请普通教师参加，但并未形成一套制度化的参与机制，导致教师学科参与乏力，参与意愿和能力不足。学校或学院往往会在每年教学检查期间或学生毕业前召开学生座谈会，了解学生对专业、课程的一些意见和建议，参与渠道不够开阔。从实践情况来看，效果也不很好，学生往往对学科知识了解较少，他们更多是从所学专业、课程的角度提一些具体意见和建议，比如本专业的课程安排、老师讲课问题等。因此，学生参与学科治理的保障机制不足也是导致学生学科参与权配置问题的障碍所在。

在网络式学科治理权配置模式下，普通教师和学生代表学科参与机制运行不畅主要表现为信任机制和学习机制的缺失。信任是网络治理得以形成、发挥作用的关键因素，行动主体之间存在着相互信任，有助于真正吸纳多元利益主体参与治理，为实现共同的目标通力配合。而目前地方本科高校学科治理过程中，普通教师和学生代表往往被认为缺乏学科治理知识，对学科不够关心，参与学科治理能力不足，而有意忽略他们的学科参与权。普通教师和学生作为高校学科治理的利益相关者，理

---

① [美]伯顿·R. 克拉克：《高等教育系统——学术组织的跨国研究》，王承绪等译，杭州大学出版社1994年版，第177页。

应有权参与学科治理，不能因其能力不足而对其不信任，主体之间的不信任将弱化网络治理成效。

学习是网络治理有效运行的动力。各行动主体通过相互学习，能够正确认识和解决分歧，形成一致性的知识和集体价值体系，进而促进公共治理绩效的实现。普通教师是学科知识的直接生产者，学生是知识生产的直接需求者，他们都是高校学科治理的重要利益相关者。但长久以来，在地方本科高校学科治理过程中，他们因为缺乏学科治理知识和学科治理能力不足而受到忽视，学校也未能提供适切的学习平台和制度保障他们了解相关学科治理知识和提高其学科治理能力。因此，学习机制的缺失也是长久以来高校内部师生学科参与权乏力的重要原因。

第五节　地方本科高校学科评价制度异化

我国当前的学科评价制度主要是由政府评价、第三方组织评价和高校内部自主评价制度组成。当前地方本科高校学科评价权配置存在评价组织专业性、独立性不强问题，直接影响学科评价权配置的成效。学科评价权配置问题产生的原因在于学科评价制度的异化，具体包括学科评价结果使用不当和学科评价标准分类不细两个方面。

一　学科评价结果使用不当

我国目前实施的学科评估主要是由政府部门主导的竞争性评估和问责性评估，其在促进高校"双一流"建设的同时，也产生了学科评估结果主导学科建设、学科排名竞争"白热化"等消极影响。高校在评价过程中参与不足，主要承担执行上级评价任务的职能，这就严重地影响了学科评价的学科性和合理性。学科评价以效率价值为主导，标准过分依赖量化指标，依据学术生产力，发表论文等指标的数量来衡量，阻碍了学科的正常发展和知识供给主体积极性的发挥。

基层高校反映突出的问题还有"多头评估、重复评估、同时评估"

问题，名目繁多。原因在于学科评估的目的迷失和目的与手段的倒置。需要回归为学科建设和学科发展而评估的学科评估目的，确立"以评促建、评建结合、重在建设"的学科评估原则。① 近些年来，影响高等学校发展的一个重要因素就是各种各样的外部评估与排名。学科排名影响学校的声誉与资源分配，社会排名影响学校的声誉及招生的质量，高等学校的行为越来越受外在的评估与排名影响，导致各种评估与排名关注的指标成为学校追逐的目标，由此带来的扭曲与异化的问题越来越严重。重外在轻内涵的问题非常突出，本末倒置现象严重。

学科评价结果通过影响资源配置，进而影响权力配置。当前地方本科高校主要依赖政府投入和学费收入，且以项目制为核心的技术治理成为主导学科资源配置的主要路径，形成资源投入—绩效评价—再分配—再评价的连锁反应链。② 政府主导的外生性评价抑制着高校内部学科治理主体能动性和创新性，强化着高校内部主体对应评价内容进行治理的实践逻辑。学科评价已经演化为对高校争取各类学科项目能力的评价，政府不仅是学科资源的所有者和配置者，更垄断着学科评价的话语权，高校内部各类主体都沦为学科评价的执行者，导致他们缺乏对于学科发展、学科建设的责任心和行动力。学科评价已成为政府从全面控制转向"项目制"技术治理的管理工具之一。

学科评价结果的不合理使用，一方面造成政府和地方本科高校在学科治理权配置上的失衡，使得评价权主要控制在政府手里，高校内部自上而下自主评价权逐渐式微，基层主要是按评价指标内容开展各项事务；另一方面，评价权是对决策权和执行权的平衡，目前没有达到效果。教育行政部门评价任务下达学校后，因涉及评价事务繁杂，被学校根据评价事务所属部门分到各个职能部门负责，又在一定程度上造成了评价权

---

① 张应强：《"双一流"建设需要什么样的学科评估——基于学科评估元评估的思考》，《清华大学教育研究》2019 年第 5 期。

② 朱冰莹、董维春：《学科评价省思：场域特性、价值趋向与制度构建——兼议一流学科建设评价》，《科技进步与对策》2019 年第 8 期。

的"碎片化",学科评价的整体性功能在学校层面被消解,使得学校自主评价权无法作为一个整体的权力制衡决策权和执行权。

学科评价结果的运用形成"指挥棒"效应,导致学科评价主导学科治理悖论。一方面,学科评价部门越来越重视评估技术和方法的运用,但却越来越忽视对学科评估目的的把握和审视,使得作为手段和工具的学科评价遮蔽了学科评价的目的,出现以手段取代目的的倾向。另一方面,随着评价结果与资源配置和排名挂钩,出现"评什么、建什么"的现象,使得学科建设沦为学科评价的手段。高校学科评价制度的诸种异化,使得学科治理权进一步向教育行政部门集中,自上而下制约各级学科治理主体的自主权;同时破坏高校内部评价权的整体性,削弱评价权对决策权和执行权的制约。

二 学科评价标准分类不细

学科评价标准的"一把尺子"进一步制约地方本科高校的自主权,并加剧了地方本科高校学科治理中行政管理主体的权力扩张和校内评价组织学科评价权乏力。一些地方本科高校也会组织学科自评,但大多邀请教育部专家库中的专家,除了让专家指导外,更多的是联络感情,期望在正式评估时给予关照,因为评价权集中在教育部聘请专家手中。A高校一位职能部门负责人(编号:202104)在受访时说道:"我们地方高校进行学科自评时,嘉宾一定是国务院学科评议组成员,核心权力在他们那儿,网评还有另外一些专家们。汇评的话那都是国务院学科评议组成员,就是我们学科的最权威的人物。近年来我本人参与多次别的高校组织的学科评估,不下20场,会有一定的评审费。目的主要是宣传、介绍自己,另外这些专家里边一定会有国家组织的学科评估的网评专家或者汇评阶段的专家。"行政主导的学科评价制度出于管理性价值需求,进一步加剧了学科评价标准自上而下的同一化,淡化了不同类型高校之间学科建设的差异。

有受访者谈到,目前我国的学科评价制度对学校不分类别,同一个学科全国一个标准是不合理的。一位教师代表（编号：202124）谈道："国家目前拿一个标杆去评价所有的高校是不合适的，比如说应用经济学学科，我们不能拿北大的应用经济学的学科标准来评我们的应用经济学，因为北大的可能更多的是在国家宏观政策层面的，但地方上可能来说更多的是为地方服务，服务对象的不同对学科发展是有影响的。现在的的确确出现一个很大问题，很多对高校的评价是一个标准，这肯定不很合适。"政府组织的学科评估，其评估标准对各类高校是同一的，专家队伍也是从部属高水平大学选拔组建，不可避免地导致地方本科高校向部属高校看齐。一把尺子的结果就是进一步制约了地方本科高校的自主权，地方高校跟着评价指标走、跟着一流大学走，进一步失去了自己的特色和自主权，对地方本科高校是不公平的，也不利于地方本科高校学科评价权制衡作用和正向反馈功能的发挥。

第五章

优化地方本科高校学科治理权配置的改进策略

通过对访谈和文献资料的整理分析，本书在上一章将导致地方本科高校学科治理权配置困境的原因归纳为学科治理权配置的价值失序、学科管理体制不尽合理、学科部门间协调机制不健全、学科参与机制不完善和学科评价制度异化五个方面。本章将依据此分析维度，探讨地方本科高校学科治理权配置的改进策略。话语制度主义也为此提供了理论依据，作为新制度主义理论丛林中的最新流派，话语制度主义认为思想理念引导着法律、政策及各类具体制度的变革，对制度转型结果产生重大影响；制度安排的变化对思想理念的变化也有相应的反馈作用，往往会促发新一轮理念创新。[①] 借鉴话语制度主义理论，作为理念的价值和各类具体制度安排相结合，构成了优化学科治理权配置的内在逻辑。前文已对制度概念进行深入阐述，本书中的制度是从广义上进行分析，包括体制、机制和狭义的制度等各类制度安排。

本章根据对地方本科高校学科治理权配置困境的原因分析，结合话语制度主义理论的分析范式，从价值和制度两个维度优化地方本科高校学科治理权配置，其中，价值重塑发挥引领作用，制度推进是关键的保障因素。具体包括重塑学科治理权配置价值、深化学科管理体制改革、

[①] 燕红亮：《话语制度主义视角下中国市场转型经验的再审视——一个历史社会学的分析框架》，《求索》2020年第6期。

健全学科部门间协调机制、完善学科参与机制和改进学科评价制度等五个方面的策略建议。由此可见，优化地方本科高校学科治理权配置并取得成效是多因素共同发力的结果。

本章旨在针对学科治理权配置困境产生的原因提出政策建议，最终实现学科指导权坚守宏观层面且被有节制地行使，学科决策权以学术为主且被多元主体协商行使，学科执行权保持协调服务功能且被高效地行使，学科参与权弥散且被顺畅地行使，学科评价权独立且被专业化地行使。

第一节 重塑地方本科高校学科治理权配置价值

价值重塑对优化地方本科高校学科治理权配置发挥方向引领作用。针对前文分析的价值失序问题，从三个方面切入恢复学科治理权配置的价值秩序。一是调适学科治理权配置价值冲突，多元学科治理权主体要树立正确的价值取向；二是强化规则意识和权责意识，彰显学科治理权配置的法治价值；三是坚持以多维多层的价值环模型为指导，提高主体多维学科治理素养。

一 调适学科治理权配置价值冲突，树立正确的价值取向

前文剖析了管理性价值取向遮蔽学术性和社会性价值取向问题。在学科治理权动态配置过程中，知识生产的终极目的被虚化，新公共管理主义倡导的效率价值被置于主导地位。价值失序导致学科治理权配置过程中长期存在系统性权力失衡问题。学科治理权配置越来越凸显其工具属性，学科治理成为行政管理的一部分，与学术性和应用性的目的性价值产生了显性冲突。地方本科高校是应用性知识发展到一定程度的产物，是为了维系应用性知识生产秩序而存在的组织。在探索地方本科高校学科治理权配置的过程中，明晰学科治理权配置的价值旨归，澄清其价值取向，无疑是重建学科治理权配置价值秩序的首要问题。

第五章　优化地方本科高校学科治理权配置的改进策略

首先必须明确知识生产是学科治理权配置的终极目的,为学科治理权配置设定根本方向,管理性价值服务于学术性和应用性价值的需要,而不能凌驾于后两种价值之上。如果学科治理权配置的价值秩序有悖于知识生产终极目的的实现,必须予以纠偏。为改变当前学科治理权配置中存在的价值冲突状况,学科治理权配置必须尊重学科发展规律,将外在治理逻辑和内在演化逻辑相统一,树立目的性价值第一、工具性价值第二的价值取向。

其次要调适地方本科高校学科治理权配置价值冲突,须弱化管理性价值遵循,强化学术性和社会性价值取向。不能因为个别利益驱动而导致价值异化、权力异化,使权力沿着正确的轨道前行,形成各类主体广泛的自觉的价值认同。[①] 要在学术性、社会性和管理性等各价值之间进行合理调适,消解价值冲突,求得价值之间的平衡,同时保持各价值之间必要的张力,在持续互动中实现科学、合理和均衡配置。和"双一流"建设高校相比,地方本科高校在接受中央教育部门的政策指导外,更接受省级教育行政部门的切实领导,双重行政压力使其管理性价值取向更为凸显,主体价值取向的纠偏任重道远。

树立正确的价值取向是多元学科治理主体的共同责任,多主体应共同发力。有受访者(编号:202120)谈道:"地方高校学科治理必须从顶层设计开始变革,在层层压力下,基层学院的自由创新空间是有限的。只有国家学科管理人员思想转变了,从注重效率、绩效和数字切实转变为关注创新和学术自由,并有配套政策出台,层层传导,省教育厅才会转变观念,学校和学院才会有所行动。现在看国家的政策,一方面有转向的迹象,但另一方面绩效评价的指挥棒还没有彻底转向,价值取向总体上还是功利性的,以追求效率、绩效为目标。"受访者强调政府层面价值取向转变的重要性,这在中国情境的学科治理环境下是必需的,有利于自上而下的传导,促进学科治理主体价值取向的整体转变。但必须明

---

① 李立国:《大学治理的内涵与体系建设》,《大学教育科学》2015 年第 1 期。

确的是，在当代知识生产模式2和模式3下，高校基层和产业主体、社会公众也是知识生产的重要主体，其价值取向的正确与否也对学科治理权配置具有直接影响。因此，激发基层活力，促使多主体共同发力是多元主体树立正确价值取向的基础动力所在。自上而下的价值传导和来自多主体的共同推动相结合是调适学科治理权配置价值冲突及多元主体树立正确价值取向的适切路径。

二 强化规则和权责意识，彰显学科治理权配置法治价值

培育多元主体法治思维，强化规则意识和权责意识，是彰显学科治理权配置法治价值的关键。新中国成立后，从制定法律、普法宣传、形成法治思维到法治实践，依法治国基本上沿着这样的建设路径前行。但由于受传统文化因素影响，我国依法治国之路存在先天不足，其发展并非一帆风顺。有关资料显示，我国有80%的法律要依靠行政部门来实行。[1] 主要原因在于作为法治行动者的人的法治思维欠缺，多元主体法治思维的培养亟待加强。目前地方本科高校学科治理权配置失衡也是多元主体法治思维不足的表现。

法治思维首先是一种规则意识，规则就是人们普遍认同的行为规范，具有稳定性、可预期和可执行的特点。任何法律均得从预设规则着手，明确告诉人们哪些可以做、哪些不能做，以及如何来做。有了法律规则，人们对自己乃至他人的行为及其法律后果就有了稳定的预期，便会依此对自己的行为进行调整和规范。一方面，要把法律法规及各种规范性制度制定得更加周密、更加完善；另一方面，要采取有效手段贯彻落实法律法规及各种规范性制度，让守则观念渗透到每一个人心中，成为人们的行为准则和道德底线，让破坏制度的人受到惩罚。

本书在第三章梳理政策时发现，在依法治教、依法治校的今天，国

---

[1] 章正：《让法治思维转化为习惯的力量》，2014年10月27日，https://www.thecover.cn/news/9464868，2022年7月19日。

第五章　优化地方本科高校学科治理权配置的改进策略

家出台了一系列简政放权、扩大高校学科自主权的法律法规及规范性制度，高等学校自身也制定了学校章程、学术委员会规程等校内规范性文件，但这并不必然内化为学科治理权主体的规则意识和法治思维。一方面这些规范性文件还需要进一步细化，提高其操作性；另一方面从纸面上的制度转化为人民内心的规则意识，还有很多工作要做。强化多元主体的规则意识，培育其法治思维，才能确保法律和规则得到遵守、执行，学科治理权趋于均衡配置。

法治思维还表现为权责意识，意味着只要拥有权力，就必然承担相应的责任。法治既授予权力，更约束权力。确定公权力行使的基本规则，规范公权力运行就是法治的基本任务。教育行政部门要树立正确的权力观、法治观，"法定职责必须为，法无授权不可为"，规制自身权力运作的自觉意识要不断强化，要清醒认识到权力的本质和有限性。对于学科治理中的弱势主体而言，"法无禁止即可为"。权力和责任是对等的，有权必有责，行使权力就要承担责任。[①] 法治思维要求从权力和责任角度观察、分析、处理问题。党的十八届四中全会提出建立健全重大决策终身责任追究制度及责任倒查机制，对决策严重失误，造成重大损失、恶劣影响的，严格追究相关责任人的法律责任。

建立权责清单制度，明确学科治理权配置中的权责对等原则。培育权责意识并不容易，不仅是空泛地宣传和学习法律文件，应从微观事务、细节上做起，让法治思维内化到每一个主体心中。在地方本科高校学科治理权配置领域，建议借鉴政府部门做法，建立权责清单制度，对各类各层级法律法规及规范性制度进行整理，归纳学科治理多元主体的权力和责任，分别予以明确公布。这是权限思维的体现，对于遏制行政管理部门权力滥用、保障基层教师、学生和校外产业行业部门参与学科治理意义重大。

---

① 金祥明：《法治思维的六个维度》，2014 年 10 月 27 日，http://www.rmlt.com.cn/2017/0807/488243.shtml，2022 年 7 月 19 日。

三　坚持价值环模型指导，提高主体多维学科治理素养

坚持以价值环模型为指导，具备多维学科治理素养，是多元主体认识并有效参与学科治理的重要前提。本书在第二章提出学科治理权的配置应遵循多维多层价值，并将这种多维价值形成的体系称为价值环模型。在价值环模型指导下，主体具备多维素养方能全面认识学科治理问题，切实有效参与学科治理。前面访谈中也谈到，多元主体学科治理综合素养还有待提高，存在多维素养欠缺的问题。每个主体都只具备自己比较熟悉的那部分内容，对学科治理的其他方面知之甚少，因素养不够而导致弱势主体的利益表达能力受阻，利益表达渠道不畅。比如普通教授因缺少管理经验，更多的是从自己的科研和教学角度看问题，对学科治理的管理属性理解不到位；行政部门人员擅长从效率、资源角度考虑学科问题，却对学科的学术内核认识不足；社会主体一般从学科是否满足经济社会发展需要的角度出发，对学科的其他属性把握不全。

构建多元主体间学习机制，有利于整体提升主体多维学科治理素养。优化地方本科高校学科治理权配置，必须有一个结构合理、学科治理综合素养较高的治理群体。具备学科通用知识和治理素养的多元利益群体更容易相互沟通协调，就学科治理问题达成一致。提高主体学科治理素养，除了受主体个人职前受教育经历、职后有意识自学的影响之外，更多地需要依靠组织化的学习，且是主体间性的学习，而非各类主体各学各的、割裂的、互不相通的学习。主体间性理论强调只有通过平等的对话和交往才能在你我他之间达成共识，运行的基本逻辑以自我和他者共存为出发点，实现自我与他者的意向性互动，构建交互主体性关系。[1] 进而寻求一种恰当机制，能够让治理的利益相关者通过不断的相互对视来进化自身的全体学习机制。[2] 哈贝马斯的商谈伦理也对构建这种学习

---

[1]　屠兴勇：《"主体间性"在管理领域的价值凸显与应用》，《社会科学》2021年第11期。
[2]　范柏乃、林哲杨：《政府治理的"法治—效能"张力及其化解》，《中国社会科学》2022年第2期。

第五章　优化地方本科高校学科治理权配置的改进策略

机制很有启发，权力需要在商谈的基础上建立与分配，权力问题只有通过对主体间交往能力的合理重构，即达到主体间的交往理性才有望得到解决。①

主体间性学习机制的构建，要有完整的学习规划、内容设计和相应的方式手段。在访谈中也有受访者给出合理化建议，如针对学术委员会局限于自己所属学科的教学、研究，受访者（编号：202107）以前做过普通教师、学院院长，目前担任学术委员会副主任，他结合自身的经历认为："学术委员会除了规定选拔标准，进来以后要有学科素质培养的工作安排，我认为应该要学习两方面的内容：一是要了解本学科发展状况，以及你这个学科在学校的发展，你得有思路，在这个方面我觉得学术委员会应该比行政领导看得更专业更独到，行政领导主要是解决当前问题怎么能运行的，作为学术委员会，我觉得要有责任感的话，应该立足于所属学科并超越学科，加强对本学科发展的整体了解和研究。二是最起码要做些教学改革研究，或者关于高等教育规律，一般性教育规律研究也好，提高从总体性角度把握学科规划、学科发展的能力。要有全国视野或者是世界视野。目前的工作是有问题的，去开会就是说说情况，投投票，这是不行的。在做这个学术发展规划以及大的问题决策的时候，要想切实发挥作用，得有这个前期的准备和积累。"从上述可以看出，学术委员会若要在地方本科高校学科治理中扮演更加重要的角色，必须在民主管理的基础上加强专业化建设，确保参与学术决策的委员及委员会自身的胜任力。② 学术委员会成员学科治理素养的提高，要有学术委员会作出规划，设计具体内容，并通过学科治理知识讲座、项目研究等方式落实。

在价值环模型指导下，多元主体均应根据自己在学科治理方面的不足加强学习，积极达成学科共识。对于学生来说，建议各地方本科高校

---

① 周守军：《学科与权力——以国家重点学科建设为例》，武汉出版社2015年版，第171页。
② 王建华：《从正当到胜任：高校学术委员会建设的进路》，《中国高教研究》2018年第5期。

开设《学科专业导论》课程,由学科负责人、学院院长等组成课程团队讲授,让学生了解本学科专业的发展概况,对学科治理有基本的认识,这门课程有些学校已经开设,希望各个学校均能开设,这是提高学生学科治理基本素养的一个有效路径。对于职能部门来说,应和学术委员会合作,制订学习培训计划,使双方具备基本的、通用的学科治理知识,兼顾学科治理的多重属性知识。通过这种通用知识的学习,达成一定的学科共识,提升多元主体的学科治理胜任力、利益表达能力,从而促进交往理性的达成和权力在商谈基础上更均衡地配置。

第二节 深化地方本科高校学科管理体制改革

学科管理体制改革是优化地方本科高校学科治理权配置的基础性制度改革,是确保权力合理配置的根本规则,对其他各类制度改革具有内在推动作用。深化学科管理体制改革,须进一步推进"简政放权"改革,促使政府回归其学科指导功能定位;创新资源配置模式,助推学科决策权重心下沉。

一 推进简政放权改革,政府回归其学科指导定位

当前,高等教育领域改革逐步向纵深推进,从宏观的教育体制到中观的高校治理,再到微观的学科治理等具体方面的改革渐次展开。改革的一个重要目标就是简政放权,促进高校治理体系和治理能力现代化,简政放权主要表现为中央要向地方政府、高校渐次放权,回归其学科指导定位。政府要提供条件鼓励产业主体参与高校治理和社会公众监督评价学科治理成效,学校层面向基层学院放权。

(一)明晰府校权责边界,中央向地方政府及高校渐次放权

优化地方本科高校学科治理权配置,须以明晰各治理主体的权责边界为突破口。中央和省级政府在地方本科高校学科治理权配置中发挥学科指导作用,拥有学科指导权,高校自身拥有学科自主权。只有明确了

第五章　优化地方本科高校学科治理权配置的改进策略

多元主体的权责边界，彼此不逾越，保持多元治理主体间的权力平衡，才能充分激发基层组织自身的活力，真正推进我国高校学科治理水平的有效提升。以简政放权为契机，规范政府和高校学科治理权边界。纵向分权的功能更侧重于治理效率，强调的是不同级别权力之间的相互配合、优势互补。长期以来，我国政府体制的一大症结就是"权力过分集中"，这和我国的特殊国情有一定关系，就政府治理而言，过强的层级体制不利于信息的传递。[1] 只有正确认识并在府校间形成指导和自主相结合、松弛有度的权力关系，才能适应学科治理的主体多元化、决策分散化、利益多样化的客观需要。

建议政府通过施行权责清单制度，进一步明晰各级政府的学科治理权边界。在前面我们阐述过政府拥有学科指导权，而对于地方本科高校来说，其学科治理须接受中央和地方两级教育行政部门的指导。没有列入权责清单的政府就不要介入，更不能借助其他形式介入。在政府现代化进程中，政府的能力扩张、行政裁量权的膨胀与法治之间的张力是较普遍的现象。一方面政府通过简政放权强化法治政府建设的行政自制主张，以"有限政府"的面貌释放市场与社会的活力；另一方面，政府借助制度创新和技术治理模式扩展自身在更多领域和场域的权能，试图构建庞大但运转有效的"有为政府"。[2] 譬如，国务院学位办应通过施行权责清单制度，明晰其学科指导权边界。逐步减少学科管理相关规章制度的具体制定，从宏观上通过法律、法规协调指导高校学科发展；另外，学科设置审批权应逐步下放到高校，由高校根据学科知识进展、区域经济社会发展和学校自身情况自主设置、调整学科，国务院学位办应逐步减少其决策权行使空间。

近年来，教育行政部门出台了多项去行政化的改革政策。2017年，先是由教育部等五部门联合出台了《关于深化高等教育领域简政放权放

---

[1] 汤梅、卜凡：《论现代国家治理体系中的政府权力配置与运作》，《探索》2014年第1期。
[2] 范柏乃、林哲杨：《政府治理的"法治—效能"张力及其化解》，《中国社会科学》2022年第2期。

· 215 ·

管结合优化服务改革的若干意见》，提出要进一步向地方和高校放权，让学校拥有更大办学自主权。2017年，中共中央办公厅、国务院办公厅印发了《关于深化教育体制机制改革的意见》，提出坚持顶层设计与基层探索相结合，尊重基层首创精神，充分调动地方和学校改革的积极性、主动性、创造性。还强调要依法落实高等学校办学自主权，完善中国特色现代大学制度。由此进一步深化了高等教育领域放权分权的改革。

建议减少、整合政府发起的各类学科治理项目，政府回归其学科指导定位。项目制当前被广泛应用于高校学科治理实践中，以项目制为依托，教育行政部门将高校学科治理中的整体性问题分解为单个的特定事务，在此基础上通过设置和实施多元化的项目，不断提升治理的可操作性。这十多年密集的项目制治理，越来越引起基层教师的困惑。在此治理模式下，自上而下专业行政部门的垂直关系得以强化，中央层面的国家部委获得强大控制权，地方政府的学科治理权也借此扩大，在一定程度上冲击了改革开放以来简政放权、提高高校自主权的改革初心。前面已有统计，自2007年以来，A高校共实施15类"本科教学工程"项目，另外还有省"一流学科"项目，这些项目种类繁多，基本覆盖了本科教学的重要方面。每年都有繁杂的申报立项工作，申报项目还经常会有调整，给高校本科教学工作带来了很大困扰。建议政府部门减少、整合一些项目，这样一方面可以不破坏学科治理的整体性，另一方面政府减少设置项目，对高校基层的控制力也会减弱，有利于高校基层自主权的发挥。

推进简政放权改革，并非不要政府的学科指导权，而是切实落实政府的学科指导权。培育学科治理的民主文化，是地方本科高校学科治理权配置的软举措，只有形成相对民主包容的学科治理文化，学科治理权主体的价值取向、学科治理权配置的制度安排才有健康形成。

(二) 落实基层组织学科自主权，激发基层学术活力

不同类别高校中学科基层组织的落脚点有所不同。研究型大学一般是按一级学科设置学院，二级学科设立系，因此行政管理中心在学院，

学科管理中心在学系；而地方本科高校一般按二级学科设置学院，行政管理中心和学科管理中心都在学院，系仅仅是教学单位。因此，本书这里讨论的学科基层组织指的是学院一级。

在访谈中了解到目前除了政府和高校之间的分权问题外，最大的问题就是高校内部基层学科组织缺乏活力。如何打破科层制模式，通过落实基层学科自主权，激发其活力是当前学科治理的重要课题。在高度专业化、专家学者云集的学术专业组织中，教授等专业人员比那些拥有很高职位的科层人员更有能力、专业技术知识更丰富、享有更高的权威，他们理应在学科决策中发挥更大作用。20世纪初，随着高等学校规模的扩大以及科学管理运动的兴起，现代科层制被引入大学，并逐渐取得主导地位。后来随着高等学校规模的扩大，管理的复杂性成倍增加。加之教师不愿意兼职从事管理工作，更多的管理功能被分化出来，让位于专业管理人员。现代高校中存在两类管理模式，一种是以行政管理系统为基础的科层管理模式，一种是以基层学术管理为基础的专业组织管理模式。但事实是，目前高校中科层制管理模式在各个层次占据控制地位，专业组织管理模式式微。

落实基层学科自主权，使基层主体从消极、被动的附属地位，转变为相对独立的能动主体，充分发挥他们在学科决策中的能动作用。需先明晰校院间的学科治理权边界。学校层级主要承担学科规划和统筹功能，学科规划表现在制定学科政策和规划未来发展方向等，如包括学科专业布局调整、学科人才引进政策等，统筹主要是作为元治理主体对校内多元主体功能进行协调。

落实学院主体责任制度，选拔优秀人员担任学院院长。有受访者（编号：202120）谈道："地方高校学科的重心在学院，学院最了解这个学科，应该他们的作用，给他放权，同时他就有责任，他就得有担当精神，就得有真正把学科搞上去的气质。如何发挥他们的积极性。应是当下考虑的关键问题。"也有受访者（编号：202107）有同样的看法："一个单位得有能干、愿干，有想法有作为的好领导，是非常关键的，一个好领导带一个好班子。事在人为，干不干，努力不努力，真是不一样。"因此，应完善规章制度建设，用教授队伍来支撑学科，充分实现学术民主和学术规则的这样一个协调发展。

作为基层学科主体，也要主动求新求变。一位优秀的基层学科负责人（编号：202117）在受访时向我们讲述了获得自主建设权后领导团队所取得的成绩和由此引发的反思。当他受命负责筹建一门面向全校本科生开设的通识教育必修课时，他向负责这项工作的教务处提出了接受任务的条件，只有学校同意了他的条件才会接受这项任务，学校最终也同意了他的条件。他提出的条件是："要给予我空间，给予我一定的人、财、专业自主权。一是给予我用人的空间，不要硬给我塞人，我要自己挑选合适人选，我要的是综合素养高、干活的团队；二是给予我一定的财力空间，经费支持；三是给予我充分的专业空间，专业的事情专业人来做。那么你会发现，这个效果是超乎你想象的，极大地调动了我和团队的积极性。"

最终取得的成绩也是令人瞩目的，2017年成功面向全校6000名大一本科生开设该课程；2017年获批关于该课程的省级教改项目，并于2020年顺利通过鉴定并获省级教学成果特等奖；2018年获批省级精品在线课并在多个在线课程平台运行，目前该慕课被全国几十所高校采用；2019年成功申报关于该课程的国家课题，同年已由高等教育出版社出版并由学术团队撰写的课程同名教材；2020年承办了全国高校该课程建设规范编制工作会议。受访者本人将这些成绩归结于拥有了基层自主建设权，从而形成了一个团结有力的学科共同体，这个共同体在负责人的带领下，有共同的目标和愿景，激励着大家朝目标努力。

从上述案例可以看出，落实基层组织学科自主权，激发基层学术活力是学科治理成功的关键。具体就是要给予基层学科组织较大的自主权；要选出优秀、有领导力的学科负责人；要组建一个战斗力强的学术团队。这些成功案例可以为地方本科高校基层组织的学科自主权落实提供有益的借鉴经验。

二 创新资源配置模式，助推学科决策权重心下沉

深化财政体制改革，扩大地方政府教育财政权力。地方本科高校作为资源依赖型组织，其学科资源严重依赖于地方政府，但在实践中，地方政府并不总能满足地方本科高校学科建设所需资源。新中国成立后，我国财政体制经历了几次重大改革，从计划经济时代的"统收统支"到20世纪80年代的"划分收支，分级包干"体制，再到1994年的"分税制"改革。"分税制"改革在解决中央财力不足问题的同时，带来了财政权力层层上移。这样一个财政收支配置格局与以省级政府为主的高等教育管理体制出现脱节，带来高等教育的事权与财权不匹配，即高等教育的事权和支出责任层层下移，财政权力层层上移，地方高等教育财政危机丛生。[①] 因此，必须进一步深化我国教育财政体制改革，扩大地方政府教育财政权，使地方政府在高等教育方面的事权和财权相匹配。

建议政府以落实总体学科指导权为关键举措，优化高等教育拨款结构，加大基本支出保障力度，进一步扩大高校项目资金统筹使用权。高等教育领域简政放权改革除下放事权外，财权也应适当下放才能真正助推学科决策权重心下沉，落实基层组织学科自主权。本书在第四章从狭义上对学科资源进行了界定，即将学科资源理解为财力资源。地方本科高校的学科发展需要地方政府的财政资金支持，正是因为政府掌握着资源配置权，由此强化了政府对地方本科高校的直接管理功能，且这种管理有隐性向上集权的趋势。目前政府对地方本科高校的学科资源支持分为一般经费和专项经费，政府应进一步减少专项经费支出项目，削弱其直接管理功能，扩大一般经费支出，优化学科建设拨款模式。

地方本科高校学科资源配置模式除受我国政治体制制约外，还受

---

① 胡耀宗：《高等教育地方化及其财政新趋势》，《教育科学》2012年第1期。

区域经济社会发展水平的制约。新中国成立后，我国高等教育体制改革持续推进，总的趋势是给地方政府及地方本科高校放权，赋予地方本科高校自主办学权。实践中也取得了一定的成果，但总的来说并未达到简政放权的预期效果，后期改革成效还有待检验。这种教育改革的无力感源于我国整体政治经济体制的制约。外部宏观治理环境没有大的改变前，教育领域改革很难独步向前。地方本科高校实际上主要是地方政府投资，理应为地方经济社会发展做出贡献，反过来，区域经济社会发展也为地方高校学科发展提供了经济社会支撑。恩格斯曾经指出："社会一旦有技术上的需要，则这种需要就会比十所大学更能把科学推向前进。"[①] 如果区域产业落后，且产业结构及其产业发展水平与学校学科结构、学科发展水平不匹配，就会影响社会主体参与高校学科治理。

在经济发达地区，当经济积累到一定程度，即使教育投资比例保持不变，教育投入的绝对值也会显著增大。如果再把教育摆在优先发展的战略地位，地方本科高校的资源配置将更优越，从而形成经济与教育的良性互动。由此，地方本科高校在学科建设上不仅能够获得充分的人才、资金和政策保障，而且能够与行业或企业建立密切的合作关系，使高校获得政府和企业的双重支持。区域经济社会的发展为地方本科高校学科治理权配置提供了外在的影响环境。区域经济发展的需求和产业结构是地方本科高校学科治理的主要依据。地方本科高校要树立与区域经济发展相适应的理念，准确把握区域经济发展趋势和产业结构状况，加快学科专业布局调整，为区域经济社会发展提供更多的科技支撑、人才和智力支持。

地方本科高校校院两级应积极发挥主动性，创新资源配置模式，探索拓宽资源配置渠道。地方本科高校必须在依赖政府财政资源之外，寻求新的资源配置渠道。如通过社会捐款和与产业合作等多种方式获取学

---

① 《马克思恩格斯选集》第四卷，人民出版社1995年版，第732页。

科经费。在当前知识社会，随着地方本科高校与区域经济社会发展的联系愈益密切，学科资源的配置应打破自上而下由行政部门配置的单一化模式，弱化政府对地方本科高校学科发展的直接管理功能，形成由政府、产业和作为第三部门的社会组织协同配置资源的"三维模式"。政府主体主要的责任应是通过法律法规及政策等形式制定规则，提供相应的一般经费来源，真正发挥学科政策指导功能。产业主体的作用主要是通过学校层面、学科层面与产业部门合作，扩大资源来源渠道，从而减少对政府资源的单一依赖和拓宽知识生产路径。社会组织的作用主要是通过监督评价学科知识生产成效，为政府、地方本科高校提供改进学科治理和资源分配的依据。

学科资源配置模式的多元化也必将助推学科决策权重心下沉，有利于为基层组织创造学科生长的空间。学者只有在相对宽松的环境中才能充分发挥其创新精神，追寻学科治理的学术本质。正如上节中讲到的那位A高校基层学科负责人（编号：202116）所述，在他的争取下，他有了一定的人、财和专业发展空间。他对此这样说道："正是有了一定的经费支配权，为我的用人和专业发展提供了保障，如果没有经费支持，我怎么带领团队干活？我们申报课题、录制慕课、编教材和承担高级别会议，没有一定的经费支配权是很难进行的，我的团队做了这么多工作，我可以给他们发放一些加班费、补贴，而目前我们学校其他基层组织是没有这个经费自主权的。"除了自上而下的政府财权下放，该基层团队通过一系列成绩的取得，通过完成课题并申报成果奖、慕课在线开放以及出版教材所获收益，进一步充实了组织经费，助推其学科决策权落实，有利于该基层组织更自主地开展各项活动。

第三节 健全地方本科高校学科部门间协调机制

地方本科高校学科治理权配置既要做到分权制衡也要实现协同治理，做到分权和协同相统一，才能实现权力的整体功能，从而促进学科治理效能提升和知识生产目标的实现。健全学科部门间协调机制主要包括重构决策和执行主体间协调机制，提升学科决策水平；理顺学科执行部门间协调机制，增强其统筹服务能力。

一 重构决策和执行主体间协调机制，提升学科决策水平

地方本科高校学科决策主体和执行主体间协调机制的扭曲，是造成学术主体弱权和行政主体越权的推手，使其学科决策指向管理性追求，损害了学科决策的学术本质。为此，亟须重构学科决策和执行主体间协调机制，在校学术委员会基础上建立学科治理委员会，加强其协调决策的制度设计，使决策主体和行政主体真正锚定其本质功能，提高学科决策水平。

（一）建立学科治理委员会并加强其协商决策制度的设计

建立学科治理组织，确保学科决策权的学术本质。学科治理兼有学术性、社会性和管理性三重属性，因此学科治理不能仅由行政主体说了算。在地方本科高校校级层面，要切实进行学科治理权配置的均衡化改革，实行学科决策权的多元主体改革。目前一些科技创新型企业也认识到科技决策的学术属性。华为创始人任正非认为，华为战略不能由少数人决定，科学家委员会允许"胡说八道"，应该由几千、几万名专家的"对撞"来研究未来的方向和走向未来的路径，专家委员会就是促进思想发酵的机构。① 因此，在地方本科高校，学科决策也必须坚持多元共治，充分吸纳学术主体的意见和建议。高校学术委员会一般承担有关学科决策的审议或提供建议职责，但实践中学术委员会有关学科决策的法定职责进一步缩水，审议或建议权实施有限，依然以单一行政主体强势做出决策为主。

根据上述分析，地方本科高校应成立学科治理委员会，加强学科治

---

① 任正非：《华为战略不能由少数人决定，应该由众多专家对撞、研究》，2022年7月5日，https://www.sohu.com/a/564154793_166680？scm=1002.590044.0.10648-1930，2022年8月4日。

第五章 优化地方本科高校学科治理权配置的改进策略

理委员会成员来源多元化的制度设计。根据知识与决策权匹配理论，组织的决策质量取决于知识和决策权的匹配程度。为提高决策水平，专业性组织一般采取将决策权委托给具有知识的人的方案。高等学校作为典型的专业性组织，应将学科决策权转移给具备专业知识的学者。因此，以学者为核心组成的校院两级组织应是学科决策权的主体。

前文在阐述学科决策权主体时也已说明，应在学校层面成立学科治理委员会，学科治理委员会挂靠学术委员会或学科发展规划处。学科治理委员会应选拔一部分学术委员会成员作为主体，形成以学者为主导、多元主体共同参与的权力格局，相关校领导和学科管理部门人员以及普通教师、学生、产业行业人员等各类代表按一定比例参加，具体比例由各高校根据本校学科结构以及与经济社会的联系程度决定。校领导和行政部门人员对学科的总体规划、资源调配等发挥着重要作用，因此，必须有相关校领导和行政部门人员参与进来，但绝不能是行政部门和人员控制学科决策，学科决策权仍应以部分选拔出来的学术委员会成员为主导，听取其他主体的意见共同作出学科相关决策。

学院学科决策权可通过基层学科组织实施。根据学院规模大小可成立学科治理委员会或通过学院现有的学术委员会、教学委员会等组织实施。在院系层面更多的是一种共同治理。且文科、理科及工科等不同类别学科的治理模式不尽相同。因此，学院和基层学科层面可以结合本学科实际，通过适当的组织和机制，充分调动学科带头人、院长、教师群体、学生代表和相关产业代表的积极性，实现共同治理。

学科决策权实行委员会制工作方式，充分听取多元主体的意见和建议，体现网络治理多元主体参与、主体间网络互动的特性。在处理具体学术事务时，吸纳包括专任教授、青年教师代表、行政人员代表、学生代表、校外行业专家、校友及其他利益群体参与学科治理，并设计其相应的席位数及对不同主体的投票进行加权，充分发挥多元主体的作用，切实提高学术治理权效能。在决策时遵循比例原则，基于某个主体在每项集体决策中的利害关系来分配决策权力，同时要体现民主协商原则，尊重每一位组织成员的不同意见，认真听取每一位组织成员的专业判断，协商共治达成学术决策。

(二) 重构学科决策和执行主体间协调运行机制

真正落实学科治理委员会决策职能，回归行政主体执行功能，还必须重构学科决策主体和行政主体之间扭曲的协调运行机制。行政组织系统控制大量的学科资源，是对"学科资源价值进行权威性分配"的一个重要主体。因此，行政权是一个极容易被利益所腐蚀的权力。人类社会的经验表明，遏制权力腐败最好的方法就是对权力进行监督和制约，而监督和制约权力的真谛就是对权力进行"分立"，然后产生不同性质权力之间的相互掣肘的权力结构。地方本科高校职能部门主要拥有执行权，但在现实条件下由高校学科决策主体授权也拥有一定的决策权。在直线职能制下，高校职能部门虽然不是一种决策机构，不具有学校事务的最终决策权，但它作为高校组织结构中具有重要地位的行政机构，在学校决策过程中分享一定的决策权力，在学校管理中发挥着重要作用。[①] 在由学术治理组织主导的学科决策组织里，应由一定比例的行政职能部门人员参加。既体现了学科决策组织多元主体共治的理念，也使行政职能部门更容易理解、执行决策。

改革学科决策由行政职能部门启动并主导决策过程的局面。学科治理机制应由学科治理委员会启动，学科治理委员会根据决策的事务开展独立的调研和决策，或委托相关部门进行调研，并将决策的意见通过专职秘书督促相关职能部门去实施。这样的机制决定了参与其中的每一位委员都必须主动开展调查研究、积极思考相应的事务，最终独立提出决策意见，慎重投出自己的一票，职能部门是执行学术组织意见和方案的执行者，而不是既提出方案又实施方案的管理者。将扭曲的决策和执行主体间协调运行机制进行重构，并非易事。须在实践中不断总结经验，

---

① 林祥柽、范丽娟：《高校职能部门大部制改革的目标方案与运行机制》，《高校教育管理》2014 年第 4 期。

持续完善决策和执行主体间协调运行机制。

二 理顺学科执行部门间协调机制,增强其统筹服务能力

学科执行部门间协调机制梗阻导致执行权碎片化及执行成效不高等问题,针对此困境,亟须理顺学科执行部门间协调机制,以增强其统筹服务能力。具体包括整合行政职能部门间协调机制和规范跨学院学科协调机制,以促进学科执行效能和提升知识生产整体效应。

一是整合行政职能部门间协调机制,促进学科执行效能。具体包括合并、重组相关行政职能部门,整合其相关职能;强化学科发展规划部门的统筹协调功能,将与学科相关的职能部门有机协调起来。学科执行权在各行政职能部门之间进行配置后,目前存在权力主体内部以及相互间均缺乏协调机制,不利于学科的统筹发展。协调机制的不健全也是学科职能部门统筹和服务能力不足、权力执行分散等问题的直接原因。当前,在一些综合性研究型大学或一些新型本科高校,已经或正在经历一场职能部门合并浪潮。有学校把研究生处和教务处合并,有些把科研处和教务处合并,以更好地整合其相关职能,体现学科事务的整体性。

执行权主体在依据事权分立的基础上必须统筹协调,才不至于导致权力"碎片化",丧失整体性功能。因此,应进一步强化高校学科发展规划部门的职能,切实发挥其统筹协调作用。学科发展规划部门应将教务处、研究生处、科研处、人事处等学科相关职能部门统筹协调起来,有一个总体的规划和协作机制,各部门各司其职又相互协作,从而促进学校整体学科治理效能的提升。

二是规范跨学院学科协调机制,提升知识生产整体效应。在当前基层学院为行政兼学术双重职能的背景下,首要的是调整优化学院布局,尽量以二级学科为单位设置学院,避免学科被学院建制人为割裂以及学科治理过程中出现的种种梗阻问题。地方本科高校以二级学科为依据设置学院是最优选择,但如果在调整优化过程中遭遇困难,无法完全按照二级学科设置学院,次优选择就是要建立健全跨学院学科协调机制。跨

学院学科协调机制应从制度和组织两方面进行完善。遵循权力法定原则，地方本科高校应依据学校章程和已有学科专业建设管理制度，出台跨学院学科协调的规章制度文件，对跨学院学科协调组织的组建、职责、人员构成、运行机制等进行明确规定。在此基础上，落实跨学院学科协调组织的组建，以是否有利于知识生产整体效应的提升为依据，在实践运行中不断对跨学院学科机制进行完善。

第四节 完善地方本科高校学科参与机制

产业行业主体和师生学科参与机制不完善，直接影响地方本科高校学科参与权的配置成效，为此应采取相应对策完善学科参与机制。完善地方本科高校学科参与机制包括注重利益驱动，探索产业主体学科参与机制；培育学科民主文化，畅通师生学科参与渠道。

一 注重利益驱动，探索产业主体学科参与机制

前面分析过产业主体参与地方本科高校学科治理存在不少问题，比如合而不实、合而不深、合而不强等，主要源于学校和产业企业两种组织的性质、价值追求、运行机制不同。过去我们做校产合作更多地出于高校学科发展的自身利益需求，很少主动考虑产业行业主体的需要，导致合作错位，产业主体没有积极性。调查中发现，产业行会主体参与高校学科治理有自身的利益期待，而一旦自身利益预期得不到保障，他们参与学科治理的动力也会大受影响。地方本科高校应尤其关注产业行业主体的利益期待，正确处理两类不同主体间的利益关系。通过健全有关各方的利益分配、补偿和化解利益矛盾的利益保障机制，推进不同主体间的相互信任和理解，促进多元主体间利益的合理分配，提高产业行业主体参与高校学科治理的动力和积极性。

建立产业行业参与机制要充分研究校情、产业情况，要精准匹配，以利益驱动为主导、以校产双赢为目的，充分分析高校学科专业结构，

根据每个学科专业特性寻求合适的产业行业组织。目前各个地方高校都有校企合作项目，但效果不尽如人意。一方面，要转变传统的合作理念，学校要将为产业行业服务定目标，对市场进行充分调研，结合学校实际开展合作。根据企业特点和人才需求，进行合理的学科专业设置和培养方案改革，不断完善社会参与机制，从学科规划布局、团队建设、人才培养、课题研究等多方面开展合作。另一方面，要让一些产业行业部门出于利益诉求主动找学校，这样也可以提高其积极性。一般来说，侧重应用的硬学科会比较容易和产业行业机构合作，高校可以靠自己师生的创新思维和创新能力为产业行业服务，自己也从中得到知识和物质的利益，目前各种产业园区、产业学院就是这种合作机制。在很多高科技领域，社会已经走到了高校前面，不再是社会的引领者，而是社会的适应者，如西安交通大学建设的中国西部科技创新港，里面有20多个研究院，100多个研究所，[①] 这是21世纪一个新的社会参与高校学科治理的模式，是传统高校和产业行业融合的新型样态。

地方本科院校要强化应对产业行业需求的学科治理意识。办学较久的地方本科高校一般都具有相对较好的基础发展条件，而新建本科高校则有较强的适应性。目前，为适应市场经济导向，各高校都积极加大学科建设力度，学科建设取得了一定成效。然而，根据市场的反馈，很多地方高校的学科结构还没有适应当地经济和社会的发展需要，即使建立起了与主导产业相适应的学科结构，但在人才培养、解决地方经济发展的实际问题以及科技创新上仍显不足。因此，地方本科高校应认真审视学科建设的重点和方向，提高应对产业行业需求的学科治理意识和能力。

建构学科专业调整与区域经济产业结构的联动机制。地方本科高校要与行业、企业和社会机构建立密切联系。作为立足于地方生存的

---

① 《西安交大校长王树国：大学需要发自内心向自己开刀》，2017年3月15日，央广网，https://china.cnr.cn/yaowen/20170315/t20170315_523658493.shtml，2022年8月14日。

本科高校，要善于整合自身的优势，筛选资源，并深入企业和社区，寻找与社会合作的平台或机遇，把行业或企业的问题带到学术研究和课堂教学上来，把教师和学生带到企业生产过程或社会活动中去，实现高校学科建设资源和社会资源的共享。这既是地方本科高校解决办学资源不足的有效举措，也是其走开放办学之路的良好途径。要结合产业发展趋势思考学科发展规划，即考虑市场化条件下区域经济、社会发展对人才的中长期需求，瞄准区域经济中的主导产业或特色产业，不断提高学科建设的针对性，逐步积淀雄厚的适应力，增强服务能力。

如果地方本科高校学科专业布局和区位内产业结构匹配度高，则校企、学校和产业主体合作的机会就大。这种合作将打破高校和产业之间的藩篱，通过学科载体促进知识共同生产，增进双方利益，从而有利于促进高校学科治理权的社会参与，以及高校内部基层主体自主权的扩大。在访谈中，受访者也认为把学科治理和区域经济社会实际结合起来很有必要，某受访者（编号：202121）认为："作为地方高校，你的层次及所在的区域决定了你的服务对象。比如经济学学科，我们的优势不是理论经济学，是应用经济学，应用经济学更多的是与地方的社会经济发展紧密地结合在一起的。比如农学，H省是全国小麦种植大省，这是我们省的实际情况，那我们的农学肯定要围绕小麦展开，这是我们的特色。"因此，地方本科高校的学科专业布局与区域产业结构实现联动是实现地方本科高校学科治理权均衡发展的一条切实路径。

对于人文学科来说，其用人部门或社会主体参与高校学科治理可能更需要政府等其他主体的推动。比如现在的法学学科建设，要提高学科治理水平，满足人才培养的需要，高等学校除了和律师事务所合作，还亟须国家司法部门、检察院、法院，甚至国务院层面等多层面的推动。目前国家正在实施的"卓越法律人才教育培养计划"是这方面的典型案例，该计划由中共中央政法委员会、教育部联合实施，以提高中国法学法律人才培养质量为目的。该计划要求司法部门选派人员进入学校授课，

第五章　优化地方本科高校学科治理权配置的改进策略

司法部门要承接学校的学生实习，甚至教师去司法部门挂职。还有党委系统宣传部门在搞"双千计划"，就是每年安排一定数量地方高校教师去政府新闻部门挂职，新闻部门派人来高校任教。由此可见，对于有些人文学科，特别是用人单位多属于政府部门、事业单位的，除用人部门和高校构建适切的协调机制外，政府的推动和协调作用不可缺少。因此，今后应进一步完善这类学科的行业参与机制，纾解运行过程中出现的问题，为产业行业学科参与权的实施畅通渠道。

构建产业行业参与的多维常态化沟通、对话机制。教育行政部门收集学生就业信息并通过合适的渠道提供给高校，还应完善学校和市场主体的对接的制度保障。高校还可以走向用人部门，进行座谈，快捷沟通。目前地方本科高校和市场的对接程度还远远不够。地方政府应积极为地方高校与产业企业互动提供平台，实现高校和区域经济的共生发展和互动共赢，区域经济发展为地方高校提供存在和发展的空间。① 因此，地方本科高校应立足于地方，探索与区域经济联结的契合点，实现与区域经济的共生发展。一个地区的经济社会发展水平越高，就越需要高等学校为其提供科技支撑、人才和智力支持，就越有利于企业部门、产业行业人员直接参与地方本科高校学科治理。经济社会主体参与高校学科治理，推动高校学科发展，反过来进一步推动经济社会发展水平，实现良性循环发展。同时区域经济社会发展水平高也会通过各类横向课题、校企合作等多种形式为高校学科发展提供资源支持，当地方本科高校从政府获取资源的比重下降，从经济社会主体那里获取的资源比重上升时，政府、校院两级以及社会主体参与学科治理的权力比重也会有此消彼长的变化。

二　培育学科民主文化，畅通师生学科参与渠道

普通教师是知识生产的供给主体和潜在的学科领导者，直接关系着

---

① 程肇基：《地方高校与区域经济共生发展的理论探索》，《教师教育研究》2013年第5期。

知识生产质量，而学生是知识生产的需求主体，知识生产效果如何对学生影响很大。正如亨利·罗索夫斯基按照"与学校关系亲密程度"将学校的教师、行政人员和学生归为最重要的利益群体。[①] 可见，教师和学生与学科治理的紧密关系决定了他们有权参与学科治理，从而使其权益诉求得到实现。

从历史上来看，教师和学生都曾经是高校学科治理的当然主体。英国教育家阿什比认为，中世纪大学开创了现代教育体系的先河，中世纪大学可以分为教师行会组织的和学生行会组织的两类大学。教师行会组织的大学里教师掌管校务，负责学科发展方向和教学内容；学生行会组织的大学里，学生联合起来购买教师的服务，维持教学秩序，取得某些管辖权和法权。从历史来看，学生权力的极盛时刻来自市场环境，作为有组织的顾客，在这种环境下拥有较大的权力。[②] 近现代以来，随着高等学校的规模愈益扩大和学科建设经费越来越依靠政府拨款，行政管理人员在高校学科建设中的权力日益加大，教师和学生退居次要地位，甚至其权力被虚化。

建议畅通普通教师与学生的学科参与渠道，使其参与所在学校或学院与其能力相匹配的学科治理工作。我国高等教育法、各高等学校章程也规定了普通教师及学生有学科参与权，但实践中他们能够表达利益诉求的机会不多，比较普遍的是通过召开座谈会的形式征求师生的意见，缺少切实保障他们学科参与权的平台和机制。应直接通过制度的形式明确规定普通教师与学生在学校、学院学科治理组织中所占的名额和比例，以及其所参与治理的具体内容。实践中在保证学科治理质量和师生权力间寻求动态的平衡。师生参与学科治理应遵循比例原则，比例原则要求基于每个人在每项集体决策中的利害关系来分配决策权力。

---

① [美] 亨利·罗索夫斯基：《美国校园文化——学生·教授·管理》，谢宗仙等译，山东人民出版社1996年版，第5页。
② [美] 伯顿·克拉克：《高等教育系统——学术组织的跨国研究》，王承绪等译，杭州大学出版社1994年版，第171页。

地方本科高校应完善师生学科参与的信任机制和学习机制。要畅通师生学科参与渠道，还必须完善相关主体间的信任机制和学习机制。普通教师和学生作为高校学科治理的利益相关者，理应有权参与学科治理，不能因其能力不足而对其不信任，主体之间的不信任将弱化网络治理成效。地方本科高校学科治理组织应相信普通教师和学生参与对学科治理的积极作用和成效，主动吸纳他们参与学科治理，这是实现多元主体网络治理的关键要素。学校还应提供适切的学习平台和制度保障他们了解相关学科治理知识和提高其学科治理能力，从而有助于提高其学科参与质量。

培育学科民主文化，是地方本科高校学科参与权配置的软环境支持。高等学校学科治理权配置涉及多元主体的利益。普通教师和学生作为学科治理的弱势群体，如果没有民主环境的支撑，其学科参与权很难真正实现。且多元主体的价值取向、知识素养以及利益关切有别，必然会出现对同一事务有不同的看法和意见，这时就需要发扬民主精神，主体间进行平等友好协商。协商民主的文化氛围是切实发挥多元主体积极性、实现共同治理的重要基础。地方本科高校在学科治理过程中，应有意识地在各个治理环节培育协商民主文化、参与文化，从而增进学科参与成效。

第五节　改进地方本科高校学科评价制度

在地方本科高校学科治理权配置过程中，学科评价结果使用不当和学科评价标准分类不细等形成的学科评价制度异化，消解了学科评价权本应具备的反馈和促进学科发展的正向功能。因此，必须改进地方本科高校学科评价制度，重新认识学科评价限度，并根据学校类型设置学科评价标准，从而归位学科评价本质功能，引领学科特色发展。

一　审视学科评价限度，归位学科评价本质功能

正确认识学科评价的有限性，学科评价仅仅是一种有限度的工具。

必须明确的是，学科评价的内容（评价指标体系）与学科建设的内容是不一样的，目前没有任何一种学科评价指标体系能够涵盖学科建设的所有内容，学科评价只是学科治理的其中一个环节和方面，是促进学科发展的一种工具。这种工具是有限度的，需在一定范围、一定条件下发挥其作用。我们必须克服当前存在的学科评价制度异化问题。评价制度异化是指这种制度的发展违背了其推动学科发展和知识创新的初衷，成为一种外在于学科治理的支配力，从而在一定程度上阻碍了学科发展。如何建立一个科学的评价制度，使之充分发挥导向作用，是当前学科制度建设的关键。[①] 学科评价制度的设计应始终坚守为知识生产这一终极目的服务。

教育行政部门应统筹学科评价主体和项目设计，严格控制评价活动数量和频次。对现有学科评价项目进行摸查清理，制定清单，实行归口管理，加强统筹协调。学科评价核心是促进学术发展，学术发展立足于自由，遵循"自由之上的规则"是学者从事学术研究的原则。因此，应减少要素、过程环节评价，为地方本科高校学科治理"松绑"。2022年教育部全面推进教育数字化战略行动，探索建立共建共享的高等教育数据管理平台，实现数据一次采集、统筹使用。希望以此为契机，清理学科评价数字申报项目，对一些内容相近的项目进行撤销或合并，切实减轻高校数据填报和材料制作的负担。

教育部学位与研究生教育发展中心应切实锚定其第三方组织定位。教育部学位与研究生教育发展中心（简称"学位中心"）负责组织学科评估，2002年首次开展，目前已开展了五轮。学位中心对自身的定位是第三方组织，学科评估是以第三方方式开展的非行政性、服务性评估项目。[②] 但事实却并非如此，在实然状态下，目前挂靠教育部的学位与研究生教育发展中心享有相当大的学科评价权，其评价结果被严重异化，

---

① 庞青山：《大学学科论》，广东教育出版社2006年版，第240—241页。
② 教育部学位与研究生教育发展中心：《全国第四轮学科评估结果公布》，https://www.cdgdc.edu.cn/dslxkpgjggb/，2022年11月13日。

成为政府分配资源的重要依据并主导高校决策行动，而失却了评价本身应具的反馈促进功能。因此，学位中心应切实回归其第三方组织定位，这也是促使学科评估本身功能矫正的重要举措。

改革单向度行政问责的学科评价制度，推动社会组织学科评价的发展。在当前的绩效管理时代，学科评价制度不可避免充斥着绩效型评价观。必须对学科评价中管理性价值取向占据主导地位的现实加以反思。教育行政部门集办学者、管理者和评价者于一身，便悄然地使学科评价具有了强制性。行政思维以效率为其最高价值追求，强化绩效管理，使得学科治理具有短平快效应，既有学科评价制度设计忽视了对学科整体性功能和多样化特征的关照。学科评价制度改革的基本取向是改变政府基于绩效合法性考量而采取的单向度行政问责，弱化行政主体控制，推动社会组织评价力量成长，建立能够反映多方利益诉求的评价模型。

当前我国代表社会公众利益的社会组织评价正处于发展初级阶段，缺乏独立的评价理念，一切以政府评价指标为准，这不利于评价的多元化发展。社会组织评价应以社会公共利益为价值准则，设计真正有利于促进知识生产的评价指标体系，体现社会评价的相对独立性，这也是学科评价权的真正价值所在。积极培育第三方社会组织力量，是建构科学合理学科评价制度的应有之义。高校和学院自身也要主动提升学科治理能力和责任感，树立起对学科评价目的的正确认识，认识到学科评价的最终目的是服务于学科发展和知识生产，真正实现以评促建，归位学科评价本质功能。

二　分类设置学科评价标准，引领学科特色发展

完善分类学科评价制度，对高等学校进行分类，分别设置不同的学科评价标准。部属研究型大学和地方本科高校因其学校定位和学科发展侧重点不同，应设置不同的学科评价标准。目前很多评价标准都有利于研究型、综合型大学，大学排行榜的评估结果对于高校来说只能作为参考，而不能作为唯一依据，不能拿一个标杆去评价所有学校。地方高校

可能更多的是为地方经济社会发展服务的,同一个学科全国各类型高校设置一个标准是不合适的。应建立分级分类学科评价制度,根据学校定位不同,对不同学校适用不同的学科评价标准。当前学科评价根据主体分类有社会组织开展的大学排行榜评价、政府部门组织的各类学科评估和高校自身开展的一些相关学科评价项目。需要说明的是,虽然现在教育部学位与研究生教育发展中心(简称学位中心)组织的学科评估被称为"以第三方方式开展的非行政性、服务性评估项目",[1] 坚持"自愿申请、免费参评"的评估原则,不同于政府开展的合格性评估。但不可否认,因为学科评估标准以各种科研成果为主,对同一个学科的评估标准在各个高校是一样的,这自然有利于科研能力强的部属研究型大学。另外,学位中心组织的学科评估结果已成为政府对高等学校进行其他各类评价及分配资源的重要依据,这种"光环叠加"效应[2]使学位中心组织开展的学科评估不可避免地笼罩上了一层行政色彩。地方本科高校为追求各类评优只能向部属研究型大学看齐,导致不同类型大学学科建设的趋同化,不利于地方本科高校的特色化发展。

地方本科高校学科评价标准设计时应充分考虑学科与区域经济社会发展的联系。我国地方本科高校是为满足区域经济社会发展需要而建立的。地方本科高校不仅在行政管理上隶属于地方政府,而且具有鲜明的地域性,其学科专业布局与区域经济的匹配度越高,越能显示其生存和发展价值。因此,地方本科高校必须建立能够适应区域经济发展需要的学科布局。学科建设水平一定程度上决定了地方高校服务区域经济建设的能力,[3] 研究型大学学科设置和发展也关注与经济社会发展的联系,但其学科发展更注重学术性,在指标设计时学术性指标占据较大比重。

---

[1] 教育部学位与研究生教育发展中心:《全国第四轮学科评估结果公布》,2017年12月28日,https://www.cdgdc.edu.cn/dslxkpgjggb/,2022年11月5日。
[2] 周光礼、罗睿:《光环叠加:中国科学精英的生成机制》,《教育研究》2021年第10期。
[3] 吴文清、高策、王莉:《地方高校学科建设与区域经济转型适配性研究》,《清华大学教育研究》2013年第1期。

因此，在设计有关学科发展促进区域经济发展成效的学科评价指标时，研究型大学和地方本科高校在指标所占比重、关注点等方面应有所不同。

分类设置学科评价标准还应强化地方本科高校的自我评价与常态评价。地方本科高校要实现学科特色发展，就必须扎根区域经济社会发展实际，立足本校学科发展定位，制定适合本校学科发展的自我学科评价体系。作为最具评价资格的主体，学科人自我评价与学科日常生活相交融，其评价的真实性及效用远远强于行政式评价，关键在于必须从政策引导和思想认同上保证自我评价常态化，力图展现学科生活的本来面目，避免使其沦为管理工具。另外，建立更为柔性的评价标准和方法。行政式评价建立在刚性划一的评价标准、方法和程序上，日常陷入形式主义和机械化困局，与学科真实生活渐行渐远。自我评价应根据学校学科结构布局与发展目标，制定适合本校发展的弹性指标。

整合高校内部学科评价部门，提高其专业性、独立性有利于提高内部学科评价水平。地方本科高校内部的学科评价经历了一个依附—独立—再依附的过程。最早是在职能部门内部设立承担评价功能的科室，随着教育部学科评估、教学评估等项目的开展，已不能满足评估需求，逐渐发展到成立单独的评价部门，属行政职能部门性质。再后来随着评价项目的进一步增多和细化，评价权进一步分散到多个职能部门，呈现碎片化特征，而同样作为行政职能部门的评价部门不能很好地发挥统筹协调作用。因此，本书提出在校级层面成立与学科治理委员会对应的学科评价委员会。在应然状态中，应由学科评价委员会全面安排、指导、监督本校学科评价事务，授权相关部门配合实施。学科评价委员会由学科评价专家、职能部门管理人员等多元主体参与组成。学科评价委员会在接受政府部门政策指引外，更应该和学校自身特点相结合，定期组织学科评价研究活动，提供各部门沟通交流平台，建立学习机制，真正自主性地建构符合本校实际的学科评价指标体系，引领学科特色发展。

结　语

随着第四次工业革命的到来，国内外高校纷纷从学科治理入手进行改革，推动学科专业与产业、行业及校外科研院所的对接，吸纳多元主体参与高校学科治理，发展交叉学科，改进学科布局结构，以满足经济社会发展的需要。但当前地方本科高校大多学科建设基础薄弱，学科治理"行政化"严重。学科治理主体间权力配置的失衡，已成为制约地方本科高校学科建设和发展的"绊脚石"。本书以权力配置为切入点，对地方本科高校学科治理中存在的权力配置困境进行了较为深入的研究，并对进一步研究的可能性进行了初步思考。

一　研究结论

（一）地方本科高校学科治理权配置首要前提是遵循一定的价值体系

任何领域的权力配置总是在一定的价值观指导下进行，权力配置的过程也是作出价值判断的过程。因此，在分析学科治理权"如何配置"前，有必要先明确学科治理权"因何配置"和"配置依据"的问题。本书从知识生产视角切入，认为地方本科高校学科治理权配置的终极目的是促进知识生产。根据知识生产这一终极目的需要，学科治理权配置价值根据学科治理权属性包含学术性、社会性和管理性三个价值向度，每个价值向度下根据属性的要求又析出具体的价值准则。由此形成一个以知识生产为核心的多维多层级的价值体系。在这个价值体系里，共分为三层：内层是学科治理权配置的终极目的，也是其最高价值准则；中层

结　语

是依据学科治理权的三重属性将价值分解为学术性、社会性和管理性三个价值向度，即要实现三个价值向度的兼顾和均衡；外层是将三个价值向度进一步分解，学术性价值分解为创新和自由价值，社会性价值分解为应用和公共价值，管理性价值分解为效率和法治价值。本书将这一价值体系称为价值环模型。

从价值环模型可以看出，学科治理权配置的价值领域是广阔的，不能用单一的价值取向遮蔽多维多层价值的丰富性。因为学科治理权多元主体在作出价值判断时自然会选择最有利于自身利益的价值排序格局，价值冲突也在所难免。因此，为实现知识生产的最终目的，使知识生产活动有序进行，必须在价值环模型基础上，确立适切的价值秩序，协调学科行动者间的利益关系。在价值环模型中，学术性价值和社会性价值归属目的性价值，即学科治理权配置首先要满足内在的学术发展目的和外在的学术应用目的；管理性价值归属工具性价值，即学科治理权配置通过使用一定的管理性手段达到实现学术性价值和社会性价值的目的。目的性价值是基本的价值，工具性价值是相对于基本目的而言的手段的价值。因此，学术性价值和社会性价值优先于管理性价值。

(二) 五权划分框架是地方本科高校学科治理权配置的适切分析范式

学科治理权是一种涉及多元主体、多项事务的综合性权力，依据不同的分权标准，学科治理权有多种分解方法。在行政组织的科层制管理模式下，权力配置一般采取单一的"纵向—横向"的分析范式。学科治理兼有学术性和管理性属性，这决定了学科治理既要遵循一定的科层制分级分层分权要求，更要遵循学术研究的松散耦合特性，体现网络式权力配置范式。分权制衡理论和知识生产模式理论相结合，为地方本科高校学科治理权分解提供了适当的理论基础；价值环模型和知识生产模式理论相结合为学科治理权主体的识别提供了依据；网络治理理论为学科治理权（主体）之间的协调互动机制设计提供了支持。在上述对学科治理权进行分解、相应权力主体确立以及相互之间的协调互动关系建构的基础上，最终形成地方本科高校学科治理权配置框架，本书称之为"五权划分框架"。

五权划分框架遵循"以权力制约权力"的分权制衡原则和知识生产新模式下多元主体协调互促参与知识生产的理念，具体包括学科指导权、学科决策权、学科执行权、学科参与权和学科评价权。五权划分框架打破了以往权力配置中单一的"纵向—横向"的分析范式，构建了包含高校内外部、上下位权力的网络式权力配置范式。五权划分框架的构建，符合学科治理权属性的内在要求，有利于推进地方本科高校学科治理实现分权制衡和协同治理，消解科层制管理模式在学科治理领域的不利影响，真正促进地方本科高校的学科发展和知识生产。

（三）地方本科高校学科治理权配置呈现制度和制度、制度和实践的悖论

当前，高等教育领域改革逐步向纵深推进，从宏观的教育体制到中观的大学治理，再到微观的具体方面的改革渐次展开，改革的一个重要目标就是简政放权。在高校内部改革方面，一个重要举措就是要平衡行政部门和学术组织权力，强化学术主体权力。通过将政策梳理和个案考察相结合，本书从纵向和横向两个维度揭示了地方本科高校学科治理权配置的基本特征。纵向上主要呈现为简政放权和渐次收权并行，横向上主要呈现为形式分权和实质分权偏离。纵向上，从法律法规上明确自上而下放权并持续强化，但在具体治理上借助"项目制"模式逐渐达成由学科基层到学校、省级到国家级的向上渐次收权；横向上，从最初的学科决策权、执行权和评价权合一，由行政组织系统行使学科治理的整体权力，到法律法规上实现了分权，但在实践中发现从形式分权到实质分权还有一定的距离。学科治理权配置的上述特征，一方面反映了地方本科高校学科治理朝向法治化、规范化方向发展；另一方面反映了制度和制度、制度和实践之间存在悖论，对地方本科高校学科发展产生了一定的负效应。

（四）地方本科高校学科治理权配置存在系统性失衡的实践困境

本书采用质性研究方法，主要采用个案研究法，通过实地访谈和各类规范性文件与资料的整理，探寻地方本科高校学科治理权配置现状及存在的问题。通过研究发现，地方本科高校学科治理权配置存在的主要问题是多元权力失衡且是系统性失衡。具体来说，地方本科高校学科治理权配置的实践困境主要表现在：学科指导权配置中政府直接管理功能过度强化；学科决策权配置中学术主体决策空间被多向挤压；学科执行权配置中学科管理部门协调服务不力；学科参与权配置中产业主体及师生学科参与乏力；学科评价权配置中评价组织专业性独立性欠缺。如果不能切实改善这种失衡状态，我们正在推进的简政放权改革以及最终推动知识生产和培养创新型人才的目标将很难实现。

权力失衡导致弱势主体一方的权益很难得到保护和尊重，强势主体一方的权力"越位"和乱作为，造成主体间的对立、不信任感增强，从而导致治理失败。但高校学科治理权的失衡问题和政府部门相比又有它的独特性，行政部门处理的一般是行政事务，而学科治理的事务是学科事务，他们的治理目的不同、参与主体也不完全不同，因而在治理过程中呈现的权力失衡问题也有差异，不能完全套用行政治理权失衡的分析方法探寻原因和提出适切对策。

（五）优化地方本科高校学科治理权配置应从多方面进行改进

本书基于现实中学科治理权配置存在的问题进行原因分析和改进策略的思考。结合实地调查和已有文献研究认为，影响地方本科高校学科治理权配置的因素可以从价值和制度两个维度进行分析。[①] 具体包括价

[①] 本书在多个地方对制度概念进行了解释说明。制度有广义和狭义之分，从广义来说，一切调整主体之间以及社会关系的规则、规范和策略都可以称之为制度，制度、体制、模式和机制等都属于制度范畴；从狭义来说，制度是指位于社会体系的宏观层面和基础层面并侧重于社会结构的规则。和狭义的制度相比，体制位于社会中观层面，侧重社会形式；机制位于社会的微观层面，侧重于社会运行；模式主要指主体行为的一般方式，具有一般性、稳定性等特征。本书是从广义上分析制度方面的原因，因此，体制、机制、模式都属于制度的范畴。

值、管理体制、部门间协调机制、参与机制和评价制度等影响因素。依据此分析维度，提出地方本科高校学科治理权配置的改进策略。其中，价值重塑发挥引领作用，主体的价值取向对其决策和行动有重要影响，最终影响学科治理权的配置。制度改进是关键的保障因素，从各个层面支持学科治理权配置改革。具体的策略建议：一是重塑学科治理权配置价值，包括调适价值冲突、强化规则和权责意识，以及提高主体多维学科治理素养；二是深化学科管理体制改革，包括推进简政放权改革和创新资源配置模式；三是健全学科部门间协调机制，包括重构决策和执行主体间协调机制，以及理顺学科执行部门间协调机制；四是完善学科参与机制，包括探索产业主体学科参与机制和畅通师生学科参与渠道；五是改进学科评价制度，包括审视学科评价限度和分类设置学科评价标准。

二 研究展望

学科是一个内涵较为丰富的概念，学科治理权配置也涉及多元主体、多项具体权力，因而研究的内容自然也比较丰富。内容丰富就很容易观照了整体，而对研究问题细化和深入不够。本书以学校为研究单位，研究高校和外部主体以及高校内部各类主体之间关于学科治理权的配置。由于涉及的具体权力比较多，主体关系复杂，加之研究条件的限制，有些方面的研究还有待深入。

（一）深化地方本科高校学科治理权配置政策研究

政策是制度的重要组成部分，对地方本科高校学科治理权配置具有重大影响。但目前的学科治理权配置政策还存在一些问题。本书通过政策梳理和个案研究相结合，发现学科治理权配置在政策与政策之间，以及政策与实践之间存在悖论。政策与政策之间的悖论表现在国家一方面出台简政放权系列政策文件；另一方面却通过"项目制"政策渐次向上收权。政策与实践之间的悖论表现在国家出台法律法规实现高校内部形式上的分权，而实践中分权还没有完全实现。下一步以政策理论为基础和分析视角深化地方本科高校学科治理权配置研究，探寻这种悖论产生的原因并提出解决之道是很有必要的。

(二) 拓展不同类型高校学科治理权配置比较研究

个案研究法的优点是能够深入、详细和全面了解地方本科高校学科治理权配置的复杂微观过程，对个案对象进行全面的展示和说明。不足是因为样本少，并不能将研究结果直接推论至一般对象。本书基于研究重点及研究可行性方面的考虑选择个案研究法。在研究结束之时，笔者自问：其他类型高校的学科治理权配置是否也遇到困境，它们之间遇到的问题是否有不一样的地方？在今后的研究中，如果能对不同类型高校的学科治理权配置进行深入的比较研究，将是对本书研究的进一步拓展和深化。

(三) 加强地方本科高校基层学科治理典型案例研究

基层学科组织的治理问题很重要，基层学科组织是高校学科发展的活力之源。在访谈中也发现一些优秀的学科负责人很有想法，对学科发展影响很大，很值得研究。在当今的开放知识环境中，高校和产业合作共建学科、共同生产知识是趋势，最终的具体合作落脚到基层学科组织。调研中也了解到不同学科、不同产业行业对双方合作的需求是不同的，如果能选取适切的案例深入开展基层学科组织治理以及基层学科组织与产业主体合作的相关研究，对促进知识社会中的地方本科高校学科发展很有现实意义。

还必须认识到权力配置对学科发展的限度问题。学科治理权的科学合理配置是地方本科高校提高学科发展水平、促进应用性知识生产和创新的一个重要切入口，但并非学科治理权配置得科学合理就可以解决地方本科高校学科建设中的一切问题。高校学科建设成效受制于多种因素制约，除了学科治理权配置制约，还受地方资源禀赋、经济社会发展水平、产业结构、人口结构以及高校自身等多重因素影响。[①]

总的来说，地方本科高校学科治理权配置研究是一个跨学科课题，

---

① 胡耀宗：《高等教育地方化及其财政新趋势》，《教育科学》2012年第1期。

也是我国高等教育领域改革的"痛点""难点",极富挑战性。要实现学科治理权在多元主体间的科学、合理配置,还有很长一段路要走。英国社会学家杰勒德·德兰迪曾说:"大学主要是一个自治的场所,其中有不同系列的权力冲突,因为权力的拥有者要为权力的繁衍而斗争。"① 在研究中发现,新科技革命和国家"放管服"改革的推进并没有改变学科治理中协调主体权力独大的局面。重构地方本科高校学科治理权配置格局,是一个系统改造工程。希望有更多的学者从不同角度关注该问题,扎根中国大地,积极探索适合中国国情的地方本科高校学科治理权配置模式,为地方本科高校学科发展贡献更多有价值的研究成果。

---

① [英]杰勒德·德兰迪:《知识社会中的大学》,黄建如译,北京大学出版社2010年版,第126页。

附　录

1. 案例大学基本信息调查表

学校全称	
学校类型	
学科门类	
博士学位授权 一级学科及分布情况	
硕士学位授权 一级学科及分布情况	
硕士专业学位类别 及分布情况	
本科专业数及分布情况	
重点学科建设情况	国家级：　　　　　　省级：
本科专业建设情况	国家级：　　　　　　省级：
学科评估情况	
本科教学评估情况	
学科专业演变情况	
学科专业规划材料	
学科专业调整材料	
学科专业管理部门	
学科专业管理制度	
学科专业改革措施	
其他相关材料	

2. 访谈提纲

访谈对象	访谈提纲
校院两级学科管理人员、学术委员会委员、普通教师及学者	1. 贵校学科治理主要包括哪些方面的工作？ 2. 贵校学科治理工作一般由哪些主体参与？ 3. 贵校学科管理部门及学院在学科治理中的权力划分及实施现状如何？ 4. 贵校学科管理部门和学术治理组织在学科治理中的权力划分及实施现状如何？ 5. 您认为政府和高校在学科治理中的权力划分及实施现状如何？ 6. 您认为用人部门、产业行业协会等社会主体在学科治理中的参与现状如何？ 7. 您认为普通教师、学生等主体在学科治理中的参与现状如何？ 8. 您认为学科治理权配置应坚持什么样的价值取向？ 9. 您认为影响贵校学科治理权配置的因素有哪些？ 10. 您对优化贵校学科治理权配置有什么意见和建议？
学生代表	1. 请谈谈您对您所就读的学科专业的认识。 2. 您是否参与过学校的学科专业课程建设与评估工作等，谈谈您的经历和看法。 3. 高校学科治理工作，您认为学生参与现状如何、是否有权力参与？为什么？ 4. 学生如果参与学科治理工作，应该参与哪些工作？怎么参与？您有什么建议？ 5. 您所在高校是否有吸收学生参与学科治理工作的规范程序和相关保障制度？ 6. 您认为学生参与高校学科治理的意义何在？ 7. 您认为学生参与高校学科治理工作存在哪些困难？ 8. 您对优化地方本科高校学科治理权配置有什么意见和建议？
用人部门、产业行业协会代表	1. 您是否参与过地方高校学科治理工作？如参与学校人才培养或科学研究等事务的相关管理工作、学科专业课程建设与评估工作等，谈谈您的经历和看法。 2. 您认为用人部门、产业行业协会代表等社会主体参与高校学科治理现状如何？是否有权力参与？为什么？ 3. 社会主体如果参与高校学科治理，应参与哪些工作？怎么参与？您有何建议？ 4. 您接触的高校是否有吸收社会主体参与学科治理的规范制度？试举例说明。 5. 您认为社会主体参与高校学科治理工作的意义何在？ 6. 您认为社会主体参与高校学科治理工作存在哪些困难？ 7. 您对优化地方本科高校学科治理权配置有什么意见和建议？

3. 访谈对象基本情况

访谈对象	职务/职称	所属学科	所在单位
202101	副校长/教授	经济学	个案高校
202102	研究生处处长/教授	管理学	个案高校
202103	学科与发展规划处副处长/讲师	哲学	个案高校
202104	教务处处长/教授	法学	个案高校
202105	科研处处长、学科建设办主任/教授	理学	个案高校
202106	校学术委员会主任、原校长/教授	理学	个案高校
202107	校学术委员会副主任/教授	工学	个案高校
202108	教学质量评价中心副主任/副教授	教育学	个案高校
202109	学院院长/教授	经济学	个案高校
202110	学院院长/教授	理学	个案高校
202111	学院院长/教授	管理学	个案高校
202112	学院院长/教授	工学	个案高校
202113	学院院长/教授	经济学	个案高校
202114	院学术委员会委员/教授	法学	个案高校
202115	院学术委员会委员/教授	经济学	个案高校
202116	学科负责人/教授	文学	个案高校
202117	学科负责人/教授	哲学	个案高校
202118	学科负责人/教授	工学	个案高校
202119	学科负责人/教授	管理学	个案高校
202120	教师代表/讲师	艺术学	个案高校
202121	教师代表/副教授	理学	个案高校
202122	教师代表/副教授	管理学	个案高校
202123	教师代表/副教授	经济学	个案高校
202124	教师代表/讲师	文学	个案高校
202125	教师代表/讲师	法学	个案高校
202126	本科生代表	管理学	个案高校
202127	本科生代表	文学	个案高校
202128	本科生代表	工学	个案高校
202129	本科生代表	经济学	个案高校

续表

访谈对象	职务/职称	所属学科	所在单位
202130	本科生代表	法学	个案高校
202131	本科生代表	理学	个案高校
202132	本科生代表	经济学	个案高校
202133	硕士研究生代表	工学	个案高校
202134	硕士研究生代表	经济学	个案高校
202135	硕士研究生代表	哲学	个案高校
202136	硕士研究生代表	管理学	个案高校
202137	硕士研究生代表	法学	个案高校
202138	硕士研究生代表	文学	个案高校
202139	硕士研究生代表	管理学	个案高校
202140	用人部门代表	管理学	某财务管理公司
202201	学科研究领域学者	教育学	其他高校1
202202	学科研究领域学者	教育学	其他高校2
202203	学科研究领域学者	教育学	其他高校3
202204	学科研究领域学者	教育学	其他高校4
202205	学院院长/教授	教育学	其他高校5
202206	教师/副教授	管理学	其他高校6
202207	用人部门代表	法学	某律师事务所

注：1. 编号栏中访谈前四位表示访谈年份（分两次实施访谈），后两位为研究者排列序号；
2. 对普通教师、本科生和硕士研究生代表的访谈采用焦点小组访谈法，其他人员采用个别访谈法。对所有人员的访谈以非结构性访谈方式为主。

参考文献

一 中文类

(一) 著作类

陈向明:《教育研究方法》,教育科学出版社2013年版。

陈向明:《质的研究方法与社会科学研究》,教育科学出版社2000年版。

陈振明:《公共管理学》,中国人民大学出版社2003年版。

董宝良:《中国近现代高等教育史》,华中科技大学出版社2007年版。

董立平:《高等教育管理价值通论》,厦门大学出版社2014年版。

范明林、吴军、马丹丹:《质性研究方法(第2版)》,格致出版社2018年版。

耿益群:《自由与和谐:大学教师学术生态研究》,知识产权出版社2011年版。

黄明东:《教育法律与政策》,武汉大学出版社2007年版。

黄明东:《我国高等教育的国际化政策研究》,社会科学文献出版社2019年版。

季卫东:《法治秩序的建构》,中国政法大学出版社1999年版。

李连科:《价值哲学引论》,商务印书馆1999年版。

李仁涵:《智能时代高等教育模式研究》,上海大学出版社2019年版。

鲁洁、冯建军、王建华等:《教育转型——理论、机制与建构》,教育科学出版社2013年版。

毛亚庆、吴合文:《基于知识观的大学核心竞争力》,教育科学出版社

2010年版。

彭宇文：《中国高校法人治理结构研究》，中国社会科学出版社2006年版。

朴雪涛：《知识制度视野中的大学发展》，人民出版社2001年版。

任岳鹏、哈贝马斯：《协商对话的法律》，黑龙江大学出版社2009年版。

史秀云：《管理学原理与实务》，中国金融出版社2012年版。

汪兴福：《通往话语民主之路：与哈贝马斯对话》，四川人民出版社2002年版。

尤莉、张晶晶：《权力视域下大学组织内部冲突机理及对策》，科学出版社2017年版。

俞可平：《治理与善治》，社会科学文献出版社2000年版，第53页。

袁贵仁：《马克思的人学思想》，北京师范大学出版社1996年版。

张康之：《合作的社会及其治理》，上海人民出版社2014年版。

周守军：《学科与权力——以国家重点学科建设为例》，武汉出版社2015年版。

［法］布鲁诺·拉图尔：《科学在行动：怎样在社会中跟随科学家和工程师》，刘文旋、郑开译，东方出版社2005年版。

［法］让-皮埃尔·戈丹：《何谓治理》，钟震宇译，社会科学文献出版社2010年版。

［加］约翰·范德格拉夫：《学术权力——七国高等教育管理体制比较》，王承绪、张维平、徐辉等译，浙江教育出版社2001年版。

［美］埃莉诺·奥斯特罗姆：《公共事务的治理之道：集体行动制度的演进》，余逊达译，上海译文出版社2012年版。

［美］保罗·A.萨巴蒂尔：《政策过程理论》，彭宗超、钟开斌等译，生活·读书·新知三联书店2004年版。

［美］伯顿·R.克拉克：《高等教育系统——学术组织的跨国研究》，王承绪等译，杭州大学出版社1994年版。

［美］博登海默：《法理学：法律哲学与法律方法》，邓正来译，中国政

法大学出版社 2017 年版。

[美] 博曼：《公共协商：多元主义、复杂性与民主》，黄相怀译，中央编译出版社 2006 年版。

[美] 丹尼斯·朗：《权力论》，陆震纶、郑明哲译，中国社会科学出版社 2001 年版。

[美] 道格拉斯·诺斯：《制度、制度变迁与经济绩效》，刘守英译，上海人民出版社 1994 年版。

[美] 德里克·博克：《走出象牙塔——现代大学的社会责任》，徐小洲、陈军译，浙江教育出版社 2001 年版。

[美] 弗里茨·马克卢普：《美国的知识生产与分配》，孙耀君译，中国人民大学出版社 2007 年版。

[美] 亨利·罗索夫斯基：《美国校园文化——学生·教授·管理》，谢宗仙等译，山东人民出版社 1996 年版。

[美] 华勒斯坦：《开放社会科学：重建社会科学报告书》，刘锋译，生活·读书·新知三联书店 1997 年版。

[美] 华勒斯坦：《学科·知识·权力》，刘健芝等译，生活·读书·新知三联书店 1999 年版。

[美] 凯西·卡麦兹：《建构扎根理论：质性研究实践指南》，边国英译，重庆大学出版社 2009 年版。

[美] 罗伯特·K. 默顿：《社会理论和社会结构》，唐少杰、齐心译，译林出版社 2006 年版。

[美] 麦克·F. D. 扬：《知识与控制——教育社会学新探》，谢维和、朱旭东译，华东师范大学出版社 2002 年版。

[美] 史蒂芬·戈德史密斯、威廉·埃格斯：《网络化治理：公共部门的新形态》，孙迎春译，北京大学出版社 2008 年版。

[美] 塔尔科特·帕森斯：《现代社会的结构与过程》，梁向阳译，光明日报出版社 1988 年版。

[美] 韦恩·K. 霍伊、塞西尔·G. 米斯克尔：《教育管理学：理论、研

究、实践》（第 7 版），范国睿译，教育科学出版社 2007 年版。

［美］希拉·斯劳特、拉里·莱斯利：《学术资本主义：政治、政策和创业型大学》，梁骁等译，北京大学出版社 2008 年版。

［美］约翰·S. 布鲁贝克：《高等教育哲学》，王承绪、郑继伟、张维平译，浙江教育出版社 2001 年版。

［美］约翰·罗尔斯：《正义论》，何怀宏等译，中国社会科学出版社 1988 年版。

［日］青木昌彦：《比较制度分析》，周黎安译，上海远东出版社 2001 年版。

［英］阿什比：《科技发达时代的大学教育》，滕大春等译，人民教育出版社 1983 年版。

［英］毕瑟姆：《官僚制》，韩志明等译，吉林人民出版社 2005 年版。

［英］杰勒德·德兰迪：《知识社会中的大学》，黄建如译，北京大学出版社 2010 年版。

［英］迈克尔·吉本斯等：《知识生产的新模式——当代社会科学与研究的动力学》，陈洪捷等译，北京大学出版社 2011 年版。

［英］亚当·斯威夫特：《政治哲学导论》，萧韶译，凤凰出版传媒集团、江苏人民出版社 2006 年版。

（二）期刊论文类

包水梅、常乔丽：《从政府战略到院校行动：香港世界一流学科建设的经验及启示》，《高等工程教育研究》2017 年第 3 期。

包水梅、李明芳：《一流学科建设：从管理走向治理——兼论我国高校学科治理的路径依赖及其突破》，《现代教育管理》2021 年第 1 期。

鲍嵘：《学科的制度及其反思》，《学位与研究生教育》2006 年第 7 期。

鲍嵘：《学科制度的源起及走向初探》，《高等教育研究》2002 年第 4 期。

毕宪顺、刘庆东：《高校内部权力的科学配置及其运行机制研究》，《国家教育行政学院学报》2010 年第 8 期。

别敦荣：《积极探索构建中国特色学科评估体系》，《大学与学科》2021

年第 1 期。

别敦荣、冯昭昭：《论大学权力结构改革——关于"去行政化"的思考》，《清华大学教育研究》2011 年第 6 期。

蔡曙山：《科学与学科的关系及我国的学科制度建设》，《中国社会科学》2002 年第 3 期。

常桐善：《学科评估要细听学生声音：加州大学利用本科生调查结果的实践经验》，《中国高教研究》2020 年第 7 期。

陈国权、黄振威：《论权力结构的转型：从集权到制约》，《经济社会体制比较》2011 年第 3 期。

陈金圣：《学科治理的基本依据、组织基础与运行机制》，《学位与研究生教育》2020 年第 3 期。

陈金圣、邹娜：《论高校的学科治理》，《高教探索》2019 年第 6 期。

陈亮：《新时代学科治理的发生机理》，《高校教育管理》2022 年第 2 期。

陈鹏：《第五轮学科评估需要关注的五个关键维度》，《高校教育管理》2020 年第 5 期。

陈涛、邓圆：《外部依赖与内部整合：英国学科评估改革的工作逻辑及发展轨迹——兼论中英两国学科评估的异同》，《外国教育研究》2020 年第 9 期。

崔延强、权培培：《大学学科的现代性问题及其超越》，《华东师范大学学报（教育科学版）》2019 年第 2 期。

董立平：《地方高校转型发展与建设应用技术大学》，《教育研究》2014 年第 8 期。

范柏乃、林哲杨：《政府治理的"法治—效能"张力及其化解》，《中国社会科学》2022 年第 2 期。

方芳：《大学治理结构变迁中的权力配置、运行与监督》，《高校教育管理》2011 年第 6 期。

方世荣：《论行政权力的要素及其制约》，《法商研究》2001 年第 2 期。

方文：《社会心理学的演化：一种学科制度视角》，《中国社会科学》

2001年第6期。

房莹：《一流学科建设高校学科治理的实践困境与改进思考》，《扬州大学学报（高教研究版）》2019年第6期。

付八军：《论大学转型与教师转型》，《教育研究》2017年第4期。

龚虹波、胡赤弟：《高校"学科—专业—产业链"治理机制研究——政策网络比较分析的视角》，《教育发展研究》2016年第Z1期。

关辉：《组织·动力·成果：我国大学跨学科演进的三重维度与协同逻辑》，《教育发展研究》2015年第3期。

郭丁：《鲍勃·杰索普的元治理理论探析》，《山东社会科学》2022年第1期。

韩兆柱、单婷婷：《网络化治理、整体性治理和数字治理理论的比较研究》，《学习论坛》2015年第7期。

何晓芳：《学科嵌入式治理：一流学科生成与发展的制度逻辑》，《中国高教研究》2019年第9期。

贺佩蓉：《政府·市场·社会：大学外部治理的权力要素与模式创新》，《江苏高教》2015年第3期。

胡敏：《知识权力观的历史演变与发展趋势》，《科学技术哲学研究》2017年第1期。

胡仁东：《大学组织内部治理的基本要素探析——基于权力场域的视角》，《中国人民大学教育学刊》2011年第3期。

胡文龙：《论新工科建设中治理机制的混合协同》，《高等工程教育研究》2019年第2期。

黄海群：《一般地方本科大学基层学术组织治理机制研究》，《福建师范大学学报（哲学社会科学版）》2014年第1期。

黄明东、陈梦迁、刘博文：《论学派要素培育与大学学术进步》，《教育研究》2015年第6期。

黄明东、蒋立杰、黄俊：《高校学生自主管理学校理论之构建》，《教育研究与实验》2013年第1期。

黄明东、蔺全丽：《高等学校学术治理的逻辑》，《教育研究》2022年第8期。

黄明东、武陈金莲、黄俊：《美国高校教师参加学校管理的制度保障探析》，《中国高教研究》2014年第1期。

姜晓云：《优化高校内部治理：体制、机制和制度》，《高等理科教育》2018年第3期。

姜宇：《分权理论之新拓展——童之伟纵向分权思想研究》，《江苏警官学院学报》2011年第4期。

蓝志勇：《也谈公共管理方法》，《中国行政管理》2014年第1期。

劳凯声：《智能时代的大学知识生产》，《首都师范大学学报（社会科学版）》2019年第2期。

李凤华：《纵向分权与中国成就：一个多级所有的解释》，《政治学研究》2019年第4期。

李福华：《治理现代化视野中高校职能部门的管理决策》，《高等教育研究》2021年第11期。

李立国：《大学治理的内涵与体系建设》，《大学教育科学》2015年第1期。

李明磊、王铭：《美国博士学科评估特征分析及其启示》，《教育科学》2012年第3期。

李袅鹰：《多样化与异质化——生态视域中的学科规划思维》，《学位与研究生教育》2006年第7期。

李维安、林润辉、范建红：《网络治理研究前沿与述评》，《南开管理评论》2014年第5期。

梁传杰、唐焱：《论建立学科建设风险防范机制》，《中国高教研究》2007年第10期。

廖婧茜、靳玉乐：《学科评估与"双一流"建设的关系》，《现代大学教育》2020年第4期。

刘爱东：《高校管理权力配置的失衡与规避》，《中国行政管理》2005年第 10 期。

刘路、刘志民：《英、美、澳一流学科的建设经验与启示》，《教育发展研究》2016 年第 17 期。

刘强：《"双一流"建设视域下高校学科评估的价值冲突及其调适》，《现代教育管理》2019 年第 11 期。

刘琼玉、钱同惠：《学科评估视角下地方高校研究生培养质量体系的构建》，《现代教育科学》2019 年第 4 期。

刘献君、张晓冬、刘皓：《高校权力运行制约机制：模式、评价与建议》，《中国高教研究》2013 年第 6 期。

刘亚敏、胡甲刚：《跨学科人才培养的制约因素探讨》，《中国高教研究》2004 年第 3 期。

刘振天：《知识、权力与利益：高校分类发展的难题》，《北京大学教育评论》2021 年第 2 期。

刘振天、俞兆达：《学科评估如何引领地方高校学科发展》，《吉首大学学报（社会科学版）》2021 年第 1 期。

刘仲林：《当代跨学科学及其进展》，《自然辩证法研究》1993 年第 1 期。

刘仲林：《跨学科学》，《未来与发展》1985 年第 1 期。

刘宗让：《大学战略：利益相关者的影响与管理》，《高教探索》2010 年第 2 期。

柳亮：《美国公立大学问责：结构功能主义的分析框架》，《教育发展研究》2010 年第 Z1 期。

龙洋：《学科评估功能的原生态回归路径探索》，《教育发展研究》2021 年第 1 期。

罗红艳：《教授治学何以可能：基于权力要素的视角》，《教育研究》2016 年第 10 期。

骆四铭：《学科制度与创新型人才培养》，《教育研究》2009 年第 9 期。

马丽：《权力配置和权力约束：建国前中国共产党的制度探索》，《理论学刊》2013 年第 11 期。

马培培：《论美国大学治理中的学生参与》，《高等教育研究》2016年第2期。

马廷奇、郑政捷：《大学学科治理：逻辑意蕴、实践困境与破解路径》，《学位与研究生教育》2021年第10期。

孟艳、王赫、李萌：《我国研究型大学跨学科组织建设的困境与突破》，《现代教育管理》2021年第1期。

欧阳霞：《大学学科权力配置探析》，《高教探索》2011年第2期。

潘懋元：《高等教育地方化的可行性探讨》，《高等理科教育》2010年第5期。

潘懋元、董立平：《关于高等学校分类、定位、特色发展的探讨》，《教育研究》2009年第2期。

平思情、刘鑫桥：《协作与博弈：跨学科研究团队构建的困境》，《国家教育行政学院学报》2016年第12期。

钱人瑜、李智、钱振健：《网络治理的研究综述与理论框架创新》，《商业经济研究》2015年第2期。

渠敬东：《项目制：一种新的国家治理体制》，《中国社会科学》2012年第5期。

任建明：《责任与问责：填补权力制度体系的要素空白》，《理论探索》2016年第5期。

沈小强、袁利平：《高校权力结构的反思与重构——兼论我国高校"去行政化"》，《教育发展研究》2010年第23期。

石连海、朱玉成：《大学行政权力与学术权力的边界与互动关系》，《高等教育研究》2019年第11期。

石佑启、邓搴：《论法治视野下行政权力纵向上的合理配置》，《南京社会科学》2015年第11期。

宋亚峰、王世斌、潘海生：《一流大学建设高校的学科生态与治理逻辑》，《高等教育研究》2019年第12期。

宋争辉、王勇：《大学基层学术组织的发展困境及治理路径——学科制度的视角》,《南京师大学报（社会科学版）》2019 年第 5 期。

孙国强:《关系、互动与协同：网络组织的治理逻辑》,《中国工业经济》2003 年第 11 期。

谭英俊:《网络治理：21 世纪公共管理发展的新战略》,《理论探讨》2009 年第 6 期。

檀慧玲:《比较视野下中国大学决策权力运行机制研究》,《国家教育行政学院学报》2014 年第 5 期。

唐汉琦:《论我国高等学校内部权力的构成、来源与性质》,《苏州大学学报教育科学版》2016 年第 3 期。

屠兴勇:《"主体间性"在管理领域的价值凸显与应用》,《社会科学》2021 年第 11 期。

王东京:《地方高校服务社会主义新农村建设的对策》,《江苏高教》2008 年第 5 期。

王建华:《从正当到胜任：高校学术委员会建设的进路》,《中国高教研究》2018 年第 5 期。

王建华:《试论学科制度与大学制度的相关性》,《青岛科技大学学报（社会科学版）》2006 年第 4 期。

王建华:《学科、学科制度、学科建制与学科建设》,《江苏高教》2003 年第 3 期。

王书成:《论纵向分权中的比例原则——以欧盟、联邦及单一制为考察对象》,《重庆社会科学》2007 年第 5 期。

王周谊:《论"治理"视域下的大学学科建设》,《中国大学教学》2017 年第 7 期。

韦希:《高校院（系）"三位一体"权力配置及其运行机制研究》,《重庆高教研究》2014 年第 4 期。

魏小琳:《治理视角下大学基层学术组织的重构》,《教育研究》2016 年第 11 期。

武建鑫:《从边缘到中心：世界一流学科的演进特征与形成机理——基于

牛津大学化学学科的案例分析》,《中国电化教育》2021 年第 2 期。

武建鑫:《学科生态系统:论世界一流学科的生长基质——基于组织生态学的理论建构》,《江苏高教》2017 年第 4 期。

武书连:《再探大学分类》,《中国高等教育评估》2020 年第 4 期。

向东春:《从高度内聚到分工合作:西方大学内部权力配置模式的发展历程》,《湖南师范大学教育科学学报》2010 年第 4 期。

解德渤、李枭鹰:《中国特色学科评估体系的优化路径——基于第四轮学科评估若干问题的分析》,《厦门大学学报(哲学社会科学版)》2019 年第 1 期。

谢凌凌:《大学学术权力行政化及其治理——基于权力要素的视角》,《高等教育研究》2015 年第 3 期。

徐高明:《学科评估要引领一流学科建设》,《高教发展与评估》2018 年第 3 期。

徐清飞:《我国中央与地方权力配置基本理论探究——以对权力属性的分析为起点》,《法制与社会发展》2019 年第 3 期。

徐少君、眭依凡、俞婷婕等:《加州大学共同治理:权力结构、运行机制、问题与挑战——访加州大学学术评议会前主席 James A. Chalfant 教授》,《复旦教育论坛》2019 年第 1 期。

徐贤春、朱嘉赞、吴伟:《一流学科生态系统的概念框架与评价模型——基于浙江大学的实证研究》,《江苏高教》2018 年第 9 期。

许宏:《论大学的学术管理与行政管理》,《高等教育研究》1996 年第 1 期。

宣小红、崔秀玲、谭旭、林清华:《新制度主义的视角:我国研究型大学学科制度建设困境及消解》,《国家教育行政学院学报》2010 年第 2 期。

宣勇:《大学学科建设应该建什么》,《探索与争鸣》2016 年第 7 期。

宣勇、凌健:《"学科"考辨》,《高等教育研究》2006 年第 4 期。

宣勇、张鹏:《走出学科危机:教育现代化进程中的大学学科建设》,

《华东师范大学学报（教育科学版）》2021年第3期。

严三九、南瑞琴：《一流学科建设的制度研究——以美国哥伦比亚大学新闻学院和密苏里大学新闻学院的学科制度变革为例》，《华东师范大学学报（教育科学版）》2017年第6期。

阎光才：《高校教师参与治理的困惑及其现实内涵》，《中国高教研究》2017年第7期。

阎光才：《学科的内涵、分类机制及其依据》，《大学与学科》2020年第1期。

杨超：《"双一流"建设背景下大学教师参与学科治理的困境及路径》，《学位与研究生教育》2018年第9期。

杨连专、张新民：《权力运行的系统分析》，《云南社会科学》2016年第3期。

杨岭、毕宪顺：《学科治理视域下教授治学运行机制研究》，《大学教育科学》2019年第3期。

殷昭举：《基层自治：纵向分权和多元治理——基于地方治理的分析框架》，《华南理工大学学报（社会科学版）》2011年第2期。

于冰洁：《学术资本主义与美国大学学科建设及其启示》，《教育探索》2015年第7期。

于庆焕：《浅析米歇尔·福柯的微观权力理论》，《文教资料》2011年第10期。

俞可平：《治理和善治：一种新的政治分析框架》，《南京社会科学》2001年第9期。

湛中乐、马梦芸：《论英国私立高校的内部权力结构》，《国家教育行政学院学报》2015年第3期。

张德祥、韩梦洁：《权责 程序 透明 监控 问责——高校内部权力运行制约与监督机制》，《中国高教研究》2018年第1期。

张海鹏：《民办高校二级学院的权力配置：行动逻辑、现状反思与完善路径》，《教育发展研究》2020年第7期。

张继平:《"双一流"建设语境中的学科评估中国化:成效、问题与进路》,《高校教育管理》2019年第5期。

张继平、徐桑梓:《"双一流"建设视域中学科评估价值取向的变迁与冲突》,《现代教育管理》2019年第11期。

张杰:《政治权力配置的时空维度分析——一种关于政治制度的分析框架》,《理论学刊》2012年第7期。

张金福、吴倩:《政府管理"碎片化"对大学学科建设的影响及其治理》,《中国高教研究》2012年第7期。

张金福、吴倩、骆晓:《我国大学学科建设中的政府介入现状、特点及其治理对策》,《现代大学教育》2012年第4期。

张康之:《论权力向影响力的转变》,《福建行政学院学报》2017年第3期。

张炜:《美国学科专业治理主体的作用与张力》,《大学与学科》2020年第1期。

张翔:《宪法程序法:国家权力配置的视角》,《中国法律评论》2020年第1期。

张义:《研究型大学促进交叉学科发展模式的探索与实践》,《高等工程教育研究》2017年第3期。

张应强:《"双一流"建设需要什么样的学科评估——基于学科评估元评估的思考》,《清华大学教育研究》2019年第5期。

赵士谦:《大学举办者、管理者和办学者权力关系配置与重塑》,《沈阳师范大学学报(社会科学版)》2018年第4期。

赵文平、吴敏、王安民:《我国大学跨学科研究的障碍与对策研究》,《学位与研究生教育》2006年第3期。

钟伟军:《一流学科建设中的政府职能转型》,《中国高教研究》2016年第5期。

周朝成:《大学跨学科研究组织冲突与治理对策:新制度主义的视角》,《教育发展研究》2014年第9期。

周飞舟：《财政资金的专项化及其问题——兼论"项目治国"》，《社会》2012年第1期。

周光礼：《实现三大转变，推进中国大学治理现代化》，《教育研究》2015年第11期。

周海涛、胡万山：《地方高校高水平学科建设的模式、难点与对策》，《高等教育研究》2020年第3期。

周师：《马克思的权力结构思想论析》，《求实》2015年第5期。

周作宇、赵美蓉：《高校校院权力配置研究》，《国家教育行政学院学报》2011年第1期。

朱冰莹、董维春：《技术治理视角下的一流学科建设：实践反思与制度重构》，《学位与研究生教育》2018年第10期。

（三）政策法规类

国家教育体制改革领导小组办公室：《关于进一步扩大省级政府教育统筹权的意见》，2014年7月8日，https://jyt.xinjiang.gov.cn/edu/fgzcwj/201804/65d7fa4679b141029dc29c7359f726ce.shtml，2022年6月26日。

国家中长期教育改革和发展规划纲要工作小组办公室：《国家中长期教育改革和发展规划纲要（2010—2020年）》，2010年7月29日，http://www.gov.cn/jrzg/2010-07/29/content_1667143.html，2022年6月26日。

国务院：《关于印发统筹推进世界一流大学和一流学科建设总体方案的通知》，2015年11月5日，http://www.gov.cn/zhengce/content/2015-11/05/content_10269.html，2021年11月26日。

国务院学位委员会：《博士、硕士学位授权学科和专业学位授权类别动态调整办法》，2020年12月1日，http://www.moe.gov.cn/srcsite/A22/yjss_xwgl/moe_818/202012/t20201222_507002.html，2022年6月19日。

国务院学位委员会、教育部：《关于设置"交叉学科"门类、"集成电路科学与工程"和"国家安全学"一级学科的通知》，2021年1月13

日，http://www.moe.gov.cn/srcsite/A22/yjss_xwgl/xwgl_xwsy/202101/t20210113_509633.html，2021年3月29日。

国务院学位委员会、教育部：《交叉学科设置与管理办法（试行）》，2021年11月17日，http://www.gov.cn/xinwen/2021-12/06/content_5656041.html，2022年10月7日。

国务院学位委员会、教育部：《学位授权点合格评估办法》，2020年11月11日，http://www.moe.gov.cn/srcsite/A22/yjss_xwgl/moe_818/202101/t20210115_509951.html，2022年6月19日。

国务院学位委员会、教育部：《学位授予和人才培养学科目录设置与管理办法》，2009年2月25日，http://www.moe.gov.cn/s78/A22/xwb_left/moe_833/tnull_45419.html，2022年6月19日。

河南省教育厅、河南省财政厅：《河南省优势特色学科建设工程项目管理办法》，2016年5月17日，http://xkyfgc.huel.edu.cn/info/1003/1456.html，2022年6月26日。

河南省人民政府办公厅：《关于提升高校科技创新能力的实施意见》，2021年11月25日，https://www.henan.gov.cn/2021/11-25/2354635.html，2022年6月10日。

河南省人民政府办公厅：《关于提升高校科技创新能力的实施意见》，2021年11月25日，http://www.henan.gov.cn/2021/11-25/2354635.html，2022年6月26日。

河南省人民政府：《关于深化高等教育综合改革全面提升服务经济社会发展能力的意见》，2015年7月30日，https://www.henan.gov.cn/2015/07-30/239245.html，2022年6月26日。

教育部、财政部、国家发展改革委：《关于印发〈统筹推进世界一流大学和一流学科建设实施办法（暂行）〉的通知》，2017年1月25日，http://www.moe.gov.cn/srcsite/A22/moe_843/201701/t20170125_295701.html，2021年1月5日。

教育部等五部门：《关于深化高等教育领域简政放权放管结合优化服务改

革的若干意见》，2017 年 4 月 6 日，http://www.moe.gov.cn/srcsite/A02/s7049/201704/t20170405_301912.html，2022 年 6 月 19 日。

教育部：《高等学校学术委员会规程》，2014 年 1 月 29 日，http://old.moe.gov.cn/publicfiles/business/htmlfiles/moe/s7964/201402/xxgk_163994.html，2022 年 5 月 27 日。

教育部：《高等学校章程制定暂行办法》，2012 年 1 月 9 日，http://www.gov.cn/flfg/2012-01/09/content_2040230.htm，2022 年 6 月 26 日。

教育部：《关于评选高等学校重点学科的暂行规定》，1987 年 8 月 12 日，https://www.lawxp.com/statute/s1050578.html，2022 年 6 月 26 日。

教育部：《国家发展改革委财政部关于引导部分地方普通本科高校向应用型转变的指导意见》，2015 年 10 月 23 日，http://www.moe.gov.cn/srcsite/A03/moe_1892/moe_630/201511/t20151113_218942.html，2022 年 6 月 19 日。

教育部：《普通高等学校教育评估暂行规定》，1990 年 10 月 31 日，http://www.moe.gov.cn/srcsite/A02/s5911/moe_621/199010/t19901031_81932.html，2022 年 6 月 20 日。

中共中央办公厅：《关于坚持和完善普通高等学校党委领导下的校长负责制的实施意见》，2014 年 10 月 15 日，http://www.gov.cn/xinwen/2014-10/15/content_2765833.htm，2022 年 6 月 12 日。

中共中央办公厅、国务院办公厅：《关于深化教育体制机制改革的意见》，2017 年 9 月 24 日，http://www.gov.cn/zhengce/2017-09/24/content_5227267.htm，2022 年 7 月 12 日。

中共中央：《关于教育体制改革的决定》，2006 年 2 月 19 日，http://www.jyb.cn/zyk/jyzcfg/200602/t20060219_55336.html，2022 年 6 月 19 日。

中共中央、国务院：《深化新时代教育评价改革总体方案》，2020 年 10 月 13 日，http://www.gov.cn/zhengce/2020-10/13/content_5551032.

htm,2022年6月26日。

《中华人民共和国高等教育法》,2019年1月7日,http://www.npc.gov. cn/npc/ c30834/201901/9df07167324c4a34bf6c44700fafa753. shtml, 2022年4月12日。

(四) 其他

《达沃斯组织者谈"第四次工业革命":技术与生活将不再"泾渭分明"》,2019年1月17日,前瞻网,https://www.360kuai.com/pc/ 91522aade98431a38? cota = 3&sign = 360_ 57c3bbd1&refer_ scene = so_ 1, 2022年3月20日。

《河南省省级"双一流"入选名单正式公布,哪些高校表现出色?》, 2020年11月7日,腾讯网,https:// new. qq. com/rain/a/20201107A09V4V00,2022年6月10日。

杜玉波:《高校要为关键核心技术攻关担当责任》,2019年1月13日, http://opinion. people. com. cn / GB/n1/2019/0313/c1003-30973116. html,2021年1月5日。

顾来红:《学科生态:大学可持续发展的原生动力》,《中国科学报》 2018年8月7日第7版。

教育部:《2020年教育统计数据——高等教育学校(机构)数》,2021年8月31日,http://www. moe. gov. cn/s78/A03/moe_ 560/2020/quanguo/202108/t20210831_ 556353. html,2021年11月25日。

教育部:《2020年全国教育事业发展统计公报》,2021年8月27日, http://www. moe. gov. cn /jyb_ sjzl/ sjzl_ fztjgb/202108/t20210827_ 555004. html,2022年3月24日。

金祥明:《法治思维的六个维度》,2014年10月27日,http://www. rmlt. com. cn/ 2017/0807/488243. shtml,2022年7月19日。

刘晖:《转型期的地方大学治理》,博士学位论文,厦门大学,2007年。

刘锐:《让法治成为一种思考习惯》,2019年8月16日,http://opinion. people. com. cn /n1/2019/0816/c1003-31298496. html,2022年8月

1日。

庞青山：《大学学科结构与学科制度研究》，博士学位论文，华东师范大学，2004年。

任正非：《华为战略不能由少数人决定，应该由众多专家对撞、研究》，2022年7月5日，https://www.sohu.com/a/564154793_166680？scm=1002.590044.0.10648-1930，2022年8月4日。

唐军：《上市公司权力配置研究——以股东中心主义与董事会中心主义之争为视角》，博士学位论文，西南政法大学，2019年。

万力维：《控制与分等：权力视角下的大学学科制度的理论研究》，博士学位论文，南京师范大学，2005年。

汪新华：《"985"高校学科建设问题与对策研究》，博士学位论文，湖南师范大学，2011年。

王诗宗：《治理理论及其中国适应性——基于公共行政学的视角》，博士学位论文，浙江大学，2009年。

王寿林：《科学配置权力是有效制约权力的重要前提》，2019年12月31日，http://news.jcrb.com/jxsw/201912/t20191231_2095018.html，2021年3月14日。

王之康：《新文科：一场学科融合的盛宴》，2019年5月8日，http://news.sciencenet.cn/htmlnews/2019/5/425983.shtm，2021年1月5日。

张晓霞：《我国高校校院间权力配置研究——以山东省高校为例》，博士学位论文，华中科技大学，2018年。

二 外文文献

Ashby I., Exter M., "Designing for Interdisciplinarity in Higher Education: Considerations for Instructional Designers", *TECHTRENDS*, Vol.63, No.2, 2019.

Becker F., "Organizational Ecology and Knowledge Networks", *California Management Review*, Vol.49. No.2, 2007.

参考文献

Bok D., *University in the Marketplace: The Commercialization of Higher Education*, Princeton, NJ: Princeton University Press, 2003.

Bozeman B., Fay D., Gaughan M., "Power to Do... What? Department Heads'Decision Autonomy and Strategic Priorities", *Research in Higher Education*, Vol. 54, No. 3, 2013.

Briggs C. L., Stark J. S., Rowland-Poplawski J., "How Do We Know a "Continuous Planning", Academic Program When We See One?", *Journal of Higher Education*, Vol. 74, No. 4, 2003.

Britton M., Letassy N., Medina M. S., eds., "A Curriculum Review and Mapping Process Supported by an Electronic Database System", *American Journal of Pharmaceutical Education*, Vol. 72, No. 5, 2008.

Bryman A., "Effective Leadership in Higher Education: a Literature Review", *Studies in Higher Education*, Vol. 32, No. 6, 2007.

Bulkley K., "Charter School Authorizers: A New Governance Mechanism?", *Educational Policy*, Vol. 13, No. 5, 1999.

Carayannis E. G., Depeige A., Sindakis S., "Dynamics of Ultra-organizational Co-opetition and Circuits of Knowledge: a Knowledge-based View of Value Ecology", *Journal of Knowledge Management*, Vol. 18, No. 5SI, 2014.

Christopher J., Ukwatte S., Yapa P., "How Do Government Policies Influence the Governance Paradigm of Australian Public Universities? An Historical Analysis", *Journal of Management History*, Vol. 26, No. 2, 2020.

Cornelius-Bell A., Bell P. A., "Partnership as Student Power: Democracy and Governance in a Neoliberal University", *Radical Teacher*, No. 118, 2020.

Eastman J., Jones G. A., Begin-Caouette O., eds., "Federalism and University Governance in Canada", *Canadian Public Administration*, Vol. 62, No. 2, 2019.

Finnegan D. E., Gamson Z. F., "Disciplinary Adaptations to Research Culture in Comprehensive Institutions", *Review of Higher Education*, Vol. 19, No. 2, 1996.

Griffin A., "Toward deliberative democracy: The Institutional Forum as an Innovative Shared Governance Mechanism in South African Higher Education", *African Journal of Business Ethics*, Vol. 12, No. 1, 2018.

Hillman N. W., Tandberg D. A., Gross J. P. K., "Market-Based Higher Education: Does Colorado's Voucher Model Improve Higher Education Access and Efficiency?", *Research in Higher Education*, Vol. 55, No. 6, 2014.

Huang F., Daizen T., Kim Y., "Changes in Japanese Universities Governance Arrangements 1992 – 2017", *Studies in Higher Education*, Vol. 45, No. 10SI, 2020.

Jacky Lumby, "Leadership and Power in Higher Education", *Studies in Higher Education*, Vol. 44, No. 9, 2019.

Jager M., Schiermeier Q., "Professors Facing Power Cuts in German University Reforms", *Nature*, Vol. 411, No. 6833, 2001.

Jessop B., "The Rise of Governance and the Risks of Failure: the Case of Economic Development", *International Social Journal*, Vol. 50, No. 155, 1998.

Kans M., Gustafsson A., "Internal Stakeholders' views on Interdisciplinarity: An Empirical Study within an Interdisciplinary Master's program", *Cogent Educaiton*, Vol. 7, No. 17312211, 2020.

Lattuca L. R. and Stark J. S., *Shaping the College Curriculum: Academic Plans in Context*. San Francisco: Jossey-Bass, 2009.

Macheridis N., Paulsson A., "Professionalism between Profession and Governance: How University Teachers' professionalism Shapes Coordination", *Studies in Higher Education*, Vol. 44, No. 3, 2019.

Mavri A., Ioannou A., Loizides F., "A Cross-organizational Ecology for Virtual Communities of Practice in Higher Education", *International Journal of Human-Computer Interaction*, Vol. 36, No. 6, 2020.

McCulloch G., "Introduction: Disciplinarity, Interdisciplinarity and Educational Studies-Past, Present and Future", *British Journal of Educational Studies*, Vol. 60, No. 4SI, 2012.

MIT, *New Engineering Education Transformation (NEET)*, https://neet.mit.edu/, 2021-01-05.

Mthethwa V., Chikoko V., "Does Participation in University Governance add Value to a Students Academic Experience?", *South African Journal of Higher Education*, Vol. 34, No. 4, 2020.

Palaiologou I., "The Death of a Discipline or the Birth of a Transdiscipline: Subverting Questions of Disciplinarity within Education Studies Undergraduate Courses", *Educational Studies*, Vol. 36, No. PII 9187804413, 2010.

Power E. J., Handley J., "A Best-practice Model for Integrating Interdisciplinarity into the Higher Education Student Experience", *Studies in Higher Education*, Vol. 44, No. 3, 2019.

Rashid R., "Updating the PhD: Making the Case for Interdisciplinarity in Twenty-first-century Doctoral Education", *Teaching in Higher Education*, DOI: 10.1080/13562517.2021.1892624.

Salmela M., MacLeod M., Af Rosenschold J. M., "Internally Incentivized Interdisciplinarity: Organizational Restructuring of Research and Emerging Tensions", *MINERVA*, https://doi.org/10.1007/s11024-020-09431-4.

Siedschlag D., Lana J., "Governance Mechanism in Non-profit Universities: Theoretical Essay", *Revista Iberoamericana de Education*, Vol. 83, No. 1, 2020.

Stark J. S., Lowther M A., Sharp S., eds., "Program-Level Planning: An Exploration of Faculty Perspectives on Two Different Campuses", *Research in Higher Education*, Vol. 38, No. 1, 1997.

Stefano Boffo, "Evaluation and the Distribution of Power in Italian Universities", *European Journal of Education*, Vol. 32, No. 2, 1997.

Thomsen B., Muurlink O., Best T., "The Political Ecology of University-Based Social Entrepreneurship Ecosystems", *Journal of Enterprising Communities-People and Places in the Global Economy*, Vol. 12, No. 2SI, 2018.

Tierney W. G., *Competing Conceptions of Academic Governance*, Baltimore: The John Hopkins University Press, 2004.

Uller and Johan, *New Knowledge Production and Its Implications for Higher Education in South Africa*, Pretoria, South Africa: HSRC Press, 2000.

Van Witteloostuijn A., "Organizational Ecology Has a Bright Future", *Organization Studies*, Vol. 21, No. 2, 2000.

Woessner M., Kehler J., "Faculty Constitutions in the Ivory Tower: Exploring the Balance of Power between the Professoriate and the Administration", *PS: Political Science & Politics*, Vol. 52, No. 2, 2018.